# 古今圖書集成

## 神異典・神仙部(二)

神仙部列傳七

漢四　谷希子

按洞仙傳谷希子者學道得仙爲太上眞官東方朔師之受閬風鍾山蓬萊及神州眞形圖

李充

按洞冥記李充馮翊人也自言三百歲荷草笈負五嶽眞圖而至武帝禮待之亦號負圖先生也

按香案牘充號負圖先生伏生十歲就石壁中受充尙書授四代之事伏生以繩纏腰領一讀一結十尋之繩皆成結矣充餌菊术經旬不語人問何以答曰世間無可食亦無可語者

孟岐

按洞冥記孟岐河清之逸人也年可七百歲語及周初事了然如目前岐侍周公昇壇上岐以手摩成王足周公以玉笏與之岐嘗寶執每以衣袂拂拭笏厚七分今銳斷恆切桂葉食之聞漢武帝好仙披草萊而來武帝厚待之後不知所之

黃安

按洞冥記黃安代郡人也爲代郡卒自云卑猥不獲處人間執鞭懷荆而讀書畫地以記數日久地成池矣時人謂黃安年可八十餘視如童子常服硃砂舉體皆赤冬不著裘坐一神龜廣二尺人問子坐此龜幾年矣對曰昔伏羲始造網罟獲此龜以授吾吾坐龜背已平矣此蟲畏日月之光二千歲即一出頭吾坐此龜已見五出頭矣行即負龜以趨世人謂黃安萬歲矣

稷丘君

按列仙傳稷丘君者太山下道士武帝時以道術受賞賜髮白再黑齒落更生後罷去上東巡泰山君乃冠章甫衣黃衣擁琴來迎拜武帝曰陛下勿上必傷足指及數里左足指果折上諱之但祠而還爲君立祠復百戶使承奉之

郭延

按懷慶府志郭延山陽人服雲散能夜書有數十人乘虎豹來迎比鄰盡見之與親友辭別而去云詣崑崙山

## 李少君 附文成

按漢書郊祀志李少君以祠竈穀道卻老方見上上尊之少君者故深澤侯人主方匿其年及所生長常自謂七十能使物卻老其游以方徧諸侯無妻子人聞其能使物及不死更餽遺之常餘金錢衣食人皆以為不治產業而饒給又不知其何所人愈信爭事之少君資好方善為巧發奇中嘗從武安侯宴坐中有年九十餘老人少君乃言與其大父游射處老人為兒從其大父識其處一坐盡驚少君見上上有故銅器問少君少君曰此器齊桓公十年陳於柏寢已而按其刻果齊桓公器一宮盡駭以為少君神數百歲人也少君言上祠竈皆可致物致物而丹砂可化為黃金黃金成以為飲食器則益壽益壽而海中蓬萊僊者乃可見之以封禪則不死黃帝是也臣嘗游海上見安期生安期生食臣棗大如瓜安期生僊者通蓬萊中合則見人不合則隱于是天子始親祠竈遣方士入海求蓬萊安期生之屬而事化丹砂諸藥齊為黃金矣久之少君病死天子以為化去不死也使黃錘史寬舒受其方而海上燕齊怪迂之方士多更來言神事矣

按太平廣記李少君者齊人也漢武帝招募方士少君於安期先生得神丹鑪火之方家貧不能辦藥謂弟子曰老將至矣而財不

足雖躬耕力作不足以辦今天子好道欲往見之求爲合藥可得恣意乃以方上帝云丹砂可成黃金金成服之昇仙臣常遊海上見安期先生食棗大如瓜天子甚尊敬之賜遺無數少君嘗與武安侯飲食座中有一老人年九十餘少君問其名乃言曾與老人祖父遊夜見小兒從其祖父吾故識之時一座盡驚又少君見武帝有故銅器因識之曰齊桓公常陳此器於寢座帝問言觀其刻字果齊之故器也因知少君是數百歲人矣視之如五十許人面色肌膚甚有光澤口齒如童子王公貴人聞其能令人不死莫不仰慕所遺金錢山積少君乃密作神丹丹成謂帝曰陛下不能絕驕奢遣聲色殺伐不止喜怒不勝萬里有不歸之魂市曹有流血之刑神丹大道未可得成乃以少藥方與帝少君便稱疾是夜帝夢與少君俱上嵩高山半道有使者乘龍持節雲中來言太乙請少君帝遂覺卽使人問少君消息且告近臣曰朕昨夢少君捨朕去少君乃病困帝往視之并使人受其方事未竟而卒帝曰少君不死故化去耳及斂忽失屍所在中表衣悉不解如蟬蛻也帝猶增歎恨求少君不勤也初少君與朝議郎董仲躬相親愛仲躬宿有疾體枯氣少少君乃與其成藥二劑并其方用戊己之草後土脂黃精根獸沈肪先莠之根百卉花醸亥月上旬合煎銅器中使童子沐浴潔淨

調其湯火使合成鷄子三枚爲程服盡一劑身體便輕服三劑齒落更生五劑年壽長而不復傾仲
躬爲人剛直博學五經然不達道術笑世人服藥學道頻上書諫武帝以爲人生有命衰老有常非
道術所能延意雖見其有異將爲天性非術所致得藥竟不服又不問其方少君去後數月仲躬病
甚常閑武帝說前夢恨惜少君仲躬憶少君所留藥試服之未半乃身體輕壯其病頓愈服盡氣力
如年少時乃信有長生不死之道解官行求道士問其方竟不能悉曉仲躬唯得髮不白形容甚盛
年八十餘乃死囑其子道生曰我少得少君方藥初不信事後得力無能解之懷恨於黃泉矣汝可
行求人間方術之士解其方意長服此藥必度世也時有文成將軍亦得少君術事武帝帝後遣使
誅之文成謂使者曰爲吾謝帝不能忍少日而敗大事乎帝好自愛後三十年求我於成山方共事
不相怨也使者還具言之帝令發其棺視之無所見唯有竹筒一枚帝疑其弟子竊其屍而藏之乃
收捕撿問無其跡帝乃大悔誅文成後復徵諸方士更於甘泉祀太乙又別設一座祀文成帝親執
禮焉

山世遠

按懷慶府志山世遠河內人李少君以神丹經傳郭延延傳尹軌軌傳世遠世遠後傳齡子訓

衛叔卿附度世　梁伯

按神仙傳衛叔卿者中山人也服雲母得仙漢元封二年八月壬辰孝武皇帝閒居殿上忽有一人乘雲車駕白鹿從天而下來集殿前其人年可三十許色如童子羽衣星冠帝乃驚問曰為誰答曰吾中山衛叔卿也帝曰子若是中山人乃朕臣也可前共語叔卿本意謁帝謂帝好道見之必加優禮而帝今云是朕臣也於是大失望默然不應忽焉不知所在帝甚悔恨卽遣使者梁伯至中山推求叔卿不得見但見其子名度世卽將還見帝問云汝父今在何所對曰臣父少好仙道嘗服藥導引不交世事委家而去已四十餘年云當入太華山也帝卽遣使者與度世共之華山求尋其父到山下欲上輒火不能上也積數十日度世謂使者曰豈不欲令吾與他人俱往乎乃齋戒獨上未到其嶺於絕巖之下望見其父與數人博戲于石上紫雲鬱鬱于其上白玉為牀又有數仙童執幢節立其後度世望而載拜叔卿曰汝來何為度世曰帝甚悔前日倉卒不得與父言語今故遣使者梁伯與度世共來願更得見父也叔卿曰前為太上所遣欲誡帝以大災之期及救危厄之法國祚可

延而强梁自負不識眞道而反欲臣我不足告語是以去耳今當與中黃太乙共定天元吾終不復往耳度世曰不審向與父並坐是誰也叔卿曰洪崖先生許由巢父火低公飛黃子王子晉薛容耳今世當大亂天下無聊後數百年間土滅金亾汝歸當取吾齋室西北隅大柱下玉函函中有神素書取而按方合服之一年可能乘雲而行道成來就吾於此勿得爲漢臣也亦不復爲語帝也度世於是拜辭而去下山見梁伯不告所以梁伯意度世必有所得乃叩頭於度世求乞道術先是度世與之共行見伯情行溫實乃以語之梁伯但不見柱下之神方耳後掘得玉函封以飛仙之香取而餌服乃五色雲母遂合藥服之與梁伯俱仙去留其方與子而世人多有得之者

## 孔安國 附陳伯

按漢書孔光傳孔子生伯魚鯉鯉生子思伋伋生子上帛帛生子家求求生子眞箕箕生子高穿穿生順順爲魏相順生鮒鮒爲陳涉博士死陳下鮒弟子襄爲孝惠博士長沙太傅襄生忠忠生武及安國武生延年安國延年皆以治尚書爲武帝博士安國至臨淮太守　按儒林傳孔氏有古文尚書孔安國以今文字讀之因以起其家逸書得十餘篇蓋尚書茲多於是矣遭巫蠱未立於學官

安國爲諫大夫授都尉朝而司馬遷亦從安國問故遷書載堯典禹貢洪範微子金縢諸篇多古文說都尉朝授膠東庸生庸生授清河胡常少子以明穀梁春秋爲博士部刺史又傳左氏常授號徐敖敖爲右扶風掾又傳毛詩授王璜平陵塗惲子眞子眞授河南桑欽君長王莽時諸學皆立劉歆爲國師璜惲等皆貴顯　按神仙傳孔安國者魯人也常行氣服鉛丹年三百歲色如童子隱潛山弟子隨之數百人每斷穀入室一年半復出益少其不入室則飲食如常與世人無異安國爲人沉重尤寶惜道要不肯輕傳其奉事者五六年審其爲人志性乃傳之有陳伯者安樂人也求事安國安國以爲弟子留三年知其執信乃謂之曰吾亦少更勤苦尋求道術無所不至遂不能得神丹八石登天之法唯受地仙之方適可以不死而昔事海濱漁父漁父者故越相范蠡也乃易姓名隱以避凶世哀我有志授我祕方服餌之法以得度世則大伍司誠子期姜伯塗山皆千歲之後更少壯吾受道以來服藥三百餘年以其一方授崔仲卿卿年八十四服來已三十三年矣視其肌體氣力甚健鬚髮不白口齒完堅子往與相見事之陳伯遂往事之受其方亦度世不老又有張合妻年五十服之反如二十許人一縣怪之八十六生一男又教數人皆四百歲後入山去亦有不度世者

由於房中之術故也

王興

按河南府志漢王興陽城人漢武帝幸嵩高山起道宮齋潔思神忽見仙人長及二丈餘耳出頭頂下垂至肩帝禮而問之仙人曰吾九嶷人也聞中嶽有石上菖蒲一寸九節服之可以長生故來採之言訖忽然不見武帝顧謂侍臣曰彼非學道服食之徒也恐是中嶽之神以此諭朕耳乃採菖蒲服之二年輒煩悶不快乃止時從官亦多服之然莫能持久惟興聞仙人之言乃採服之不息後白日昇天　按懷慶府志王興河內人得攝生術十年無閒身輕體健顏若芙蓉忽一日入山不知所往

朱璜

按江南通志漢朱璜廣陵人遇睢山道士阮丘曰卿除腹中三尸可授眞人之業與藥七令日服九丸又授黃庭經乃同丘入浮陽山後八十年復見白髮盡黑至武帝末猶存

阮丘

按列仙傳阮丘睢山上道士衣裘披髮耳長七寸口中無齒日行四百里於山中種葱薤百餘年人不知時下賣藥廣陽人朱璜有毒瘕疾丘與七物藥服之而去三尸後與璜俱入浮陽山朱璜發明之乃知是神人也地動山崩道絕豫戒於人世共冢奉祠之

戴孟

按神仙傳戴孟本姓燕名濟字仲微漢明帝時人也入華山及武當山受裴君玉佩金璫經及受石精金光符復有太微黃書能周遊名山　按洞仙傳戴孟字成子武威人也漢武帝時為殿中將軍本姓燕名濟字仲微得道後改姓名入華陰山授祕法於清靈眞人裴君得玉珮金璫經石精金光符仙人郭子華張季連趙叔達山世遠常與之遊處　按襄陽府志戴孟名之生漢將軍武帝遣入北山採藥棄官學道號孟盛子周遊名山日行七百里後白日上昇落帽於武當山迄今呼為落帽峰

山鍊師

按懷慶府志山鍊師河內人受戴孟先生法暮臥先讀黃庭內景經一過乃眠使魂魄自制鍊嘗行

此二十年仙去爲太和眞人

李根

按神仙傳李根字子源許昌人也有趙買者聞其父祖言傳世見根買爲兒時便隨事根至買年八十四而根年少不老嘗住壽春吳太文家太文從之學道作金銀法立成根能變化入水火中坐致行廚能供二十人皆精細之饌四方奇異之物非當地所有也忽告太文曰王淩當敗壽春當隔兵中不復居可急從去太文竊以語弟弟無意泄之王淩聞之以爲妖言惑衆乃使人收根欲殺之根時乃方欲書疏奄聞外有千餘人圍吳家求根根語太文曰但語吾不知官自來搜之太文出戶還顧窺根失所在左右書器物皆不復見於是官兵入索囷食衣篋之中無處不徧不得根及良久太文入見根仍在向坐儼然如故語太文曰王太尉當族誅卿弟泄語十日中當死皆果如言弟子家又有以女給根者此女知書根出行竊取根素書一卷讀之得根自記其學道經疏云以漢元封中學道於某以甲子計之根已七百餘年也又太文說根兩目瞳子皆方按仙經云八百歲人瞳子方也根告諸弟子言我不得神丹大道之訣唯得地仙方爾壽畢天地然不爲下土之士也

鉤翼夫人

按列仙傳鉤翼夫人齊人也姓趙少好清淨病臥六年右手拳飲食少漢武帝時望氣者云東北有貴人氣推而得之召到姿色甚偉武帝發其手而得玉鉤手得展幸之生昭帝武帝害之殯尸不冷而香一月後昭帝即位更葬之棺空但有絲履故名其宮曰鉤翼後避諱改爲弋　按搜神記初鉤弋夫人有罪以譴死既殯屍不臭而香聞十餘里因葬雲陵上哀悼之又疑其非常人乃發冢開視棺空無屍惟雙履存

周義山

按雲笈七籤紫陽眞人姓周諱義山字季通汝陰人也漢丞相勃七世之孫以冠族播流世居貴官祖父元元鳳元年爲青州刺史父祕爲范陽令時君始生焉父後積秩累遷官至陳留刺史君時年十六隨從在郡始讀孝經論語周易爲人沈重少言笑喜怒不形於色好獨坐靜處不結名好然精思微密所存必感常以平旦之後日出之前正東向立漱口咽液服氣百數向日再拜旦旦如此爲之經年父怪而問之所行何等君長跪對曰義山中心好日光長景之暉是以拜之爾至月朔旦之

日輒遊市及閭閻陋巷之中見窮乏饑餓之人解衣與之時時上登名山喟然悲歎或入石室中歡然獨笑時陳留大儒名士聞君盛德體性沈美咸修詣焉君輒稱疾不見賓客漢侍中蔡咸陳留高士亦頗知道聞君德行數往詣君輒稱疾不欲見之父乃大怪怒責之督切使出見之既不得已遂出相見咸大發清談及論神仙之道變化之事君乃凝默內閉斂神虛靜頷而和之一不答也是歲大旱斗米千錢路多饑莩君乃傾財竭家以濟其困陰行之人亦不知是君之慈施也對萬物如臨赤子斯積善德仁愛之施矣後遇陳留黃泰告君曰聞君好道陰德流行用思微妙誠感於我是以相詣吾是中嶽仙人蘇林字子元也本衛人靈公末年生少好道德受學於岑先生見授鍊身消災之道術後又遇仇公公乃見教以服炁之法還神守魂之事吾行之甚驗大得其益子少知還陽精髓不泄又知導引服炁吞景咽漿不復須陰丹內術補胎之益也然猶三蟲未壞三尸未死故導引服炁不得其理可先服制蟲細丸以殺穀蟲蟲有三名一名青古一名白姑三名血尸謂之三蟲三蟲在內令人心煩滿意志不開所思不固失食則饑悲愁感動精志不至仍以飲食不節斷也雖復斷穀人體重滯奄奄淡悶所夢非眞顛倒繆錯邪俗不除皆由此蟲在內搖動五藏故也殺蟲之方

如後附子五兩麻子七升地黃六兩朮七兩茱萸根大者七寸桂四兩雲芝英五兩凡七種先取葛蒲根煮濃作酒使清淳重美一斗半以七種藥㕮咀內器中漬之亦可不用㕮咀三宿乃出曝之令燥又取前酒汁漬之三宿又出曝之須酒盡乃止曝令燥內鐵臼中擣之下細簁令成粉取白蜜和之令可丸以平旦東向初服二丸如小豆漸益一丸乃可至十餘丸也治腹內絃實上氣心胸結塞益肌膚令體輕有光華盡一劑則蟲死蟲死則三尸枯三尸枯則自然落矣亦可數作不限一劑也然後合四鎮丸加增青黃精各一兩以斷穀畢若導引服氣不得其理可先服食衆草藥巨勝茯苓朮桂天門冬黃連地黃大黃桃膠及皮任擇焉雖服此藥以得其力不得九轉神丹金液之道不能飛仙矣爲可延年益壽亦辟其死也君按次爲之服食朮五年身生光澤徹視內見五藏乃就仙人求飛仙要訣仙人曰藥有數種仙有數品有乘雲駕龍白日昇天與太極眞人爲友拜爲仙宮之主其位可司眞公定元公太生公及中黃大夫九氣丈人仙都公此皆上仙也或爲仙卿大夫上仙之次也遊行五嶽或造太清役使鬼神中仙也或受封一山總領鬼神或遊翔小有群集清虛之宮中仙之次也若食穀不死日中無影下仙也或白日尸解過死太陰然後乃仙下仙之次也我受涓子

祕要是中仙耳子名上金書當爲眞人我之道非子眞人所學也今以守三一之法靈妙小有之書
二百事傳子石菌朱柯若乾芝與子服之吾道畢矣子可遠索師也君再拜受教退而服神芝五年
自視千里外日行五百里遂巡行名山尋索仙人聞蒙山欒先生能讀龍蹻經遂往尋之過衍門子
於是授以龍蹻經及三皇內文退登王屋山遇趙佗子受芝圖十六首及五行祕符又遇黃先生受
黃素神方五帝六甲左右靈飛之書四十四訣退登嶓冢山遇上衛君受太素傳左乙混洞東蒙之
錄右庚素文攝殺之律退登嵩高山遇中央黃老君合會仙人在其上太室洞門之內君頓首再拜
乞長生度世黃老君曰子在洞房之內見白元君耶君對曰實存洞房嘗見白元君黃老君曰子道
未足矣未見無英君也且復游行受諸要訣當以上眞道經授子矣見白元君下仙之事可壽三千
年見無英君乃爲眞也可壽一萬年矣君再拜受教而退遊行天下名山大澤西登白空山遇沙野
帛先生受太清上經退登峨嵋山入空洞金府遇甯先生受大丹隱書八稟十訣退登岷山遇陰先
生受九赤斑符退登岐山遇臧延甫受靈樂曲素訣辭乃登梁山遇淮南子受天關三圖乃退登牛
首山遇張子房受太清眞經乃退登九疑山遇李伯陽受李氏幽經乃遊登鍾山遇高丘子受金丹

方二十七首乃登鶴鳴山遇陽安君受金液丹經九鼎神丹圖乃登猛山遇青精先生受黃素傳乃登陸渾山遡入伊水洞室遇李子耳受隱地八術乃登戎山遇趙伯元受三九素語乃登陽洛山遇幼陽君受青要紫書三五順行乃登霍山遇司命君受經命青圖上皇民籍乃登鳥鼠山遇墨翟子受紫度炎光內視圖中經乃登隴名山遇太帝候夜神童受金根之經乃登委羽山遇司馬季主受石精金光藏景化形乃登大庭山遇劉子先受七變神法乃登都廣建木遇谷希子受黃炁之法太空之術陽精三道之要乃登桐柏山遇王喬受素奏丹符乃登太華山遇南嶽赤松子受上元眞君書乃登太冥山遇九老仙都君受黃水月華四眞法乃登合黎山遇皇人受八素眞經太上隱書乃登景山遇黃臺萬畢先生受九眞中經乃登元壟羽山遇玉童十人九炁丈人得白羽紫蓋服黃水月華法乃到桑林登扶廣山遇青眞小童君受金書祕字乃退南行朱火登丹陵山遇龔仲陽受仙忌眞記乃西遊登空山見無英君而退洞房中無英君處其左白元君處其右黃老君處其中無英君服金精朱碧玉綾之袍光赤朝霞流景耀天要太上靈炁之章佩九帝祛邪之策戴翠上紫靈之冠蓋太元丹靈上元赤子之祖父也左連青宮之炁炁灌萬神乃未有天地先自虛空而生矣白元

君服丹玉之錦雲羅重袍白光內朱流景參天垂暉映神元黃徹虛要太上靈精之章佩元元攝魔之策戴招龍皂冠蓋玉房雲庭上元赤子之父右夾皓青之室朝運生者也中央黃老君是太極四眞王之師老矣上攝九天中游崐崘黃闕來其外紫戶在其內下與二君入洞房圓三寸威儀具焉夫至思神見得爲眞人若見白元君得爲下眞壽三千歲若見無英得爲中眞壽萬歲若見黃老與天相傾上爲眞人列名金臺君既詣之乃再拜頓首乞與上眞要訣黃老君曰可還視子洞房中君乃瞑目內視良久果見洞房之中有二神人無英白元君也被服狀如在空山中者黃老君笑言曰微乎深哉子用意思之精也此白日昇天之道子還登常山授子上眞之道君乃還常山石室中齋戒念道復積九十餘年白元君無英君黃老君遂使受之大洞眞經三十九篇有玉童二十一人玉女二十一人皆侍直燒香晝夜習之積十一年遂乘雲駕龍白日昇天上詣太微宮受書爲紫陽眞人佩黃旄之節八威之策帶流金之鈴服自然之衣食玉醴之粘飲金液之漿治葛衍山金庭銅城所謂紫陽宮也紫陽有八眞人君處其右一日三登崑崙一朝太微帝君以磻冢爲紫陽別宮所謂洞庭潛宮也磻冢山有洞穴潛通王屋清虛小有天亦潛通閬風也

張微子

按墉城集仙錄張微子者漢昭帝大匠張慶之女不知何郡人也微子少好道因得尸解去在太元司命華陽含眞臺師東華玉妃受服霧氣之道云霧是山澤水火之華金石盈氣久服之能散形入室與雲霧合體微子修之得其仙道也

王褒

按魏華存清虛眞人王君內傳華存師清虛眞人王君諱褒字子登范陽襄平人也安國侯七世之孫君以漢元帝建昭三年九月二十七日誕焉洪基大業世籍貴盛君父諱楷以德行懿美比州所稱舉茂才除議郎轉中壘大夫上黨太守黃門侍郎侍中左將軍鴈門太守楷正色形管坦誠獻替納言推謨拔衿拔領敘職蒞民政以禮成捨刑寬賦不肅而敬天子賢之遷殿上三老使賓皇太子講春秋尚書論語禮易恢恢仁長循循善誘微言旣甄搢紳乘其範大義已陳百王格其准遷光祿大夫諡曰文侯夫人司馬遷之孫淑慎沈博德配母儀蓋以清源高流圓穎遠映靈根散條芳華朗暉是用忠孝敢於上業善誘彰於文德世載英旄斯人有焉君體六和之妙烝挺天然之嘉質含漱

秀以植韻秉靈符而標眞暉灼煥於三辰峻逸超於元風少讀五經傍看百子綜覈象緯通探陰陽
及風烝律呂靡有不覽也父爲娉丞相孔光女娶婦在室以和人倫而君凝形淳觀明德獨往高期
眞全絕不內盼峨峨爲若望慶雲之沓軫浩浩焉似汎滄溟之無極神棲萬物之嶺烝邁霄漢之津
鴻漸鄧林展翮東圜將藏鳳羽以翳於南風匿龍華以沈於幽源是乃夜光潛躍映耀於難掩遂名
沸絕圃聲馳京夏四府交辟君卽閉夜有感喟然悲歎曰人間塵譪趣競得失利害相攻有踰鵷雛
之視老燕矣遂決志辭親入華山中九年契闊備至精感昊穹神映幽人體期冥靈心唱至眞爾一
日夜半忽聞林澤中有人馬之聲簫鼓之音須臾之間漸近此山仰而望之見千騎萬乘浮虛空而
至神人乘三素雲輦手把虎符朱鉞啟途握節執旄曲晨傾蔭錦旂蔽虛神人暫停駕而言曰吾太
極眞人西梁子文也闕子好道劬勞山林未該眞要誠可愍也勤企長生實爲至矣君乃馳詣輪轂
之下叩頭自搏而言曰甕以肉人愚頑膺賤染風塵恣躁亂性然少好生道莫知以度眞人曰夫
學道無師無緣自解我太極眞人神仙之司主試學校者領舉正眞爾子元錄上清金書東華名編
清虛位登小有必當掌括籙籍爲天王之任爾但注心四景勤慕上業道自成也後隱陽洛山中感

南極夫人西城眞人並降南極夫人乃指西城曰君當爲王子登之師子登亦佳弟子也良久西城眞人長嘆而謂君曰夫學道者諒不可以倉卒期求生者不可以立爾綜故冥術棲於元元而高偕太妙凌重霄以類抗矣夫道雖無形其實有焉妙雖昧昧其實坦然子當勤求其無然後見其至有子廣延諸妙然後究其坦大得有則有生得妙則年全也子求生雖篤而未見其涯慕道雖勤而未啟其門殆猶沿涌波以索鳥巢尋長木而訪淵鱗爾是故子心疲於導引而朱宮爲之喪潰肺弊於理烝而神華爲之凋落肝勞於視盼而魂精爲之遊索脾竭於守神而丹田爲之閉滯腎困於經緯而津液爲之不澤膽銳於趣競而四肢爲之亂作五臟相攻六腑頹殘三焦滯而不瀉八關絕而無續賴餌飯以勁汝身恃丹青以固汝內爾正可却衰白之凋折猶不免必死之期會徒有萬年之壽豈足貴乎西城眞人遂以即日授君太上寶文八素隱書大洞眞經靈書八道紫度炎光石精玉馬神眞虎文高仙羽元凡三十一卷依科立盟結誓而付乃將君觀元州須臾而至四面大海懸瀞千丈洲上宮闕朱閣樓觀瓊室瑤房不可稱記西城眞人曰此仙都之府太上丈人處之乃將君入紫桂宮見丈人著流霞羽袍冠芙蓉之冠腰帶神光手把火鈴侍女數百龍虎衛階太上丈人與西城

眞人相禮而已相攜共坐君時侍側焉太上丈人曰彼所謂王子登乎學道遭逢良師將得之矣西
城眞人笑因命君拜拜畢太上丈人使坐北向丈人乃設廚膳呼吸立具靈肴千種丹醴湛溢燔煙
震檀飛節元香陳鈞天之大樂擊金璈於七芒崆峒啟音徹朗天丘於是龍騰雲崖飛鳳鳴嘯山阜
洪鯨涌波凌濤雲起太虛風生廣遊靈歌九眞雅吟空無玉華作唱西妃折腰爾乃衆仙揮袂萬神
遷延羽童拊節慶雲纏綿於是太上丈人會二十九眞人皆元洲之太眞公也其第一眞人自稱主
仙道君指君而向西城眞人言曰彼悠悠者將西城之室客上宰之賓友耶視此子心眸澄邈神渟
形凝圓晨不煥六景發華殆眞人之美者小有之賢王也彼果何人哉於是西城眞人笑而答曰道
君今何清音之不妙幽閑之陋碎哉請粗陳其歸要焉蓋夫聖匠剖太混之一朴分爲億萬之體發
大蘊之一包散爲無窮之物是故立三光呼天而兆晷儀封區域呼地而制五服制漏刻以分日夜
正四時以財歲月五位以正方面山川以定險阻城郭以自居爲兵械以自衛爲旌旗輿服以自表
用九穀以自養凡此之類象懸乎天而形存乎地日月有幽明之分寒暑有生殺之然震雷有出入
之期風雨有動靜之節類烝浮乎上而衆精流乎下廢興之數治亂之運賢愚之質善惡之性剛柔

之烝壽夭之命貴賤之位尊卑之班吉凶之徵窮達之期普陳矣性發乎天而命成乎人也故立之
者天而行之者道性合神同混而爲一流通並行不可細得分別也於是主仙道君命侍女范運華
趙峻珠王抱臺等發瓊笈披綠蘊出上清隱書龍文八靈眞經二卷授子登又以雲碧陽水晨飛丹
腴二升賜君君拜服之眞人遂將君還西城九年道成給飛飇車東行渡啟明滄海登廣桑山入始
暉庭詣太帝君稽首再拜太帝授以龍景九文紫鳳赤書上清神圖八道玉籙次南行渡渤海丹海
登長離山詣南極紫元夫人一號南極元君授以九道𢌞元大丹綠書又詣赤[illegible]童子華蓋上公授
以五雲夜光雲琅水霜南極夫人曰昔日之言豈負舉哉君稽首謝恩辭退次西行渡庚丘巨海沈
羽之津登麗農山詣紫蓋晨夫人景眞三臯道君授以玉道綠字𢌞曜太眞隱書次北遊滍彫柔元
海濟飲龍上河匏瓜津登廣野山詣高上虛皇大道玉君會其出遊濯日月之晨乘紫始之光鬱藹
黃素之雲勃蔚八景之曜飛眞萬億不可稱數君再拜道側乃詣上清玉晨帝君元清六微元君二
君授以寶洞飛霄絕元金章及賜太極隱書龍明珠絳和雲芝君拜而飲之卽身金色項映圓光七
曜散華流煥映形又退登閬風之野元圃之宮詣中皇玉帝受解形遯變流景玉經乃越鬱絕濟鬭

河而詣龜臺謁九靈太眞上淸夫人退更淸齋三月受三華寶曜瓊文琅書靈暉上籙七晨素經退
又淸齋三年浮浩汗之河登白空廣山山周廻三萬里遊行翌日趨詣紫淸太素瓊闕卽太素三元
上道君所治焉處丹靈白玉宮飛映絕曜紫霞落煥七光交陳結於雲宇之上奇麗元黃不可名字
仙童玉女侍右天尊蓋無數也君旣至稽首再拜詣瓊闕之下久時太素三元上道君乃使繡衣命
者西林藻授君金眞玉光流金火鈴豁落七元八景飛晨又使淸眞左夫人郭靈蓋右陽玉華仲飛
姬齎神策玉璽授君以爲太素淸虛眞人領小有天王三元四司右保上公治王屋山洞天之中給
玉童玉女各三百人主領上淸玉齋太素寶元太極上品九天靈文六合祕籍山海妙經悉主之焉
又總括洞內明景三寶得乘虎旂龍撜金蓋瓊輪八景飛輿出入上淸受事太素寢宴太極也後歸
西城淸齋三月授書爲太素淸虛眞人矣

宮嵩

按神仙傳宮嵩者瑯琊人也有文才著書百餘卷師事仙人干吉漢元帝時嵩隨吉於曲陽泉上遇
天仙授吉靑縑朱字太平經十部吉行之得道以付嵩後上此書書多論陰陽否泰災眚之事有天

道地道人道云治國者用之可以長生此其旨也嵩服雲母數百歲有童子之色後出入紵嶼山仙去

王仲都

按神仙傳王仲都漢人也一云道士學道於梁山遇太白眞人授以虹丹能禦寒暑已二百許年漢元帝召至京師試其方術嘗以嚴冬之月從帝出遊令仲都單衣乘駟馬車於上林昆明池環水馳走帝御狐裘而猶覺寒仲都貌無變色背上氣蒸烋烋然又當盛夏曝之日中圍以十爐火口不稱熱身不流汗後亦仙去桓君山著新論稱其人

卷終

## 神仙部列傳八

### 漢五　梅福

按漢書本傳梅福字子眞九江壽春人也少學長安明尙書穀梁春秋爲郡文學補南昌尉後去官歸壽春數因縣道上言變事求假軺傳詣行在所條對急政輒報罷是時成帝委任大將軍王鳳鳳專埶擅朝而京兆尹王章素忠直譏刺鳳爲鳳所誅王氏浸盛災異數見羣下莫敢正言福復上書曰臣聞箕子佯狂於殷而爲周陳洪範叔孫通遁秦歸漢制作儀品夫叔孫先非不忠也箕子非疏其家而畔親也不可爲言也昔高祖納善若不及從諫若轉圜聽言不求其能舉功不考其素陳平起於亡命而爲謀主韓信拔於行陳而建上將故天下之士雲合歸漢爭進奇異知者竭其策愚者盡其慮勇士極其節怯夫勉其死合天下之知幷天下之威是以舉秦如鴻毛取楚若拾遺此高祖所以亡敵於天下也孝文皇帝起於代谷非有周召之師伊呂之佐也循高祖之法加以恭儉當此之時天下幾平繇是言之循高祖之法則治不循則亂何者秦爲亡道削仲尼之迹滅周公之軌壞

井田除五等禮廢樂崩王道不通故欲行王道者莫能致其功也孝武皇帝好忠諫說至言出爵不待廉茂慶賜不須顯功是以天下布衣各厲志竭精以赴闕庭自衒鬻者不可勝數漢家得賢於此為盛使孝武皇帝聽用其計升平可致於是積尸暴骨快心胡越故淮南王安緣間而起所以計慮不成而謀議泄者以衆賢聚於本朝故其大臣勢陵不敢和從也方今布衣迺窺國家之隙見間而起者蜀郡是也及山陽亡徒蘇令之群蹈藉名都大郡求黨與索隨和而亡逃匿之意此皆輕量大臣亡所畏忌國家之權輕故匹夫欲與上爭衡也士者國之重器得士則重失士則輕詩云濟濟多士文王以寧廟堂之議非草茅所當言也臣誠恐身塗野草尸并卒伍故數上書求見輒報罷臣聞齊桓之時有以九九見者桓公不逆欲以致大也今臣所言非特九九也陛下距臣者三矣此天下士所以不至也昔秦武王好力任鄙叩關自鬻繆公行伯繇余歸德今欲致天下之士民有上書求見者輒使詣尚書問其所言言可采取者秩以升斗之祿賜以一束之帛若此則天下之士發憤懣吐忠言嘉謀日聞於上天下條貫國家表裏爛然可睹矣夫以四海之廣士民之數能言之類至衆多也然其俊傑指世陳政言成文章質之先聖而不繆施之當世合時務若此者亦亡幾人故爵祿

束帛者天下之底石高祖所以厲世摩鈍也孔子曰工欲善其事必先利其器至秦則不然張誹謗之罔以為漢敺除倒持泰阿授楚其柄故誠能勿失其柄天下雖有不順莫敢觸其鋒此孝武皇帝所以辟地建功為漢世宗也今不循伯者之道迺欲以三代選舉之法取當時之士猶察伯樂之圖求騏驥於市而不可得亦已明矣故高祖棄陳平之過而獲其謀晉文召天王齊桓用其讎亡益於時不顧逆順此所謂伯道者也一色成體謂之純白黑雜合謂之駮欲以承平之法治暴秦之緒猶以鄉飲酒之禮理軍市也今陛下既不納天下之言又加戮焉夫鵲鶡遭害則仁鳥增逝愚者蒙戮則知士深退閒者愚民上疏多觸不急之法或下廷尉而死者衆自陽朔以來天下以言為諱朝廷尤甚羣臣皆承順上指莫有執正何以明其然也取民所上書陛下之所善試下之廷尉廷尉必曰非所宜言大不敬以此卜之一矣故京兆尹王章資質忠直敢面引廷爭孝元皇帝擢之以厲具臣而矯曲朝及至陛下戮及妻子且惡惡止其身王章非有反畔之辜而殃及家折直士之節結諫臣之舌羣臣皆知其非然不敢爭天下以言為戒最國家之大患也願陛下循高祖之軌杜亡秦之路數御十月之歌留意亡逸之戒除不急之法下亡諱之詔博覽兼聽謀及疏賤令深者不隱遠者不

塞所謂辟四門明四目也且不急之法誹謗之微者也往者不可及來者猶可追方今君命犯而主威奪外戚之權日以益隆陛下不見其形願察其景建始以來日食地震以率言之三倍春秋水災亡與此數陰盛陽微金鐵爲飛此何景也漢興以來社稷三危呂霍上官皆母后之家也親親之道全之爲右當與之賢師良傅教以忠孝之道今迺尊寵其位授以魁柄使之驕逆至於夷滅此失親親之大者也自霍光之賢不能爲子孫慮故權臣易世則危書曰毋若火始庸庸埶陵於君權隆于主然後防之亦亡及已上遂不納成帝又亡繼嗣福以爲宜建三統封孔子之世以爲殷後復上書曰臣聞不在其位不謀其政政者職也位卑而言高者罪也越職觸罪危言世患雖伏質橫分臣之願也守職不言沒齒身全死之日尸未腐而名滅雖有景公之位伏歷千駟臣不貪也故願一登文石之陛涉赤墀之途當戶牖之法坐盡平生之愚慮亡益于時有遺于世此臣寢所以不安食所以忘味也願陛下深省臣言臣聞存人所以自立也壅人所以自塞也善惡之報各如其事昔者秦滅二周夷六國隱士不顯佚民不舉絕三統滅天道是以身危子殺厥孫不嗣所謂壅人以自塞者也故武王克殷未下車存五帝之後封殷于宋紹夏于杞明著三統示不獨有也是以姬姓半天下遷

廟之主流出于戶所謂存人以自立者也今成湯不祀殷人亡後陛下繼嗣久微殆爲此也春秋經曰宋殺其大夫穀梁傳曰其不稱名姓以其在祖位尊之也此言孔子故殷後也雖不正統封其子孫以爲殷後禮亦宜之何者諸侯奪宗聖庶奪適傳曰賢者子孫宜有土而況聖人又殷後哉昔成王以諸侯禮葬周公而皇天動威雷風著災今仲尼之廟不出闕里孔子子孫不免編戶以聖人而歆匹夫之祀非皇天之意也今陛下誠能據仲尼之素功以封其子孫則國家必獲其福又陛下之名與天亡極何者追聖人素功封其子孫未有法也後聖必以爲則不滅之名可不勉哉福孤遠又譏切王氏故終不見納武帝時始封周後姬嘉爲周子南君至元帝時尊周子南君爲周承休侯位次諸侯王使諸大夫博士求殷後分散爲十餘姓郡國往往得其大家推求子孫絕不能紀時匡衡議以爲王者存二王後所以尊其先王而通三統也其犯誅絕之罪者絕而更封他親爲始封君上承其王者之始祖春秋之義諸侯不能守其社稷者絕今宋國已不守其統而失國矣則宜更立殷後爲始封君而上承湯統非當繼宋之絕侯也宜明得殷後而已今之故宋推求其嫡久遠不可得雖得其嫡嫡之先已絕不當得立禮記孔子曰丘殷人也先師所共傳宜以孔子世爲湯後上以其

語不經遂見寢至成帝時梅福復言宜封孔子後以奉湯祀綏和元年立二王後推迹古文以左氏穀梁世本禮記相明遂下詔封孔子世為殷紹嘉公語在成紀是時福居家常以讀書養性為事至元始中王莽顓政福一朝棄妻子去九江至今傳以為仙其後人有見福於會稽者變名姓為吳市門卒云　按香案牘墨池在南昌縣水竹幽蔚王右軍典臨川郡日每過此盤礴不能去因號墨池先是福種蓮花池中嘆曰生為我酷身為我梏形為我辱妻為我毒遂棄妻入洪厓山　按安慶府志梅福字子眞太湖縣人漢成帝時為南昌尉見王氏五侯子侈靡以輿馬聲色佚游相高數因縣道上變事輒報罷永始中王莽封為新都侯爵位益尊權傾諸父乃上書請削王氏威柄不納遂隱於香茗山及雷港之小茗山山有梅福庵及丹竈遺跡尚存平帝元始中福知王莽必篡漢一朝棄妻子出游不知所之其後有人見福於會稽者變姓名為吳市門卒後修道仙去　按延平府志梅福字子眞九江壽春人初補南昌尉後棄妻子煉丹往來衍山中玉華洞自稱九江道人丹成上昇因號其村為梅岐里屬劍浦哨鄉

韓終

按陝西通志韓終漢成帝時乘白鹿車從者玉女四人執采旄之節劉根稽首乞言終曰必欲長生先去三尸去卽志意定嗜欲除也乃以神方五篇授根有採藥詩閬河之桂實大如棗得而食之後天而老

## 黃景華

按墉城集仙錄黃景華者漢司空黃瓊之女也景華少好仙道常密修至要後師韓君授其岷山丹方服之得入易遷宮位爲協晨夫人領九宮諸神女亦總教授之

## 劉根

按後漢書本傳劉根者潁川人也隱居嵩山中諸好事者自遠而至就根學道太守史祈以根爲妖妄乃收執詣郡數之曰汝有何術而誣惑百姓若果有神可顯一驗事不爾立死矣根曰實無它異頗能令人見鬼耳祈曰促召之使太守目覩爾乃爲明根於是左顧而嘯有頃祈之亡父祖近親數十人皆反縛在前向根叩頭曰小兒無狀分當萬坐顧而叱祈曰汝爲子孫不能有益先人而反累辱亡靈可叩頭爲吾陳謝祈驚懼悲哀頓首流血請自甘罪坐根嘿而不應忽然俱去不知所在

按神仙傳根字君安京兆長安人也少明五經以漢孝成皇帝綏和二年舉孝廉除郎中後棄世學道入嵩高山石室峥嵘峻絶之上直下五千餘丈冬夏不衣身毛長一二尺其顏色如十四五歲人深目多鬚鬢皆黃長三四寸每與坐或時忽然變著高冠元衣人不覺換之時衡府君自說先祖與根同歲者至王莽時頻使使者請根根不肯往衡府君使府掾王珍問起居根不答再令功曹趙公往山達敬根唯言謝府君更無他言後潁川太守高府君到官郡民大疫死者過半太守家大小悉得病高府君復遣珍往求根請消除疫氣之術珍叩頭述府君之言根教言於太歲宮氣上掘地深三尺以沙著其中及酒沃之君依言病者悉愈疫氣尋絶每用有效後太守史府君以根為妖遣吏召根擬戮之一府共諫府君府君不解如是諸吏達根欲令根去根不聽府君使至請根根曰張府君欲吾何為耶間當至耳若不去恐諸君招咎謂卿等不敢來呼我也根是日至府時賓客滿座府君使五十餘人持刀杖繩索而立根顏色不變府君烈聲問根曰若有何道術也答曰唯唯府君曰能召鬼乎曰能府君曰既能即可促鬼至廳前不爾當大戮根曰召鬼至易見耳借筆硯及奏按鎗鎗然作銅鐵之聲聞於外又長嘯嘯音非常清亮聞者莫不肅然衆客震悚須臾廳上南壁忽開數

丈見兵甲四五百人傳呼赤衣兵數十人齎刀劍將一車直從壞壁中入來又壞壁復如故根勅下
車上鬼其赤衣便乃發車上披見下有一老翁老姥大繩反縛囚之懸頭廳前府君熟視之乃其亡
父母也府君驚愕流涕不知所措鬼乃責府君曰我生之時汝官未達不得汝祿養我死汝何為犯
神仙尊官使我被收困辱如此汝何面目以立人間府君下階叩頭向根伏罪受死請求放赦先人
根勅五百兵將囚出散遣之車出去南壁開後車過壁復如故既失車所在根亦隱去府君惆悵恍
惚狀若發狂妻登時死良久乃蘇云見府君家先捉者大怒言汝何故犯神仙尊官使我見收今當
來殺汝其後一月府君夫婦男女皆卒府掾王珍數得見數承顏色憔然時伏地叩頭請問根學仙
時本末根曰吾昔入山精思無所不到後如華陰山見一人乘白鹿車從者十餘人左右玉女四人
執采旄之節皆年十五六余載拜稽首求乞一言神人乃告余曰爾聞有韓終否答曰實聞有之神
人曰我是也余乃自陳曰某少好道而不遇明師頗習方書按而為之多不驗豈根命相不應度世
也有幸今日得遇大神是根宿昔夢想之願願見哀憐賜其要訣神未肯告余余乃流涕自搏重請
神人曰坐吾將告汝汝有仙骨故得見吾耳汝今髓不滿血不煖氣少腦減筋息肉沮故服藥行氣

不得其力必欲長生且先治病十二年乃可服仙藥耳夫仙道有昇天躡雲者有遊行五嶽者有服食不死者有屍解而仙者凡修仙道要在服藥藥有上下仙有數品不知房中之事及行氣導引并神藥者亦不能仙也藥之上者有九轉還丹太乙金液服之皆立登天不積日月矣其次有雲母雄黃之屬雖不即乘雲駕龍亦可役使鬼神變化長生次乃草木諸藥能治百病補虛駐顏斷穀益氣不使能人不死也上可數百歲下即全其所稟而已不足久賴也余頓首曰今日蒙教乃天也神人曰必欲長生先去三尸三尸去即志意定嗜欲除也乃以神方五篇見授云伏尸常以月望晦朔上天白人罪過司命奪人算使人不壽人身中神欲得人生而尸欲得人死人死則神散無形之中而成鬼祭祀之則得歆饗故欲人死也夢與惡人鬬爭此乃尸與神相戰也余乃從其言合服之遂以得仙珍又每見根書符了有所呼召似人來取或數聞推問有人答對及聞鞭撻之聲而悉不見其形及地上時時有血莫測其端也根乃教珍守一行氣存神坐三綱六紀謝過上名之法根後入雞頭山仙去

谷春

按列仙傳谷春櫟陽人成帝時爲郎病死而屍不冷家發喪行服猶不敢下釘三年更著冠幘坐縣門上邑中人大驚家人迎之不肯歸發棺有衣無屍留門上三宿去之長安止橫門上人知追迎之復去之太白山立祠於山上時來至其祠中止宿焉

## 唐公昉

按香案牘公昉昇仙雞犬皆去惟鼠惡其穢垢不將鼠自悔一月三吐易其腸束廣微所謂唐鼠是也　按陝西通志唐公昉城固人王莽居攝二年爲郡吏遇眞人進以美瓜又從而禮貌之眞人潛期背谷口賜以神藥曰飲此當移意萬里知禽獸語時去家百餘里轉影卽至鄉人驚白於府君府君學之無所進怒命吏收昉妻子昉歸告其師師與之歸以藥飲之妻子塗屋柱須臾大風白霧拔宅仙去惟壻不與焉

## 南陽公主

按集仙錄漢南陽公主出降王咸屬王莽秉政公主夙慕空虛崇尚至道每追文景之爲理世又知武帝之世累降神仙謂咸曰國危世亂非女子可以扶持但當自保恬和退身修道稍遠譏競必可

延生若碌碌隨時進退恐不可免於支離之苦奔迫之患也咸匪俛世祿未從其言公主遂於華山結廬棲止歲餘精思苦切貞靈感應遂捨廬室而去人或見之徐徐絕壑乘雲氣冉冉而去咸入山追之越巨壑昇層巔涕泗追望漠然無跡忽於嶺上見遺朱履一雙前而取之巳化為石因謂為公主峯潘安仁為記行於世

鹿皮翁

按列仙傳鹿皮翁淄川人也少為府小吏工木精巧舉手能成器械岑山上有神泉人不能至小吏白府君請木工斤斧三十人作轉輪懸閣意思橫生數十日梯道四間成上其嶺作祠舍留止其旁絕其二間以自固食芝草飲神泉且七十年一旦下山呼宗族家室得六十餘人令上山半俄淄水漲盡漂一郡沒者萬計小吏乃辭遣宗室令下山著鹿皮衣遂去復上閣後百餘年下賣藥於市

山圖

按列仙傳山圖隴西人少好乘馬馬踏之折脚山中道人教以地黃當歸羌活獨活苦參散服之一歲而不嗜食病愈身輕追道士問之自言五嶽使之名山採藥能隨吾使汝不死山圖追隨之六十

餘年一旦歸來行毋服於家期年復去莫知所之

赤斧

按列仙傳赤斧者巴戎人爲碧雞祠主簿能作水澒煉丹與硝石服之三十年反如童子毛髮生皆赤後數十年上華山取禹餘糧餌賣之於蒼梧湘江間累世傳見之手掌中有赤斧焉

陰生

按列仙傳陰生長安渭橋下乞兒也常止於市中乞市人厭苦以糞灑之旋復見身中衣不污如故長吏知之試收繫著桎梏而續在市中乞又試欲殺之乃去灑者之家室自壞殺十餘人故長安謠曰見乞兒與美酒以免破屋之咎

崔文子

按列仙傳崔文子太山人世好黃老事居潛山下後作黃老丸成石父祠賣藥都市自言三百歲後有疫氣民死者萬計長吏告之請救文擁朱旛繫黃散以循民間飲散者即愈所愈計萬後去蜀賣黃藥故世寶崔文赤丸散實近於神焉

騎龍鳴

按列仙傳騎龍鳴者渾亭人年二十於池中求得龍子狀如守宮者十餘頭養食結草廬而守之龍長大稍稍去後五十餘年水壞其廬而去一旦騎龍來至渾亭下語云我馮伯昌孫也此間人不去五百里必當死不信之者以爲妖言至八月果水至死者萬計

主柱

按列仙傳主柱不知何所人與道士共上宕山言此有丹砂可得數萬斤宕長吏知而上山封之砂流出飛如火乃聽柱取爲邑令章君明餌砂三年得神砂飛雪服之五年能飛行與柱俱去矣

谿父

按列仙傳谿父南郡鄘人居山間有仙人常止其家從買瓜教之煉瓜子與桂附枳實共藏而對分食之二十餘年能飛走昇山入水後百餘年絶居山頂呼谿下父老與道生時事也

陶安公 附二女

按列仙傳陶安公六安鑄冶師數行火火一旦散上行紫色衝天安公伏冶下求哀須臾朱雀止冶

上曰安公安公冶與天通七月七日迎汝赤龍至期赤龍到大雨而公騎之東南上一城邑數萬人衆共送視之皆與辭決也　按南昌郡乘陶安公新吳人涸跡爲陶冶師嘗冶鐵爐烟成紫蓋後有龍至安公跨之去二女修其術亦仙去天寶中名其居爲陶仙觀

呼子先附酒家母

按列仙傳呼子先漢中關下卜師壽百餘歲臨去呼酒家老嫗曰急裝當與嫗共應中陵王夜有仙人持二茅狗來呼子先子先持一與酒家嫗得而騎之乃龍也上華陰山常於山上大呼言子先酒家母在此矣

負局先生

按列仙傳負局先生不知何許人語似燕代間人常負磨鏡局徇吳市中衒磨鏡一錢因磨之輒問主人得無有疾苦者輒出紫丸藥以貽之得莫不愈如此數十年後大疫病家至戶到與藥活者萬計不取一錢吳人乃知其眞人也後上吳山絕崖頭懸藥下與人將欲去時語下人曰吾還蓬萊山爲汝曹下神水崖頭一旦有水白色流從石間來下服之多愈疾立祠十餘處

陵陽子明附子安

按列仙傳陵陽子明銍鄉人好釣魚於旋溪獲得白龍子明懼解釣拜而放之後得白魚腹中有書教子明服食之法子明遂上黃山採五石脂沸水而服之三年龍來迎去止陵陽山上百餘年山去地千餘丈谿中有子安亦得道者問相往來常問子明當年釣車在否後二十餘年子安死人取葬之山中有黃鶴來棲其冢邊樹上嗚呼子安

邗子

按列仙傳邗子自言蜀人好放犬知相犬犬走入山穴邗子隨入十餘宿行度數百里上出山頭上有臺殿宮府青松森然僊吏侍衛甚嚴見故婦主洗魚與邗符一函使還與成都令喬君君發函有魚子也著池中養之一年皆為龍邗復送符還山上犬色更赤有長翰常隨邗往來百餘年遂留止山上時下來護其宗族蜀人立祠於穴口常有鼓吹傳呼聲西南數十里共奉祠焉

木羽

按列僊傳木羽鉅鹿南和平鄉人母貧賤主助產嘗探產婦兒生便開目視母大笑母怖懼夜夢見

大冠赤幘守兒言此司命君也當報汝恩使汝子木羽得仙母陰信識之後母生兒字為木羽所採兒生年十五夜有車馬來迎去遂過母家呼木羽為我御來遂俱去後二十餘年鵲雀旦旦以銜二尺魚著母戶上母匿不道而賣其魚三十年乃發云母至百年乃終

## 犢子

按列仙傳犢子鄴人也少在黑山採松子茯苓餌而服之且數百年時壯時老時美時醜乃知是僊人也嘗過酤酒于陽都家都女者眉生而連耳細而長眾以為異皆言此天人也會犢子牽一黃犢來過都女悅之路相奉侍都女隨犢子出取桃李一宿而返皆連兜甘美邑中隨伺逐之出門共牽犢耳而走不能追也後還復在市中數十年乃去見磻山下冬賣桃李也

## 李阿

按神仙傳李阿者蜀人傳世見之不老常乞于成都市所得復散賜與貧窮者夜去朝還市人莫知所止或往問事阿無所言但占阿顏色若顏色欣然則事皆吉若容貌慘戚則事皆凶若阿含笑者則有大慶微嘆者則有深憂如此候之未嘗不審也有古強者疑阿異人常親事之試隨阿還所宿

乃在青城山中强後復欲隨阿去然身未知道恐有虎狼私持其父大刀阿見而怒曰汝隨我行那畏虎也取强刀以擊石刀折壞强憂刀敗至旦隨出阿問强曰汝愁刀敗也强言實恐父怒阿則取刀左手擊地刀復如故强隨阿還成都未至道逢人奔車阿以脚置其車下轢脚皆折阿即死强怖守視之須臾阿起以手撫脚而復如常强年十八見阿年五十許强年八十餘而阿猶然不異後語人被崐崙山召當去遂不復還也

李仲甫

按神仙傳李仲甫豐邑中益里人也少學道於王君服水丹有效兼行遁甲能步訣隱形年百餘歲轉少初隱百日一年復見形後遂長隱但聞其聲與人對語飲食如常但不可見有書生姓張從學隱形術仲甫言卿性褊急未中教然守之不止費用數十萬以供酒食殊無所得張患之乃懷匕首往先與仲甫語畢因依其聲所在騰足而上拔匕首左右刺斫仲甫已在牀上笑曰天下乃有汝輩愚人學道未得而欲殺之我寧得殺耶我眞能死汝但恕其頑愚不足問耳使人取一犬來置書生前曰視我能殺犬否犬適至頭已墮地腹已破乃叱書生曰我能使卿如犬行矣書生下地叩頭

乃止遂赦之仲甫有相識人居相去五百餘里常以張羅自業一旦張羅得一鳥視之乃仲甫也語畢別去是日仲甫已復至家在民間三百餘年後入西嶽山去不復還也

## 趙瞿

按神仙傳趙瞿者字子榮上黨人也得癩病重垂死或告其家云當及生棄之若死於家則世世子孫相蛀耳家人爲作一年糧送置山中恐虎狼害之從外以木砦之瞿悲傷自恨晝夜啼泣如此百餘日夜中忽見石室前有三人問瞿何人瞿度深山窮林之中非人所行之處必是神靈乃自陳乞叩頭求哀其人行諸砦中有如雲氣了無所礙問瞿必欲愈病當服藥能否瞿曰無狀多罪嬰此惡疾已見疎棄死在旦夕若刖足劓鼻而可活猶所甚願況服藥豈不能也神人乃以松子松柏脂各五升賜之告瞿曰此不但愈病當長生耳服半可愈愈即勿廢瞿服之未盡病愈身體強健乃歸家家人謂是鬼具說其由乃喜遂更服之二年顏色轉少肌膚光澤走如飛鳥年七十餘食雉兔皆嚼其骨能負重更不疲極年百七十夜臥忽見屋間光有如鏡者以問左右云不見後一日一室內盡明能夜書文再見面上有二人長三尺乃美女也甚端正但小耳戲其鼻上如此二女稍長大至如

人不復在面上出在前側常聞琴瑟之聲欣然懽樂在人間三百餘年常如童子顏色入山不知所之

陽翁伯

按仙傳拾遺陽翁伯者盧龍人也事親以孝葬父母於無終山山高八十里其上無水翁伯廬於墓側晝夜號慟神明感之出泉於其墓側因引水就官道以濟行人嘗有飲馬者以白石一升與之令翁伯種之當生美玉果生白璧長二尺者數雙一日忽有青童乘虛而至引翁伯至海上仙山謁羣仙曰此種玉陽翁伯也一仙人曰汝以孝於親神真所感昔以玉種與之汝果能種之汝當夫婦俱仙今此宮即汝他日所居也天帝將巡省於此開禮玉十珽汝可致之言訖使仙童與俱還翁伯以禮玉十珽以授仙童北平徐氏有女翁伯欲求婚徐氏謂媒者曰得白璧一雙可矣翁伯以白璧五雙遂婿徐氏數年雲龍下迎夫婦俱昇天今謂其所居為玉田坊翁伯仙去後子孫立大石柱于田中以紀其事

張穆子　童子先生　九源丈人

按洞仙傳張穆子者修太極上元年紀以昇仙後以此法授龔叔進王文卿尹子房皆得道　按洞仙傳童子先生者於狄山學道修浴契鈴經得僊　按洞仙傳九源丈人者爲方丈宮主領天下水神及陰精水獸蛟鯨之類

陽生　元都先生　黃列子

按洞仙傳陽生者住少室西金門山山有金醫漿服之得道　按洞仙傳元都先生者授仙人黑玉天地鈴經行而得道　按洞仙傳黃列子者嘗遊獵九江射中五色神鹿逐跡尋穴遇神芝服而得風仙

公孫卿

按洞仙傳公孫卿者學道於東梁甫山一云滋液山山宮中有合成仙藥得服之人立仙日月之神並在宮中合藥時頌曰玉女斷分劑蟾蜍主和擣一丸練人形二丸容顏好

蔡長孺

按洞仙傳蔡長孺者蜀郡人夫妻共服十精丸體氣充盈年九十生一男名度世一百五十歲復生

一男名無極年三百歲視之如少童

延明子高　　崔野子　　靈子眞

按洞仙傳延明子高者服麋角得仙　按洞仙傳崔野子者服水以度世　按洞仙傳靈子眞者服桃膠得仙

任敦

按洞仙傳任敦博昌人也少在羅浮山學道後居茅山南洞修步斗之道及洞元五符能役鬼召神隱身分形元居山舍虎狼不敢犯

敬元子

按洞仙傳敬元子修行中部之道存道守三一常歌曰遙望崐崙山下有三頃田借問田者誰赤子字元先上生烏靈木雙闕挾兩邊日月互相照神路帶中間採藥三微嶺飲漱華池泉遨遊十二樓偃蹇步中原意欲觀絳宮正值子丹眠金樓凭玉几華蓋與相連顧見雙使者博箸太行山長谷何崢嶸齊城相接鄰縱我飛龍轡忽臨無極淵黃精生泉底芝草披岐川我欲將黃精流丹在眼前徘

徊飲流丹羽翼奮迅鮮意猶未策外子喬提臂牽所經信自險所冀得神仙

帛舉

按洞仙傳帛舉字子高嘗入山採薪見二白鵠飛下石上即成兩仙人共語云頃合陰丹成就河北王母索九劍酒服之至頁子高聞仙人言就訪王母者得九劍酒還告仙人乞陰丹服之即翻然昇虛治於雲中掌雲雨之任

徐道季

按洞仙傳徐道季少住鵠鳴山後遇眞人謂曰夫學道當巾天青詠大歷跖雙白徊二赤此五神道之祕事也其語隱也大歷者三皇文是也道季修行得道

趙叔期

按洞仙傳趙叔期者不知何許人學道於王屋山中遇卜者謂叔期曰欲入天門修三關存朱衣正崐崙叔期請其要道因以素書一卷與之是胎精中記拜受之後得道　按懷慶府志卜者授叔期胎中記一卷叔期拜受之後丹就飛昇

章全素

按宣室志吳郡蔣生好神仙弱歲棄家隱四明山下嘗從道士學煉丹遂葺鑪鼎爨薪鼓鞴積十年而煉丹卒不成其後寓遊荊門見有行乞於市者膚甚顇躶然而病且寒噤不能語生憐其窮困解裘衣之因命執侍左右徵其家對曰楚人章氏子全素其名家於南昌有沃田數百畝屬年飢流徙荊江間且十年矣田歸於官身病不能自振幸君子憐而容焉於是與蔣生同歸四明山下而全素甚惰常旦寐自逸蔣生惡罵而捶者不可計生有石硯在几上忽一日全素白蔣生曰先生好神仙者學煉丹且久矣夫仙丹食之則骨化為金如是安有不長生耶今先生神丹能化石硯為金乎若然者吾為先生有道術士生自度不果心甚慚而以他詞拒之曰汝傭者豈能知神仙事乎若妄言自速笞罵之辱全素笑而去後月餘全素於衣中出一瓢甚小顧謂蔣生曰此瓢中有仙丹能化石為金願得先生石硯以一刀圭傅其上可乎蔣生性輕果且以為誕妄詬罵曰吾學煉丹十年矣尚未能窮其妙傭者何敢與吾喋喋議語耶全素佯懾不對明日蔣生獨行山水間命全素守舍於是鍵其門而去至晚歸則見全素已卒矣生乃以簀蔽其尸將命棺而瘞於野及徹其簀而全素尸已

亡去徒有冠帶衣履存焉生大異且以爲神仙得道者卽於几上視石硯亦亡矣生益異之後一日蔣生見藥鼎下有光生曰豈非吾仙丹乎卽於燼中探之得石硯其上寸餘化爲紫金光甚瑩徹蓋全素仙丹之所化也生始悟全素果仙人獨恨不能識益自悲恚其後蔣生學煉丹卒不成竟死於四明山

王妙想

按墉城集仙錄王妙想蒼梧女道士也辟穀服氣住黃庭觀邊之水傍朝謁精誠想念丹府由是感通每至月旦常有光景雲物之異重巘幽邃人所罕到妙想未嘗言之於人如是歲餘朔旦忽有音樂遙在半空虛徐不下稍久散去又歲餘忽有靈香郁烈祥雲滿庭天樂之音震動林壑光燭壇殿如照日之明空中作金碧之色烜爚亂眼不可相視須臾千乘萬騎懸空而下皆乘麒麟鳳凰龍鶴天馬人物儀衛數千人皆長丈餘持戈戟兵杖旌旛幢蓋良久乃鶴蓋鳳車導九龍之輦下降壇前有一人羽衣寶冠佩劍曳履昇殿而坐身有五色光赫然羣仙擁從亦數百人妙想卽往視謁大仙謂妙想曰吾乃帝舜耳昔勞厭萬國養道此山每欲誘教後進使世人知道無不可教授者且大道

在於內不在於外道在身不在他人元經所謂修之于身其德乃眞此蓋修之自己證仙成眞非他人所能致也吾覩地司奏汝于此山三十餘載始終如一守道不邪存念貞神遵稟元戒汝亦至矣若無所成證此乃道之棄人也元經云常善救物而無棄物道之布惠周普念物物皆欲成之人人皆欲度之但是世人福果單微道氣浮淺不能精專於道既有所修又不勤久道氣未應而已中怠是人自棄道非道之棄人也汝精誠一至將以百生千生望於所誠不怠不退深可悲愍吾昔遇太上老君示以道德眞經理國理身度人行教此亦可以亘天地塞乾坤通九天貫萬物爲行化之要修證之本不可勝論而言也吾常銘之于心布之于物弘化勵俗不敢斯須輒有怠替至今稟奉師匠終劫之寶也但世俗浮詐迷妄者多嗤謙光之人以爲懦怯輕退身之道以爲迂劣笑絕聖棄智之旨以爲荒唐鄙絕仁棄義之詞以爲勁捷此蓋迷俗之不知也元聖之意將欲還淳復朴崇道黜邪斜徑既除至道自顯淳朴已立澆競自祛此則裁制之義無所施兼愛之慈無所措昭灼之聖無所用機譎之智無所行天下混然歸乎大順此元聖之大旨也柰何世俗浮僞人奔奢巧帝王不得以靜理則萬緒交馳矣道化不得以坦行則百家紛競矣故曰人之自迷其日固久若洗心潔己獨

善其身能以至道爲師資長生爲歸趣亦難得其人也吾以汝修學勤篤暫來省視爾天骨宿稟復何疑乎汝必得之也吾昔於民間年尙沖幼忽感太上大道君降於曲室之中教以修身之道理國之要使吾瞑目安坐冉冉乘空至南方之國曰揚州上直斗牛下瞰淮澤入十龍之門泛昭回之河匏瓜之津得水源號方山四面各闊千里中有玉城瑤闕云九疑之山山有九峯峯有一水九江分流其下以注六合周而復始泝上於此以灌天河故九水源出此山也上下流注周於四海使我導九州開八域而歸功此山山有三宮一名天帝宮二名紫微宮三名清源宮吾以曆數既往歸理此山上居紫微下鎭于此常以久視無爲之道分命仙官下教於人夫諸天上聖高眞大仙愍劫曆不常代運流轉陰陽倚伏生死推遷俄爾之間又及陽九百六之會孜孜下教以救於人愈切於世人之求道也世人求道者存若亡繫念存心百萬中無一人勤久者天眞憫俗常在人間隱景化形隨方開悟而千萬人中無一人可教者古有言曰修道如初得道有餘多是初勤中惰前功併棄耳道豈負於人哉汝布宣我意廣令開曉也此山九峯者皆有宮室命眞官主之其下有寶玉五金靈芝神草三天所鎭之藥太上所藏之經或在石室洞臺雲崖嵌谷故亦有靈司主掌巨虬猛獸騰蛇毒

龍以為備衛一曰長安峯二曰萬年峰三曰宗正峯四曰大理峯五曰天寶峯六曰廣得峰七曰宜春峰八曰宜城峯九曰行化峯下有宮闕各為理所九水者一曰銀花水二曰復淑水三曰巢水四曰許泉五曰歸水六曰沙水七曰金花水八曰永安水九曰晉水此九水支流四海周灌無窮山中異獸珍禽無所不有無毒螫鷙攫之物可以度世可以養生可以修道可以登眞也汝居山以來未嘗遊覽四表拂衣塵外遐眺空碧俯睇岑巒固不可得而知也吾為汝導之得不勉之修之佇駕景策空然後倒景而研其本末也於是命侍臣以道德二經及駐景靈丸授之而去如是一年或三五降於黃庭觀十年後妙想白日昇天玆山以舜修道之所故曰道州營道縣

傅先生

按洞仙傳傅先生者學道於焦山中精思七年遇太極眞人與以木鑽使之穿一石盤厚五尺許戒云石盤穿仙可得也於是晝夜鑽之積四十七年鑽盡石穿仙人來曰立志若斯寧有不得道者卽釋以金液還丹服之度世　按鎭江府志傅先生未詳其名字隱丹徒之樵山相傳為漢有傅先生云陶隱居眞誥曰先生少好道居樵山石室中歷七載感降太極君授木鑽一令穿一石槃厚五

寸許教之曰穿此槃便得道乃遂晝夜穿之更歷四十九載石穿而鑽已盡後人名其石爲鑽丹石

趙威伯

按太平廣記趙威伯東郡人少好道師邯鄲張先生晚在中岳受玉佩金鐺經於丘林乃漢樓船將軍衞行道婦也遂受行挹日月之景又服九靈明鏡華遂得道在華陽內爲保命丞主仙籍兼記學道者并主暴雨水領五芝金玉章

龍述

按雲笈七籤龍述不知何許人也於金山得神芝實如梧桐治而服之日一刀圭服二年得仙尸解而去

趙素臺

按雲笈七籤趙素臺者漢幽州刺史趙熙之女也熙女有善行濟窮困救王惠等族誅有陰德數十事熙得身詣朱陵兒子得循化遊洞天素臺在易遷宮中已四百年不肯移去自謂天下無復樂於此處也數微服遊行盼山澤以自足也

子英

按續文獻通考子英舒鄉人入水捕魚得赤鯉持歸養池中食以穀米一年長丈餘遂生角翅子英怪異拜謝魚言我來迎汝天即大雨子英上魚背騰空而去歲時來歸故舍魚復迎去如是者七十餘年故吳中門戶皆作神魚因立子英祠云

文賓

按續文獻通考文賓太丘鄉人賣履爲業數取嫗棄之後故嫗年九十餘見賓年更壯拜而涕泣賓約與會鄉亭西社嫗夜從兒孫行十餘里坐社中待之須臾賓到大驚汝好道耶前不宜去汝也今服菊花地膚桑上寄生松子以益氣嫗遂更壯復壽百餘年

商丘子胥

按續文獻通考商丘子胥高邑人好牧豕吹竽年七十不娶而不老邑人從之學道問其要言但食朮菖蒲根飲水而已如此傳世三百餘年

莊君平

按續文獻通考莊君平蜀人夷堅志曰福有道人嘗見老叟同室歲餘告之曰吾乃漢莊君平也取一書授之天明叟去不歸視其書皆修身度世之說莊君平卽嚴君平漢人避諱故易莊爲嚴君平宋時尙見之　按博物志舊說云天河與海通近世有人居海渚者年年八月有浮槎去來不失期人有奇志立飛閣于槎上多齎糧乘槎而去奄至一處有城郭狀屋舍甚嚴遙望宮中多織婦見一丈夫牽牛渚次飲之牽牛人乃驚問曰何由至此此人具說來意并問此是何處答曰君還至蜀都訪嚴君平則知之竟不上岸因還如期後至蜀問君平曰某年月日有客星犯牽牛宿計年月正是此人到天河時也

王瑋元

按蘇州府志王瑋元號林屋山人嘗授宛陵令李崇流珠丹法謂崇曰子行此道雖出仕宦無妨仙舉復授以隱解法乃去入大霍山又授遁化泥丸紫府術以度世在華陽洞中爲左理中監

徐生

按淮安府志徐生學道於海州鬱林觀一日化去葬於山中有人於太山下見之因付一履歸東海

其徒視之乃葬時物也發棺視之未見人謂生尸解

樂長子

按安慶府志樂長子齊人少好道遇仙於霜林授以巨勝靈兆散方仙人告曰蛇服爲龍人服爲童年一百八十色如少女棲隱灊山號灊山眞君有遺跡唐明皇贊曰無爲志性元風自化冰霜肌骨龜年鶴貌超然出塵視爲高下絳節朝元能延晝夜

張眞君

按廣德州志漢張眞君諱渤句容人常學道於橫山師事寶林禪師昕夕禮斗道成就山巔構北斗殿明萬曆十二年知州陸長庚修其舊址得巨礎凡四乃眞君遺蹟也

徐仙

按廣德州志徐仙不知何許人相傳州南十里一山擇而居焉卽今丹井山是也就山鑿井煉丹丹成仙去至今猶存其井

張麗英

按江西通志張麗英字金華靈都石鼓山下居人芒之女也有奇光不對鏡但對白紈扇長沙王吳芮過贛聞其異强委禽焉女時年十五使來登山仰臥披髮覆石鼓下人謂其死芮使人往視之忽紫雲鬱起失女所在冲舉時歌詩十八章今存有五一曰石鼓石鼓悲哉下土自我來觀民生實苦二曰哀哀世事悠悠我意不可忤兮王威不可奪兮余志三曰有鸞有鳳自舞自歌何爲不去穢垢實多四曰淩雲爍漢遠絶塵羅世人之子於我其何五曰誓來期會運往卽乖父兮母兮無傷我懷

劉越

按九江府志劉越嘗遨康阜過其所居云山陰有石高三尺者吳宅也扣之卽見我焉如其言往扣之果覩異境有二童子引見越越冠元玉冠朱紱劍佩飲阜以玉酒三爵延生湯一啜阜心知其異私念欲留居之未出口越卽已先知之曰子未應留姑去他日來居未晚也旣出悅然猶巨石在太平宮殿外堦下後因號其石曰劉越洞天今不知所在

度索君

按九江府志度索君眞仙也昔有人見一著白布單衣者高冠冠似魚頭度索君曰昔廬山共食白

李未久已三千年日月易得使人悵然去後度索君曰此南海君也

清溪道士

按浙江通志清溪道士不詳其名氏修煉於青田山之混元峰丹成田產青芝餌之沖舉因名其田曰芝田山曰芝山溪曰芝溪丹井遺跡尚在

戴火仙

按處州府志戴火仙漢人入松陽大明山修煉道成陽精畢露於頂每晚輒懸於山若太陽然人共見之故稱以火仙門人聞珠珮雜簫管聲於雲中視之已化去無形矣

賣薤翁

按衡岳志賣薤翁不詳何許人日在岳市賣薤有道士遇之欲授以黃白之術翁不答但取擔上薤納口中須臾吐出成黃金兩人相顧而笑自是不復見

石鐘眞人

按山西通志漢石鐘眞人芮城人姓陳棄俗爲道隱於北山石室中一日有蟾負芝草止於石上眞

人視之曰吾聞食芝草者即可輕舉然有損於蟾吾不忍爲其蟾乃置芝草於地眞人取而食之蟾徑去不復至又見鹿入洞晝則芻食水草夜則入洞同宿及眞人來京鹿負行李隨之一夕夢神人告曰仙籍有汝名字又贈汝符職當行雨此鹿即龍也今天下大旱收牓禱雨既覺驚異乃如言收牓入靜室中焚香默禱俄然雲布遠近霑足明日官屬來謝眞人已往但見空中與鹿冉冉上昇

蘭公夫婦

按開封府志蘭公夫婦密邑人化爲雙鶴飛去今廢下有石相偶形如雙鶴

鄧啞子

按汝州志鄧啞子年二十不笑不語凡遇道途則有相與笑而揖者每冬月當夜半不覺其出清晨人見其鑿冰沐浴而歸一旦父兄因役詣縣哭之竟日忽起黃風不知其所之後訪其所接笑者皆名宦之吉人忠良之佳士也始知爲神仙之異云

張士衡　盧眞人　王順

按懷慶府志張士衡河陽人遇一道者授以異方日服不輟後仙去　按陝西通志盧眞人秦州

人號鐵馬大仙漢時與成紀縣令觀燈廣陵飛騰俄頃故老相傳今玉泉觀上有仙室遺蹤

按陝西通志王順常採藥於終南山得道今終南有王順峰歲旱禱雨輒應

吳睦　楊雲外　翟法言

按陝西通志吳睦長安人少為縣吏掊尅人多訟之睦逃入山林饑乏累日行至石室遇孫先生命學種黍及胡麻備驅使經四年先生遂授其道仙去　按四川總志楊雲外雲陽人與翟法言相繼得道棲霞宮　按四川總志翟法言雲陽人詣棲霞宮採藥得道能遣召灘神

卷終

神仙部列傳九

後漢一　史通平

按四川總志漢史通平光武時自會稽來蜀詣峩嵋山謁天皇眞人授以三一之法及五符訣遂居青神結鑪煉大丹龍虎成形狀又廣行陰德功滿白日昇天

矯愼

按後漢書本傳矯愼字仲彥扶風茂陵人也少學黃老隱遯山谷因穴爲室仰慕松喬導引之術與馬融蘇章鄉里並時融以才博顯名章以廉直爲稱然皆推先於愼汝南吳蒼甚重之因遺書以觀其志曰仲彥足下勤處隱約雖乘雲行泥棲宿不同每有西風何嘗不歎蓋聞黃老之言乘虛入冥藏身遠遯亦有理國養人施於爲政至如登山絕跡神不著其證人不覩其驗吾欲先生從其可者於意何如昔伊尹不懷道以待堯舜之君方今明明四海開闢巢許無爲箕山夷齊悔入首陽足下審能騎龍弄鳳翔嬉雲間者亦非狐兔燕雀所敢謀也愼不答年七十餘竟不肯娶後忽歸家自言

死日及期果卒後人有見慎於敦煌者故前世異之或云神仙焉

徐來勤

按偃居縣志漢徐來勤字元和按本際經云昔在赤明刧一百八身爲生道士濟三度死後白晝乘火上昇至東漢爲太極法師隱括蒼洞

張道陵

按神仙傳張道陵者沛國人也本太學書生博通五經晚乃嘆曰此無益於年命遂學長生之道得黃帝九鼎丹法欲合之用藥皆靡費錢帛陵家素貧欲治生營田牧畜非己所長乃不就聞蜀人多純厚易可教化且多名山乃與弟子入蜀住鶴鳴山著作道書二十四篇乃精思煉志忽有天人下千乘萬騎金車羽蓋驂龍駕虎不可勝數或自稱柱下史或稱東海小童乃授陵以新出正一明威之道陵受之能治病於是百姓翕然奉事之以爲師弟子戶至數萬即立祭酒分領其戶有如官長幷立條制使諸弟子隨事輪出米絹器物紙筆樵薪什物等領人修復道路不修復者皆使疾病縣有應治橋道於是百姓斬草除溷無所不爲皆出其意而愚者不知是陵所造將爲此文從天上下

也陵又欲以廉耻治人不喜施刑罰乃立條制使有疾病者皆疏記生身以來所犯之辜乃手書投水中與神明共盟約不得復犯法當以身死爲約於是百姓計念邂逅疾病輒當首過一則得愈二使羞慚不敢重犯且畏天地而改從此之後所違犯者皆改爲善矣陵乃多得財物以市其藥合丹丹成服半劑不願即昇天也乃能分形作數十人其所居門前水池陵常乘舟戲其中而諸道士賓客往來盈庭蓋座上常有一陵與賓客對談共食飲而眞陵故在池中也其治病事皆採取元素但改易其大較轉其首尾而大途猶同歸也行氣服食故用仙法亦無以易故陵語諸人曰爾輩多俗態未除不能棄世止可得吾行氣導引房中之事或可得服食草木數百歲之方耳其有九鼎大要唯付王長而後合有一人從東方來當得之此人必以正月七日日中到具說長短形狀至時果有趙昇者恰從東方來至平原相見其形貌一如陵所說陵乃七度試昇皆過乃授昇丹經七試者第一試昇到門不爲通使人罵辱四十餘日露宿不去乃納之第二試使昇於草中守黍驅獸暮遣美女非常託言遠行過寄宿與昇接牀明日又稱脚痛不去遂留數日亦復調戲昇終不失正第三試昇行道忽見遺金三十餅昇乃走過不取第四試令昇入山採薪三虎交前咬昇衣服唯不傷身昇

不恐顏色不變謂虎曰我道士耳少年不爲非故不遠千里來事神師求長生之道汝何以爾也豈非山鬼使汝來試我乎須臾虎乃起去第五試昇於市買十餘匹絹付直訖而絹主誣之云未得昇乃脫己衣買絹而償之殊無悋色第六試昇守田穀有一人往叩頭乞食衣裳破弊面目塵垢身體瘡膿臭穢可憎昇愴然爲之動容解衣衣之以私糧設食又以私米遺之第七試陵將諸弟子登雲臺絕巖之上下有一桃樹如人臂傍生石壁下臨不測之淵桃大有實陵謂諸弟子曰有人能得此桃實當告以道要於時伏而窺之者三百餘人股戰流汗無敢久臨視之者莫不却退而還謝不能得昇一人乃曰神之所護何險之有聖師在此終不使吾死於谷中耳師有教者必是此桃有可得之理故耳乃從上自擲投樹上足不蹉跌取桃實滿懷而石壁險峻無所攀援不能得返於是乃以桃一一擲上正得二百二顆陵得而分賜諸弟子各一陵自食一留一以待昇陵乃以手引昇衆視之見陵臂加長三二丈引昇昇忽然來還乃以向所留桃與之昇食桃畢陵乃臨谷上戲笑而言曰趙昇心自正能投樹上足不蹉跌吾今欲自試投下當應得大桃也衆人皆諫唯昇與王長嘿然陵遂投空不落桃上失陵所在四方皆仰上則連天下則無底往無道路莫不驚歎悲涕唯昇長二人

良久乃相謂曰師則父也自投於不測之崖吾何以自安乃俱投身而下正墮陵前見陵坐局脚床斗帳中見昇長二人笑曰吾知汝來乃授二人道畢三日乃還歸治舊舍諸弟子驚悲不息後陵與昇長三人皆白日沖天而去衆弟子仰視之久而乃沒於雲霄也初陵入蜀山合丹半劑雖未沖舉已成地僊故欲化作七試以度趙昇乃如其志也　按神仙感遇傳令狐絢者餘杭太守綯之子也雅尚元微不務名宦於開化私院自創靜室三日五日卽一度開室焚香終日乃出時有神仙降之因言入靜之時有青童引入至天中高山之上朝謁老君見丹命張天師爲元中大法師以代尹眞人之任初尹與三天論功於太上之前太上曰羣兇擾於中原蠶食華夏不能戢之尹眞人之過也再立二十四化分別人鬼澤及生靈道陵之功也此二者各宜登臺冥思取驗於大道可卽勅尹眞人登蓮華寶臺端寂而坐頃之萬景昏曀又命道陵亦登此臺旣坐良久則奇彩異光種種變化天人交暢矣自是以道陵代尹爲元中法師爲乙未年閒令狐之說丁酉年於西川濛陽見張道士云天師降授道法遠近敬而事之因聆其天師降教之事云天師進位近爲元中法師與令狐所說符契論功登臺之事一無異將爲元功杳冥難可詳驗聊以紀其異也　按雲笈七籤天師劍重

八十一兩狀若生銅五節連環之柄上有隱起符文星辰日月之象嘗用誅制鬼神降剪兇醜昇天之日留劍及都功印傳於子孫誓曰我一世有子一人傳於印劍及都功籙唯此非子孫不傳於世頂上有朱髮十數莖以表奇相於今二十一世矣其劍時有異光或聞吟吼乍存乍亾頗彰靈應至十六世天師好以慈惠及人憂軫於物以神劍靈效每有疾苦者多借令供養即所疾旋祛鄰家夜產性命危切亦以此劍借之既至產家有神光如燭閃爍照一室之中墮地而折經數十年十八世孫惠欽性温和守謙退與物無競俗機世務泛然不經其心人有所言雖譎詐者亦皆信用略無疑慮一旦有人挈布囊入雲錦山僊居觀周行廊廡之下鉸禮功德云解磨鏡釘門人令其綴銲小銅瑣天師見之問曰我有折劍綴銲得乎此人請劍看之云可矣請別掃一室須炭數斤反扃其門以巨石為礎熾炭鎚擊聲聞於外門人皆股慄心戰憂此劍碎於其手師殊不為慮頃之鎚鍛聲絕工人執劍以呈果完綴如舊所銲之處微有黑痕如絲髮爾師以錢半千酬之此人得錢媿謝致於老君前負囊而去出門數步尋失所在識者疑是天師化現降於人間自續其劍不然何得重新若此而鎚擊不傷完復如故 按幽怪錄賈似道母兩國夫人嘗就道堂設雲水齋有一道人滿身

疥癩謁齋衆惡不潔勉與齋罷曰此宅有鬼氣宜書符厭之索黃絹三尺畫一墨圈如大盤寘之壁間而去衆人笑之欲揭去忽見墨圈中一點通明如玉有金書正一祖師諱字蓋天師降也 按香案牘道陵居渠亭山見青童絳節前導曰老君至矣從者二人儁似弱冠或指曰此子房此子淵

按徐州志張道陵字輔漢豐人子房八世孫七歲卽通道德經章帝聞之舉賢良方正三詔不起志在修煉久之入蜀得黃帝九鼎太清丹經丹成餌之時年六十容貌益少又得祕書通神變化驅除妖鬼旣而與弟子趙昇王長還鶴鳴山中感老君授以祕籙桓帝永壽元年正月七日幷夫人雍氏飛昇時一百二十三歲今之廣信龍虎山其後裔云 按廣西通志張道陵字輔漢生於吳之天目山時漢光武十年也善以符治病隱富川之白霞修煉至桓帝永壽元年又往雲臺峯白日飛昇人卽其地祠之曰丹霞觀丹竈藥臼至今存焉范純仁謫賀縣東坡與書云丹霞觀張道陵遺跡果有良藥異事乎據此益信 按四川總志漢張道陵初入蜀閬中居鶴鳴山煉丹修道感老君授以祕籙遂領弟子趙昇王長來雲臺山煉大丹服之漢永壽二年自以功成道著乃於半崖躍入石壁中自崖頂而出因成兩洞崖上曰峻仙洞崖半曰平仙洞是年九月九日將諸祕籙斬邪一劍玉

冊玉印授長子衡乃與夫人孫氏登雲臺峯白日昇天年一百二十三歲　按衡岳志天師張道陵自天目山遊衡山謁青玉光天二壇禮祝融君之祠

孫夫人

按女仙傳孫夫人三天法師張道陵之妻也同隱龍虎山修三元默朝之道積年累有感應時天師得黃帝龍虎中丹之術丹成服之能分形散影坐在立亡天師自鄱陽入嵩高山得隱書制命之術能策召鬼神時海內紛擾在位多危又大道凋喪不足以拯危佐世年五十方修道及丹成又二十餘年既術用精妙遂入蜀遊諸名山率身行教夫人棲眞江表道化甚行以漢桓帝永嘉元年乙酉到蜀居陽平化煉金液還丹依太乙元君所授黃帝之法積年丹成變形飛化無所不能以桓帝永壽二年丙申九月九日與天師於閬中雲臺化白日昇天位至上眞東岳夫人初夫人居化中違近欽奉禮謁如市遂於山趾化一泉使禮奉之人以其水盥沐然後方詣道靜號曰解穢水至今在焉山有三重以象三境其前有白陽池卽太上老君遊宴之所後有登眞洞與青城峨嵋青衣山西元山洞府相通故爲二十四化之首也

## 王喬

按後漢書本傳王喬者河東人也顯宗世爲葉令喬有神術每月朔望常自縣詣臺朝帝怪其來數而不見車騎密令太史伺望之言其臨至輒有雙鳧從東南飛來於是候鳧至舉羅張之但得一隻舄焉乃詔上方識視則四年中所賜尚書官屬履也每當朝時葉門下鼓不擊自鳴聞於京師後天下玉棺於堂前吏人推排終不搖動喬曰天帝獨召我耶乃沐浴服飾寢其中蓋便立覆宿昔葬於城東土自成墳其夕縣中牛皆流汗喘乏而人無知者百姓乃爲立廟號葉君祠牧守每班錄皆先謁拜之吏人祈禱無不如應若有違犯亦立能爲祟帝乃迎取其鼓置都亭下略無復聲焉或云此卽古僊人王子喬也　按香案牘武陽北平山有白蝦蟆謂之肉芝王喬食以仙去武陽山祠有三王喬一太子晉王喬一葉令王喬一食肉芝王喬

## 劉晨　阮肇

按紹興府志漢劉晨阮肇剡人永平十五年入天台山採藥經十三日不得返望山頭有一樹桃取食之下山以杯取水見蕪菁葉流下甚鮮復有一杯流下中有胡麻飯二人相謂曰去人不遠矣因

過水行一里又渡一山出大溪見二女容顏妙絕便喚劉阮姓名問郎來何晚也館服精華東西帷幔寶絡青衣下胡麻飯山羊脯甚甘美食畢行酒歌調作樂暮因止宿住十日求還苦留半年氣候和適常如春鳥鳴悲慘求歸甚切女喚諸仙女歌吹送之指示歸路鄉邑零落驗得七代子孫傳聞祖翁有入山不歸者太康八年失二人所在

元俗

按畿輔通志元俗住河間已數百年鄉人常見之日中無影惟餌巴豆雲母亦賣之都市七丸一錢可愈百病河間王有病買服之下蛇十餘頭問其藥意答云王之所以病乃六世餘殃所致非王所招也王嘗放乳鹿卽麟母仁心感天故當遇我耳王家老舍人云嘗見父母說元俗日中無影召而試之果驗王女幼避葷血淸淨好道王以此女妻之居數年與女俱入常山時有見者

方儲

按江南通志漢方儲字聖公歙人講蓋氏易精圖緯善天文爲洛陽令永元中因郊祭問之勸帝毋往是日晴詔責其欺儲曰今咎時且至願乘輿亟還使者去儲恥人臣蒙不忠名遂自殺比駕還雨

雹大作因遽疾馳帝驚召儲已死追贈太常尚書令封酈侯詔護其喪歸人傳其仙去廟祀之不

按嚴州府志方儲翁郎漢尚書令酈侯儲也初拜議郎轉洛陽令加太常卿儲言大變郊祀宜更擇日帝不從死於非命後果言驗追悔無及後人見其乘鶴往來新安始信其僊因為之歌曰朝為洛陽令暮作新安人

張皓

按浙江通志張皓字文明汝南人漢安帝永初中遇封衡授以青要紫書金根上經及神丹半兩從而戒之曰勤則得之替則失之皓俯伏受命入赤城服丹行道久之耳能洞聽目能徹視常有學者追來訪之則或為白鶴或為飛雲搏空遊虛隱莫能見至魏明帝太和初登真

陰長生

按神仙傳陰長生者新野人也漢皇后之親屬少生富貴之門而不好榮貴唯專務道術聞馬鳴生得度世之道乃尋求之遂得相見便執奴僕之役親運履之勞鳴生不教其度世之法但日夕別與之高談論當世之事治農田之業如此十餘年長生不懈同時共事鳴生者十二人皆悉歸去唯長

生執禮彌肅嗚生告之曰子真能得道矣乃將入青城山中煮黃土為金以示之立壇西面乃以太清神丹經授之嗚生別去長生乃歸合之丹成服半劑不即昇天乃大作黃金十數萬斤以布惠天下貧乏不問識與不識者周行天下與妻子相隨一門皆壽而不老在民間三百餘年後於平都山東白日昇天而去著書九篇云上古僊者多矣不可盡論但漢興以來得僊者四十五人連余為六矣二十人尸解餘並白日昇天抱樸子曰洪聞諺書有之曰子不夜行則安知道上有夜行人今不得仙者亦安知天下山林間自有學道得仙者耶陰君已服神藥雖未即昇天然方以類聚同聲相應便自與仙人相集尋索聞見故知此近世諸僊人數耳而俗民謂為不然以己所不聞則謂無有不亦悲哉夫草澤間士以隱逸得志以經籍自娛不耀文彩不揚聲名不修求進不營聞達人猶不能識之況仙人亦何急急令聞達朝闕之徒知其所云為哉陰君自敘云漢延光元年新野山北子受僊君神丹要訣道成去世付之名山如有得者列為真人行乎去來何為俗間不死之要道在神丹行氣導引俛仰屈伸服食草木可得延年不能度世以至乎仙子欲聞道此是要會積學所致無為合神上士為之勉力加勤下愚大笑以為不然能知神丹久視長安於是陰君裂黃素寫丹經一

通封以文石之函置嵩高山一通黃櫨之簡漆書之封以青玉之函置太華山一通黃金之簡刻而書之封以白銀之函置蜀綏山一封繼書合爲十篇付弟子使世世當有所傳付又著詩三篇以示將來其一曰惟余之先佐命唐虞爰逮漢世紫艾重紆予獨好道而爲匹夫高尚素志不仕王侯貪生得生亦又何求超跡蒼霄乘龍駕浮青雲承翼與我爲讐入火不灼蹈波不濡逍遙太極何慮何憂傲戲仙都顧愍羣愚年命之逝如彼川流奄忽未幾泥土爲儔奔馳索死不肯暫休其二章曰予之聖師體道之眞升降變化喬松爲鄰唯余同學十有二人寒苦求道歷二十年中多怠墮志行不堅痛乎諸子命也自天天不妄授道必歸賢身沒幽壤何時可還嗟爾將來勤加精研勿爲流俗富貴所牽神道一成升彼九天壽同三光何但億千其三章曰惟余束髮少好道德棄家隨師東西南北委放五濁避世自匿三十餘年名山之側寒不遑衣饑不暇食思不敢歸勞不敢息奉事聖師承歡悅色面垢足胝乃見哀識遂受要訣恩深不測妻子延年咸享無極黃白已成貨財千億使役鬼神玉女侍側今得度世神丹之力陰君處民間百七十年色如女子白日昇天而去

欒巴

按後漢書本傳巴字叔元魏郡內黃人也好道順帝世以宦者給事掖庭補黃門令非其好也性質直學覽經典雖在中官不與諸常侍交接後陽氣通暢白上乞退擢拜郎中四遷桂陽太守以郡處南垂不閑典訓為吏人定婚姻喪紀之禮興立學校以奬進之雖幹吏卑末皆課令習讀程試殿最隨能升授政事明察視事七年以病乞骸骨荊州刺史李固薦巴治迹徵拜議郎守光祿大夫與杜喬周舉等八人循行州郡巴使徐州還再遷豫章太守郡土多山川鬼怪小人常破貲產以祈禱巴素有道術能役鬼神乃悉毀壞房祀翦理姦誣於是妖異自消百姓始頗為懼終皆安之遷沛相所在有績徵拜尚書會帝崩營起憲陵陵左右或有小人墳冢主者欲有所侵毀巴連上書苦諫時梁太后臨朝詔詰巴曰大行皇帝晏駕有日卜擇陵園務從省約塋域所極裁二十頃而巴處言主者壞人冢墓事既非實寢不報下巴猶固遂其愚復上誹謗苟肆狂瞽益不可長巴坐下獄抵罪禁錮還家二十餘年靈帝即位大將軍竇武太傅陳蕃輔政徵拜議郎蕃武被誅巴以其黨復謫永昌太守以無功自劾辭病不行上道極諫理陳竇之冤帝怒下詔切責收付廷尉巴自殺子賀官至雲中太守　按神仙傳時廬山廟有神於帳中共外人語飲酒空中投杯能令宮亭湖中分風船行者

舉帆相逢巴未到十數日廟中神不復作聲郡中常患黃父鬼爲百姓害巴到皆不知所在郡內無復疾疫也　巴爲尙書正朝大會巴獨後到又飲酒西南噀之有司奏巴不敬有詔問巴巴頓首謝曰臣本縣成都市失火臣故因酒爲雨以滅火臣不敢不敬詔卽以驛書問成都成都答言正旦大失火食時有雨從東北來火乃息雨皆酒臭後忽一旦大風天霧晦暝對坐皆不相見失巴所在尋問之云其日還成都與親故別也　按香案牘廬山廟有鬼物能使江湖中分風舉帆巴下檄勒鬼蹤跡鬼走齊郡化爲書生談五經太守妻以女巴敕殺之空中刀下狸頭墮地太守女已生一兒俄化爲狸亦殺之

路光

按陝西通志路光漢順帝時人歷三國堅心慕道晉武帝太康五年往華山仙掌峰修煉夢老君命玉童賜玉鑰匙十事書符行功治病驅邪後昇天去

張楷

按德安府志張楷字公超隱華山谷中能爲五里霧有玉訣金匱之學坐在立亡之道人學其術者

塡溢如市故云鬻市嘗跨驢至雲夢賣藥今縣有會仙橋云

王遠

按神仙傳王遠字方平東海人也舉孝廉除郎中稍加中散大夫學通五經尤明天文圖讖河洛之要逆知天下盛衰之期九州吉凶如觀之掌握後棄官入山修道道成漢孝桓帝聞之連徵不出使郡國逼載以詣京師遠低頭閉口不答詔乃題宮門扇板四百餘字皆說方來之事帝惡之使削去外字適去內字復見墨皆徹板裏削之愈分明遠無子孫鄉里人累世相傳供養之同郡太尉陳耽爲遠營道室旦夕朝拜之但乞福未言學道也遠在陳家四十餘年陳家曾無疾病死喪奴婢皆然六畜繁息田桑倍穫遠忽語陳耽曰吾期運當去不得久停明日日中當發至時遠死耽知其僊去不敢下著地但悲啼嘆息曰先生捨我我將何怙具棺器燒香就牀衣裝之至三日夜忽失其屍衣冠不解如蟬蛻耳遠卒後百餘日耽亦卒或謂耽得遠之道化去或曰知耽將終故委之而去也初遠欲東入括蒼山過吳住胥門蔡經家蔡經者小民耳而骨相當僊遠知之故住其家遂語經曰汝生命應得度世欲取汝以補官僚耳然少不知道今氣少肉多不得上去當爲屍解如從狗竇中過

耳於是告以要言乃委經而去經後忽身體發熱如火欲得冷水灌之舉家汲水灌之如沃焦石如此三日銷耗骨立乃入室以被自覆忽然失之視其被內唯有皮頭足具如蟬蛻也去十餘年忽還家容色少壯鬢髮鬒黑語家人曰七月七日王君當來其日可多作飲食以供從官至其日經家乃借甕器作飲食百餘斛羅列布置庭下是日王君果來未至先聞金鼓簫管人馬之聲比近皆驚莫知所在及至經舍舉家皆見遠冠遠遊冠朱衣虎頭鞶囊五色綬帶劍黃色少鬚長短中形人也乘羽車駕五龍龍各異色前後麾節幡旗導從威儀奕奕如大將軍也有十二伍伯皆以蠟封其口鼓吹皆乘龍從天而下懸集於庭從官皆長丈餘不從道衢既至從官皆隱不知所在唯獨見遠坐耳須臾引見經父母兄弟因遣人召麻姑亦莫知麻姑是何人也言曰王方平敬報久不到民間今來在此想姑能暫來語否須臾信還不見其使但聞信語曰麻姑載拜不相見忽已五百餘年尊卑有序拜敬無階煩信承來在彼食頃即到先受命當按行蓬萊今便暫往如是當還還便親覲願未即去如此兩時間麻姑來來時亦先聞人馬聲既至從官半於遠也麻姑至蔡經亦舉家見之是好女子年可十八九許於頂上作髻餘髮散垂至腰衣有文彩又非錦綺光彩耀目不可名狀皆世之所

無也入拜遠遠爲之起立坐定各進行廚皆金盤玉杯無限也餚膳多是諸花而香氣達於內外擘脯而食之云麟脯麻姑自說云接待以來已見東海三爲桑田向到蓬萊又水淺於往日會時略半耳豈將復爲陵陸乎遠嘆曰聖人皆言海中行復揚塵也麻姑欲見蔡經母及婦等時經弟婦新產數日姑見知之曰噫且立勿前卽求少許米來得米擲之墮地謂以米祛其穢也視其米皆成丹砂遠笑曰姑故年少也吾老矣不喜復作如此狡獪變化也遠謂經家人曰吾欲賜汝輩美酒此酒方出天廚其味醇醲非俗人所宜飲飲之或能爛腸今當以水和之汝輩勿怪也乃以斗水合升酒攪之以賜經家人人飲一升許皆醉良久酒盡遠遣左右曰不足復還取也以千錢與餘杭姥乞酤酒須臾信還得一油囊酒五斗許使傳餘杭姥答言恐地上酒不中尊飲耳麻姑手爪似鳥經見之心中念曰背大癢時得此爪以爬背當佳也遠已知經心中所言卽使人牽經鞭之謂曰麻姑神人也汝何忽謂其爪可爬背耶但見鞭著經背亦莫見有人持鞭者遠告經曰吾鞭不可妄得也經比舍有姓陳者失其名嘗罷縣尉聞經家有神人乃詣門叩頭求乞拜見於是遠使引前與語此人便欲從驅使比於蔡經遠曰君且向日而立遠從後觀之曰噫君心邪不正終未可教以僊道當授君地

上主者之職司臨去以一符幷一傳著以小箱中與陳尉告言此不能令君度世止能存君本壽自出百歲向上可以禳災治病者命未終及無罪者君以符到其家便愈矣若邪鬼血食作祟禍者便帶此符以傳敕吏遣其鬼君心中亦當知其輕重臨時以意治之陳以此符治病有效事之者數百家壽一百一十歲而死死後子弟行其符不復驗矣遠去後經家所作飲食數百斛皆盡亦不見有人飲食也經父母私問經曰王君是何神人復居何處經曰常在崑崙山往來羅浮括蒼等山山上皆有宮室主天曹事一日之中與天上相反覆者十數過地上五嶽生死之事皆先來告王君王君出城盡將百官從行唯乘一黃麟將十數侍人每行常見山林在下去地常數百丈所到則山海之神皆來奉迎拜謁其後數十年經復暫歸家遠有書與陳尉其書廓落大而不工先是人無知方平名遠者因此乃知之陳尉家於今世世存錄王君手書幷符傳於小箱中

麻姑

按閩奇錄丹陽縣故湖側有麻姑廟姑生時有道術能屐行水上　按續文獻通考麻姑王方平妹桓帝時修道於牟州東南姑余山

蔡經

按吳地記蔡經宅在吳縣西北五十步經漢人有道術煉大丹服葛蒲得僊今蔡仙鄉即其隱處也

淳于斟

按太平廣記淳于斟字叔通會稽人漢桓帝時爲徐縣令好道術數服餌胡麻黃精後入吳烏目山中隱居人授以虹景丹經修行得道在洞中爲典柏執法郎主誠有道者

夏馥

按後漢書本傳馥字子治陳留圉人也少爲書生言行質直同縣高氏蔡氏並皆富殖郡人畏而事之唯馥比門不與交通由是爲豪姓所仇桓帝初舉直言不就馥雖不交時宦然以聲名爲中官所憚遂與范滂張儉等俱被誣陷詔下州郡捕爲黨魁及儉等亾命經歷之處皆被收考辭所連引布徧天下馥乃頓足而歎曰孽自己作空汙良善一人逃死禍及萬家何以生爲乃自剪鬚變形入林慮山中隱匿姓名爲冶家傭親突煙炭形貌毀瘁積二三年人無知者後馥弟靜乘車馬載縑帛追之於涅陽市中遇馥不識聞其言聲乃覺而拜之馥避不與語靜追隨至客舍共宿夜中密呼靜曰

吾以守道疾惡故爲權宦所陷且念營苟全以庇性命弟奈何載物相求是以禍見追也明旦別去黨禁未解而卒　按洞仙傳夏馥者不知何許人也少好道常服术和雲母後入吳山從赤鬚先生受煉魂法又遇桐柏眞人授以黃水雲漿法行之得道馥少時被公府辟書致於桑樹乃去當時咸服其高邁　按太平廣記馥得道在洞中爲明晨侍郎

欒長治

按洞僊傳欒長治者不知何許人也仕漢桓帝至中書侍郎後師中嶽李先生受步七元法修之得道

劉寬

按後漢書本傳寬字文饒弘農華陰人也父崎順帝時爲司徒寬嘗行有人失牛者乃就寬車中認之寬無所言下駕步歸有頃認者得牛而送還叩頭謝曰慙負長者隨所刑罪寬曰物有相類事容脫誤幸勞見歸何爲謝之州里服其不校桓帝時大將軍辟五遷司徒長史時京師地震特見詢問再遷出爲東海相延熹八年徵拜尙書令遷南陽太守典歷三郡溫仁多恕雖在倉卒未嘗疾言遽

色常以爲齊之以刑民免而無恥吏人有過但用蒲鞭罰之示辱而已終不加苦事有功善推之自下災異或見引躬克責每行縣止息亭傳輒引學官祭酒及處士諸生執經對講見父老慰以農里之言少年勉以孝悌之訓人感德興行日有所化靈帝初徵拜太中大夫侍講華光殿遷侍中賜衣一襲轉屯騎校尉遷宗正轉光祿勳熹平五年代許訓爲太尉靈帝頗好學藝每引見寬常令講經寬常於坐被酒睡伏帝問太尉醉耶寬仰對曰臣不敢醉但任重責大憂心如醉帝重其言寬簡略嗜酒不好盥浴京師以爲諺嘗坐客遣蒼頭市酒迂久大醉而還客不堪之罵曰畜產寬須臾遣人視奴疑必自殺顧左右曰此人也罵言畜產辱孰甚焉故吾懼其死也夫人欲試寬令恚伺當朝會裝嚴已訖使侍婢奉肉羹翻汙朝衣婢遽投之寬神色不異乃徐言曰羹爛汝手其性度如此海內稱爲長者後以日食策免拜衛尉光和三年復代段熲爲太尉在職三年以日變免又拜永樂少府遷光祿勳以先策黃巾逆謀以事上聞封逯鄉侯六百戶中平二年卒年六十六贈車騎將軍印綬位特進謚曰昭烈侯子松嗣官至宗正

按太平廣記劉寬字文饒少好道爲司徒太尉年十三遇青谷先生降於寢室授其杖解法入太華山行九息服氣及授以爐丹方修之道成在洞中作童

初府上師主始學者

青谷先生

按洞僊傳青谷先生者不知何許人也常修行九息服氣之道後合爐火大丹服之得道一旦天降劉文饒於寢室授其杖解法得入太華山

馬鳴生

按神仙傳馬鳴生者臨淄人也本姓和字君賢少為縣吏捕賊為賊所傷當時暫死忽遇神人以藥救之便活鳴生無以報之遂棄職隨神初但欲治金瘡方耳後知有長生之道乃久隨之為負笈西之女几山北到元丘南至廬江周遊天下勤苦歷年及受太陽神丹經三卷歸入山合藥服之不樂昇天但服半劑為地仙恆居人間不過三年輒易其處時人不知是仙人也架屋舍畜僕從車馬並與俗人皆同如此展轉經歷九州五百餘年人多識之恐怪其不老後乃白日昇天而去　按雲笈七籤馬明生者齊國臨淄人也本姓和字君寶少為縣吏捕賊為賊所傷遇太真夫人適東嶽見而憫之當時殆死良久忽見一女子年十六七服飾奇麗姿容絕世行步其傍問君寶曰汝何傷血

也君寶以實對夫人曰汝所傷乃重刃關於肺五臟泄漏血凝絳府氣激腸外此將死之厄也不可復生如何君寶知是神人叩頭求哀乞賜救護夫人於肘後筒中出藥一丸大如小豆即令服之登時而愈血絕瘡合無復慘痛君寶再拜跪曰家財不足以謝不知何以奉答恩施惟當自展駑力以報所受爾夫人曰汝必欲以謝我意亦可佳可能隨去否君寶乃易名姓自號馬明生隨夫人執役夫人入東嶽岱宗山峭壁石室之中上下懸絕重巖深隱去地千餘丈石室中有金牀玉几珍物奇瑋乃人跡所不能至處也明生初但欲學金瘡方既見其神僊來往乃知有不死之道旦夕供給灑掃不敢懈惓夫人亦以鬼怪狼虎眩惑衆變試之明生神情澄正終不恐懼又使明生他行別宿因以好女於臥息之間調戲令接之明生心堅志靜固無邪念夫人或行去十日五日還或一月二十日輒見有僊人賓客乘龍駕鳳往來或有拜謁者眞僊彌日盈座客到輒令明生出外別室或立致精細廚食餚果非常香酒奇漿不覺而至不可目名或呼明生坐與之同飲食又聞空中有琴瑟之音歌聲宛妙夫人亦時自彈箏琴有一絃五音並奏高元響激聞於數里衆鳥皆爲集於岫室之間徘徊飛翔驅之不去蓋天人之樂自然之妙音也夫人棲止常與明生同石室中而異榻爾幽寂之

所都惟二人或行去亦不道所往之處但見常有一白龍來迎夫人卽著雲光繡袍乘白龍而去袍上專是明月珠綴著衣縫帶玉佩戴金華太元之冠亦不見有從者旣還卽龍自去不知所在石室玉牀之上有紫錦被褥緋羅之帳中有服玩之物瑰金函英元黃羅列非世所有不能一一知其名也有兩卷素書上題曰九天太上道經明生亦竟不敢開卷視其文也惟供給灑掃守嚴室而已至於玩服亦不敢竊闚之亦不敢有所請問如此五年愈加勤肅輒不怠惰夫人歎而謂之曰汝眞可教也必能得道者也以子俗人而不淫不慢恭仰靈氣而莫之廢雖欲求死亦焉可得乎因以姓字本末告之曰我名婉羅字勃遂事元都太眞有子爲三天太上府都官司直總糾天曹事官秩比人間卿佐也年少數委官遊逸虛廢事任有司奏劾降主東嶽退眞王之編司鬼神之事五百年一代其職因來視之勵其後使修守政事以補其過我久在人間今奉君王命又被太上召不得復停念汝專謹故以相語欲教汝長生之方延年之術而我所受服以太和自然龍胎之體適可授三天眞人不可以教始學者固非汝所得聞矣縱或聞之亦必不能用以持身也有安期先生曉金液丹法其方祕要便可立用是九君太乙之道白日昇天者矣安期明日來吾將以汝付囑之焉相隨稍久

其術必傳明日安期先生至乘駮麟著緋衣戴遠遊冠帶玉佩及虎頭鞶囊視之年可二十許潔白嚴整從六七仙人皆執節奉衛見夫人揖之甚謹稱下官須臾設酒果廚膳飲宴半日許夫人語明生曰吾不復得停汝隨此君去勿憂念也我亦時時當往視汝因以五言詩二篇贈之可以相存明生流涕而辭乃隨先生受九丹之道詩曰暫捨墉城內命駕岱山阿仰瞻太清闕雲樓鬱嵯峩虛中有眞人來往何紛葩鍊形保自然俯仰食太和朝朝九天王夕館還西華流精可飛騰吐納養青芽至樂非金石鳳生自然歌上下凌景霄羽衣何婆娑五嶽非妾室元都是我家下看縈競子篤似蛙與蟆顧盼塵濁中憂患自相羅苟未悟妙旨安事於琢磨禍湊由道泄密愼福臻多又昔生崑陵宮共講天年延金液雖可還未若太和仙仰登冥靈臺虛想詠靈人忽遇扶桑王九老仙都眞駕驂紫虬鐘靈巔一何鮮敢我尋長途邀我自然津告以鴻飛術受以玉胎篇瓊膏凝元烝素女為我陳俯揖琳鳳腴仰上飄三天雲綱立爾步五嶽可暫還元都安足遠蓬萊山腳間傳授相親愛結友爲天人替郎游刑對禍必無愚賢祕則享無傾泄則軀身顯明生乃隨安期先生負笈西之女几北到圓丘南至秦廬潛及青城九嶷周遊天下二十年中勤苦備嘗安期乃曰子眞有仙骨何專恭之甚耶

吾所不及也遂授以太清金液神丹方而告之曰子若未欲升天但先服半劑與明生相別而去明生乃入華陰山依方合金丹餌之半劑得仙而與俗人無異人莫識其非凡漢靈帝時惟太傅胡廣知其有道嘗訪明生以國祚大期問之明生初不對後亦告焉無不驗者後人怪其不老遂復服金丹半劑白日昇天臨去著詩三首以示將來漢光和三年也詩曰太和何久長人命將不永喻如朝露晞奄忽睡覺頃生生世所悟傷生由莫靜我將尋眞人澄神挹容景盤桓崑陵宮元都可馳騁涓子牽我遊太眞來見省朝朝王母前夕歸鍾嶽嶺仰採瓊瑤葩俯漱琳琅井千齡猶一刻萬紀如電頃又天地自有常人命最驗毳年若驚弦發時猶輕矢逝雖有灼灼姿玉爲塵土穢林草無秋耀綠葉豈終歲惜此繁茂擢哀彼寒霜厲有存理必亾有興故有廢眞官戲元津與物無凝滯神沖紫霄内形棲山水際對處岳有懷遊目記容裔風塵將何來眞道故可大又濁塗諒爲歎世樂豈足預振褐捐塵瑕飄飄獨遠舉寥寥巖嶽際蕭蕭縱萬慮靈眞與我遊落景乘鴻御朝乘雲輪來夕駕扶搖去嗽噌天地中藹聲安得附

太眞夫人

按神仙傳太眞夫人王母之小女也年可十六七名婉字羅敷遂事元都太眞王有子爲三天太上府司直主總糾天曹之違錯比地上之卿佐年少好遊逸委官廢事有司奏劾以不親局察降主事東嶽退眞王之編司鬼神之事五百年一代其職夫人因來視之勵其使修守政事以補其過過臨淄縣小吏和君賢爲賊所傷殆死夫人以藥服之登時而愈君賢乃易姓名自號馬明生隨夫人執役夫人將去人間告之曰我奉太上召不復得停有安期先生明日當來吾將以汝付囑焉明日安期生至見夫人拜揖甚敬自稱下官須臾設酒果廚膳飲宴半日許安期自說昔與夫人遊安息國西海際食棗異美此間棗殊不及也憶此未久已二千年矣夫人云吾昔與君共食一棗乃不盡此間小棗那可比耶安期曰下官先日往九河見司陰與西漢夫人共遊見問以陽九百六之期聖主受命之劫下官答以幼稚未識運厄之紀別當諮太眞王夫人今旣賜坐願請此教夫人曰期運漫汗非君所能卒知夫天地有大陽九大百六小陽九小百六天厄謂之陽九地虧謂之百六此二災是天地之否泰陰陽九地之孛蝕也大期九千九百年小期三千三百年而此運所鍾聖人所不能禳今大厄猶未然唐世是小陽九之始訖來甲申歲百六將會矣爾時道德方隆凶惡頓肆聖君

受命乃在壬辰無復千年亦尋至也西漢夫人俱已經見所以相問當是相試耳然復是司陰君所局夫陽九者天旱海消而陸自燋百六者海竭而陵自塡四海水滅滄溟成山連城之鯨萬丈之蛟不達期運之度惟叩天而索水詞訟紛紜布於上府三天煩於省察司命亦疲於按對九河之口是赤水之所衝其深難測今已漸枯八氣蒸於山澤流沙塵於原口於是四海俱會羣龍鼓舞爾乃須甲申之年將飛洪倒流令水母上天門而告期積石開萬泉而通路飛陰風以撓蒼生注元流以布遐邇洋溢在數年之中漫衍終九載之暮既得道之眞體靈合妙至其時也但當騰虛空而盼山陂遊浮嶽而視廣川乘元鴻以湊州城御虯輦而邀慶雲耳咄嗟之間忽焉便適可以翔身娛目豈足經意乎當今日且論酒事何用此為也因指明生向安期曰此子有心向慕殆可教訓昔遇因緣遂來見隨雖質穢未靈而淫欲已消今未可授元和太眞之道且欲令就君受金液丹方君可得爾便宜將去夫流俗之人心肺單危經胃內薄血津疲竭肝腎不注其眼脣口不辨其機蓋大慈而不合天人欲奔走而不及爐飛適宜慰撫以成其志不可試以仙變八威也切勿刻令其失正矣安期曰諸但恐道淺術薄不足以訓授耳下官昔受此方於漢成丈人此則先師之成法實不敢倉卒而傳

要當令在二千年之內必使其闚天路矣下官往與女郎俱會元丘覿九陔之礧硌望弱水而東流賜酬元碧之香酒不覺高卑而詠同當開尊笈靈籙偶見玉胎瓊膏之方服之刀圭立登雲天解形萬變上爲眞皇此術徑妙甚約於金液之華又速於霜雪九轉之鋒今非敢有譏捨近而從遐棄邇而追煩實思聞神方之品第願知眞仙之高尊苟卑降有時非所宜論瓊腴之方必是侍者未可得用邪夫人曰君未知乎此是天皇之靈方乃天眞所宜用非流俗下尸所能闚闞也仙方凡有九品一名太和自然龍胎之醴二名玉胎瓊液之膏三名飛丹紫華流精四名朱光雲碧之腴五名九種紅華神丹六名太清金液之華七名九轉霜雪之丹八名九鼎雲英九名雲光石流飛丹此皆九轉之次第也得僊者亦有九品第一上僊號九天眞王第二次仙號三天眞王第三號太上眞人第四號飛天眞人第五號靈僊第六號眞人第七號靈人第八號飛仙第九號仙人此九仙之品第也各有差降不可超學彼知金液已爲過矣至於玉皇之所餌非淺學所宜聞君雖得道而久在世上醫濁滓於正氣塵垢鼓於三一猶未可登三天而朝太上邁扶桑而謁太眞玉胎之方倘未可論何況下才而令聞其篇目耶安期有慚色退席曰下官實不知靈藥之妙品殊乃爾信駭聽矣因自陳曰

下官曾聞女郎有九天太眞道經清虛鏡無鑒朗元冥誠非下才可得仰瞻然受遇彌久接引每重不自省量希乞教訓不審其書可得見乎如嘗覩盼太眞則魚目易質矣夫人哂爾而笑良久曰太上道殊眞府遐邈將非下才可得變闕君但當弘今之功無代非分之勞矣我正爾暫北到元洲東詣方丈漱龍胎於元都之宮試玉女於衆仙之堂天事靡盬將俟事暇相示以太上眞經也君能勤正一於太清役恆華而命四瀆然後尋我於三天之晃索於鍾山王屋則眞書可得而授焉如其不然無爲屈逸駿而步滄津損舟檝而濟溟海矣如向所論陽九百六應期輒降夫安危無專否泰有對超然遠鑒悵懷感慨亢極之災可避而不可禳明期運所鍾聖主不能知是以伯陽棄周闕令悟其國弊天人之事彰於品物君何爲杳杳久爲地僊乎孰若先覺以高飛超風塵而自潔避甲申於元涂並眞靈而齊列乎言爲爾盡君將勖之安期長跪曰今日受教輒奉修焉夫人語明生曰汝隨此君去勿憂念也我亦時當往視汝因以五言詩二篇贈之可以相勖明生流涕而辭乃隨安期負笈入女几山夫人乘龍而去後明生隨師周遊青城廬潛凡二十年乃受金液之方煉而昇天

張衡

按太平廣記張道陵之子衡字靈眞繼志修煉世號嗣師以靈帝光和二年歲在己未正月二十三日於陽平化白日昇天

鄭安期

按九嶷山志鄭安期負二十石巨甕貯鐵臼六百斤登山修煉馬明生遇之於桂林峯石潭後皆僊去

王思眞

按浙江通志王思眞位爲太上侍經僊郎漢靈帝光和二年己未正月一日太上老君降於天台山命思眞披九光之韞書立太洞等經三十六卷以授太極左僊公葛元

卷終

神異典第二百三十三卷

神仙部列傳十

後漢二　上成公

按後漢書本傳上成公者密縣人也其初行久而不還後歸語其家云我已得仙因辭家而去家人見其舉步稍高良久乃沒云陳寔韓韶同見其事

薊子訓

按後漢書本傳薊子訓者不知其所由來也建安中客在濟陰宛句有神異之道嘗抱鄰家嬰兒故失手墮地而死其父母驚號怨痛不可忍聞而子訓唯謝以過誤終無它說遂埋藏之後月餘子訓乃抱兒歸焉父母大恐曰死生異路雖思我兒乞不用復見也兒識父母軒渠笑悅欲往就之母不覺攬取乃實兒也雖大喜慶心猶有疑乃竊發視死兒但見衣被方乃信焉於是子訓流名京師士大夫皆承風向慕之後乃駕驢車與諸生俱詣許下道過滎陽止主人舍而所駕之驢忽然卒僵蛆蟲流出主遽白之子訓曰乃爾乎方安坐飯食畢徐出以杖扣之驢應聲奮起行步如初即復進道

其追逐觀者常有千數既到京師公卿以下候之者坐上恆數百人皆爲設酒脯終日不匱後因遁去遂不知所止初去之日唯見白雲騰起從旦至暮如是數十處時或有百歲翁自說童兒時見子訓賣藥於會稽市顏色不異於今後人復於長安東霸城見之與一老翁共摩挲銅人相謂曰適見鑄此而已近五百歲矣顧視見人而去猶駕昔所乘驢車也見者呼之曰薊先生少住並行應之視若遲徐而走馬不及於是而絕

按神仙傳薊子訓者齊人也少嘗仕州郡舉孝廉除郎中又從軍除駙馬都尉人莫知其有道在鄉里時唯行信讓與人從事如此三百餘年顏色不老人怪之好事者追隨之不見其所常服藥物也性好清澹常閒居讀易少小作文皆有意義見比屋抱嬰兒子訓求抱失手墮地兒卽死鄰家素尊敬子訓不敢有悲哀之色乃埋瘞之後二十餘日子訓往問之曰復思兒否鄰曰小兒相命應不合成人死已積日不能復思也子訓因出外抱兒還其家其家謂是死不敢受子訓曰但取之無苦是本汝兒也兒識其母見而欣笑母取抱之猶疑而不信子訓既去夫婦共往視所埋兒棺中唯有一泥兒長六七寸此兒遂得長成諸老人鬚髮畢白者子訓但與之對坐共語宿昔之間明旦皆黑矣京師貴人聞之莫不虛心謁見無緣致之有年少與子訓鄰居

為太學生諸貴人作計共呼太學生謂之曰子勤苦讀書欲規富貴但召得子訓來使汝可不勞而得矣生許諾便歸事子訓灑掃供侍左右數百日子訓知意謂生曰卿非學道焉能如此生依諱之子訓曰汝何不以實對妄為虛飾吾已具知卿意諸貴人欲見我我豈以一行之勞而使卿不獲榮位乎汝可還京吾某日當往生甚喜辭至京與貴人具說某日子訓當到至期未發生父母來詣子訓子訓曰汝恐吾忘使汝見失信不仕耶吾今食後即發半日乃行二千里既至生急往拜迎子訓問曰誰欲見我生曰欲見先生者甚多不敢枉屈但知先生所至當自來也子訓曰吾千里不倦豈惜寸步乎欲見者語之令各絕賓客吾明日當各詣宅生如言告諸貴人各自絕客灑掃至時子訓果來凡二十三家各有一子訓諸朝士各謂子訓先到其家明日至朝各問子訓何時到宅二十三人所見皆同時所服飾顏貌無異唯所言話隨主人意答乃不同也京師大驚異其神變如此諸貴人並欲詣子訓子訓謂生曰諸貴人謂我重瞳八彩故欲見我今見我矣我亦無所能論道吾去矣適出門諸貴人冠蓋塞路而來生具言適去矣東陌上乘驢者是也各走馬逐之不及如此半日相去常一里許終不能及遂各罷還子訓至陳公家言曰吾明日中時當去陳公問遠近行乎曰不復

更還也陳公以葛布單衣一送之至時子訓乃化屍僵手足交胷上不可得伸狀如屈鐵屍作五香之芳氣達於巷陌其氣甚異乃殯之棺中未得出棺中噏然作雷霆之音光照宅宇坐人頓伏良久視其棺蓋乃分裂飛於空中棺中無人但遺一隻履而已須臾聞陌上有人馬簫鼓之聲徑東而去乃不復見子訓去後陌上數十里芳香百餘日不歇

## 靈壽光

按神仙傳靈壽光者扶風人也年七十餘而得朱英丸方合而服之致得其效轉更少壯年如二十時漢獻帝建安元年光已二百二十歲常寄寓於江陵胡田家無疾而卒田殯埋之百餘日人復見在小黃寄書與田田得書掘發棺視之中一無所有釘亦不脫唯履在棺中

## 費長房

按後漢書本傳費長房者汝南人也曾爲市掾市中有老翁賣藥懸一壺於肆頭及市罷輒跳入壺中市人莫之見唯長房於樓上覩之異焉因往再拜奉酒脯翁知長房之意其神也謂之曰子明日可更來長房旦日復詣翁翁乃與俱入壺中唯見玉堂嚴麗旨酒甘肴盈衍其中共飲畢而出翁約

不聽與人言之後乃就樓上候長房曰我神仙之人以過見責今事畢當去子寧能相隨乎樓下有少酒與卿爲別長房使人取之不能勝又令十人扛之猶不舉翁聞笑而下樓以一指提之而上視器如一升許而二人飲之終日不盡長房遂欲求道而顧家人爲憂翁乃斷一青竹度與長房身齊使懸之舍後家人見之卽長房形也以爲縊死大小驚號遂殯葬之長房立其傍而莫之見也於是遂隨從入深山踐荆棘於羣虎之中留使獨處長房不恐又臥於空室以朽索懸萬斤石於檁上衆蛇競來齧索且斷長房亦不移翁還撫之曰子可教也復使食糞糞中有三蟲臭穢特甚長房惡之翁曰子幾得道恨於此不成如何長房辭歸翁與一竹杖曰騎此任所之則自至矣旣至可以杖投葛陂中也又爲作一符曰以此主地上鬼神長房乘杖須臾來歸自謂去家適經旬日而已十餘年矣卽以杖投陂顧視則龍也家人謂其久死不信之長房曰往日所葬但竹杖耳乃發冢剖棺杖猶存焉遂能醫療衆病鞭笞百鬼及驅使社公或在宅坐獨自恚怒人問其故曰吾責鬼魅之犯法者耳汝南歲歲常有鬼僞作太守章服詣府門椎鼓者郡中患之時魅適來而逢長房爲謁府君惶懼不得退便前解衣冠叩頭乞活長房呵之云便於中庭正汝故形卽成老鼈也大如車輪頸長一丈

長房復令就太守服罪付其一札以敕葛陂君魅叩頭流涕持札植於陂邊以頸繞之而死後東海君來見葛陂君因淫其夫人於是長房劾繫之三年東海大旱長房至海上見其人請雨乃謂之曰東海君有罪吾前繫於葛陂今方出之使作雨也於是雨立注長房曾與人共行見一書生黃巾被裘無鞍騎馬下而叩頭長房曰還它馬赦汝死罪人問其故長房曰此狸也盜社公馬耳又嘗坐客而使至宛市鮓須臾還乃飯或一日之間人見其在千里之外者數處爲後失其符爲衆鬼所殺

按續文獻通考桓景嘗學於長房一日謂景曰九月九日汝家有大災可令家人作絳囊盛茱萸繫臂登高山飲菊花酒禍可消景如其言舉家登山夕還見牛羊雞犬皆死

壺公

按神仙傳壺公者不知其姓名也今世所有召軍符召鬼神治病玉府符凡二十餘卷皆出自公故總名壺公符時汝南有費長房者爲市掾忽見公從遠方來入市賣藥人莫識之賣藥口不二價治病皆愈語買人曰服此藥必吐某物某日當愈事無不效其錢日收數萬便施與市中貧乏饑凍者唯留三五十常懸一空壺於屋上日入之後公跳入壺中人莫能見唯長房樓上見之知非常人也

長房乃日日自掃公座前地及供饌物公受而不辭如此積久長房尤不懈亦不敢有所求公知長房篤信後告長房曰我某日當去卿能去乎房曰欲去之心不可復言欲使親眷不知覺去當有何計公曰易耳乃取一青竹杖與房戒之曰卿以竹歸家便可稱病以此竹杖置卿所臥處默然便來房如公言去後家人見房已死屍在牀哭泣葬之房詣公恍惚不知何所公乃留房於羣虎中虎磨牙張口欲噬房房不懼明日又內於石室中頭上有一方石廣數丈以茅綯懸之又諸蛇來嚙繩即欲斷而長房自若公至撫之曰子可教矣又令長房啗屎兼蛆長寸許異常臭惡房難之公乃歎謝遣之曰子不得仙道也賜子爲地上主者可得壽數百歲爲傳封符一卷付之曰帶此可主諸鬼神常稱使者可以治病消災房憂不得到家公以一竹杖與之曰但騎此得到家耳房騎竹杖辭去忽如睡覺已到家家人謂是鬼具述前事乃發棺視之唯一竹杖方信之房所騎竹杖棄葛陂中視之乃青龍耳初去至歸謂一日推問家人已一年矣房乃行符收鬼治病無不愈者

計子勳

按後漢書本傳計子勳者不知何郡縣人皆謂數百歲行來於人間一旦忽言日中當死主人與之

萬衣子勳服而正寢至日中果死

折像

按後漢書本傳折像字伯式廣漢雒人也其先張江者封折侯曾孫國爲鬱林太守徙廣漢因封氏爲國生像國有貲財二億家僮八百人像幼有仁心不殺昆蟲不折萌芽能通京氏易好黃老言及國卒感多藏厚亡之義乃散金帛資產周施親疎或諫像曰君三男兩女孫息盈前當增益產業何爲坐自單竭乎像曰昔鬬子文有言我乃逃禍非避富也吾門戶殖財日久盈滿之咎道家所忌今世將衰子又不才不仁而富謂之不幸牆隙而高其崩必疾也智者聞之咸服焉自知亡日召賓客九族飲食辭訣忽然而終時年八十四家無餘資諸子衰劣如其言云　按雲笈七籤折象廣漢人少好黃老之業後師東平先生虞叔雅亦得道者也篤尚養生元默無言家世豐裕以爲多藏厚亡無益散千金以賑貧苦或諫之象曰昔鬬子文有言我之施物乃逃禍非避富也智者咸服焉自刻亡日尸解如蟬蛻而去

魯女生

按後漢書華陀傳魯女生數說顯宗時事甚明了議者疑其時人也董卓亂後莫知所在　按漢武內傳魯女生長樂人初餌胡麻及朮絕穀八十餘年日少壯色如桃花日行三百里走及麞鹿傳世見之云三百餘年後采藥嵩高山見一女人曰我三天太上侍官也以五岳眞形與之并告其施行女生道成一旦與知友故人別云入華山去後五十年先相識者逢女生華山廟前乘白鹿從玉女三十人并令謝其鄉里親故人也

王和平

按後漢書本傳北海王和平性好道術自以當仙濟南孫邕少事之從至京師會和平病歿邕因葬之東陶有書百餘卷藥數囊悉以送之後弟子夏榮言其尸解邕乃恨不取其寶書仙藥焉

成仙公

按神仙傳成仙公者諱武丁桂陽臨武烏里人也後漢時年十三身長七尺爲縣小吏有異姿少言大度不附人人謂之癡少有經學不受於師但有自然之性時先被使京還過長沙郡投郵舍不及遂宿於野樹下忽聞樹上人語云向長沙市藥平旦視之乃二白鶴仙公異之遂往市見二人罩白

衆相從而行仙公遂呼之設食食訖便去曾不顧謝仙公乃隨之行數里二人顧見仙公語曰子有何求而隨不止仙公曰僕少出陋賤聞君有濟生之術是以侍從耳二人相向而笑遂出玉函看素書果有武丁姓名於是與藥二丸令服之二人語仙公曰君當得地仙遂令還家明照萬物獸聲鳥鳴悉能解之仙公到家後縣使送餉府君府君周昕有知人之鑒見仙公呼曰汝何姓名也對曰姓成名武丁縣司小吏府君異之乃留在左右久之署爲文學主簿嘗與衆共坐聞羣雀鳴而笑之衆問其故答曰市東車翻覆米羣雀相呼往食還視之信然也時郡中寮吏豪族皆怪不應引寒小之人以亂職位府君曰此非卿輩所知也經旬日乃與仙公居閤直至年初元會之日三百餘人令仙公行酒酒巡徧訖仙公忽以盃酒向東南噀之衆客愕然怪之府君曰必有所以因問其故仙公曰臨武縣火以此救之衆客皆笑明日司儀上事稱武丁不敬即遣使往臨武縣驗之縣人張濟上書稱元日慶集飲酒晡時火忽延燒廳事從西北起時天氣清澄南風極烈見陣雲自西北直聳而上徑止縣大雨火即滅雨中皆有酒氣衆疑異之乃知仙公蓋非凡人也後府君令仙公出郡城西立宅居止只有母一小弟及兩小兒比及二年仙公告病四宿而殞府君自臨殯之經兩日猶未成服

仙公友人從臨武來於武昌岡上逢仙公乘白騾西行友人問曰日將暮何所之也答曰暫往迷溪斯須却返我去向來忘大刀在戶側履在雞棲上可過語家人收之友人至其家聞哭聲大驚曰吾向來於武昌岡逢之共語云暫至迷溪斯須當返令過語家人收刀并履何得爾乎其家人云刀履并入棺中那應在外即以此事往啟府君府君遂令發棺視之不復見尸棺中唯一青竹杖長七尺許方知仙公託形仙去時人以其乘騾於武昌岡乃改爲騾岡在郡西十里也　按續齊諧記桂陽成武丁有仙道常在人間忽謂其弟曰七月七日織女當渡河諸仙悉還宮吾向已被召不得停與爾別矣弟問曰織女何事渡河去當何時還答曰織女暫詣牽牛吾復三年當還明日失武丁

魏伯陽

按神仙傳魏伯陽者吳人也本高門之子而性好道術後與弟子三人入山作神丹丹成知弟子心懷未盡乃試之曰丹雖成然先宜與犬試之若犬飛然後人可服耳若犬死即不可服乃與犬食犬即死伯陽謂諸弟子曰作丹惟恐不成今成而犬食之死恐是未合神明之意服之恐復如犬爲之奈何弟子曰先生當服之否伯陽曰吾背違世路委家入山不得道亦恥復還死之與生吾當服之

乃服丹入口卽死弟子顧視相謂曰作丹以求長生服之卽死當奈此何獨一弟子曰吾師非常人也服此而死得無意也因乃取丹服之亦死餘二弟子相謂曰所以得丹者欲求長生耳今服之卽死焉用此爲不服此藥自可更得數十歲在世間也遂不服乃共出山欲爲伯陽及死弟子求棺木二子去後伯陽卽起將所服丹納死弟子及白犬口中皆起弟子姓虞遂皆仙去道逢入山伐木人乃作手書與鄉里人寄謝二弟子乃始悔恨伯陽作參同契五行相類凡三卷其說是周易其實假借爻象以論作丹之意而世之儒者不知神丹之事多作陰陽注之殊失其旨矣

孫博

按神仙傳孫博者河東人也有淸才能屬文著書百餘篇誦經數十萬言晚乃好道治墨子之術能令草木金石皆爲火光照數里亦能使身成火口中吐火指大樹生草則焦枯更指還如故又有人亡奴藏匿軍中者捕之不得博語奴主曰吾爲卿燒其營舍奴必走出卿但諦伺捉之於是博以一赤丸子擲軍門須臾火起燭天奴果走出乃得之博乃復以一靑丸子擲之火卽滅屋舍百物如故不損博每作火有所燒他人以水灌之終不可滅須臾自止之方止行水火中不沾灼亦能使千百

人從己蹈之俱不沾灼又與人往水上布席而坐飲食作樂使衆人舞於水上又山間石壁地上盤石博入其中漸見背及兩耳良久都沒又能吞刀劍數千枚及壁中出入如孔穴也能引鏡爲刀屈刀爲鏡可積時不改須博指之乃復如故後入林慮山服神丹而仙去　按續文獻通考後漢孫博人有疾指之言愈卽愈出入山間石室如有穴者後仙去

莊伯微

按洞仙傳莊伯微者少好道不知求道之方惟以日入時正西北向閉目握固想崑崙山積三十年後見崑崙山人授以金液方合服得道

劉道偉

按洞仙傳劉道偉少入嶓冢山學道積十二年遇仙人試之將一大石約重萬斤以一白髮懸之使道偉臥其下顏色無異心安體悅又十二年遂賜以神丹服之昇天

盧耽

按洞仙傳盧耽者少學道得仙後復仕爲州治中每時乘空歸家到曉則反州嘗元會期會在列時

耽後至廻翔閣前欲下次爲威儀以箒擲耽得一隻履墮地耽由是飛去

昌季

按洞仙傳昌季者不知何許人也入山擔柴崖崩墮山下尚有微氣婦來見之涕泣哀慟仙人尹伊聞之愴然謂婦曰吾是仙人能治汝壻卽以角煎賜之幷付其方藥盡未差可隨合作也能長服之令人神仙婦以藥治季卽愈季合藥服之千日忽然飛昇婦流涕追之顧謂婦曰道與世殊卿善自愛敬婦慨然復合藥服之三年便復飛去至蓬萊山見季季曰知卿當來爾

李奚子

按墉城集仙錄李奚子者晉東平太守李忠祖母也不知姓氏忠祖父貞節丘園性多慈憫以陰德爲事奚子每興一志務於救人大雪寒凍路積稻及穀於園庭恐禽鳥餓死其用心如此今得道而居華陽洞宮中也

韓西華

按墉城集仙錄韓西華者不知何許人也慈愛於物常行陰功至於蜎翾微命皆愛而護之學道得

仙今在嵩山洞天之中

竇瓊英

按墉城集仙錄竇瓊英者竇武之妹也其七代祖名峙常以葬枯骨爲事以活死爲心故祚及瓊英令行女仙在易遷宮中

劉春龍　郭叔香

按墉城集仙錄劉春龍郭叔香並不知何許人也以其先世有陰德故皆得遁化練景入華陽易遷宮中劉春龍竇瓊英韓太華李奚子並天姿嚴麗儀冠駭衆才識偉鑠皆得爲明晨侍郎以居洞中侍郎之任以良才舉之不限男女也

何氏九仙

按續文獻通考何氏九仙不知何名漢時兄弟九人居仙遊東北山中修道又居湖側煉丹成各乘赤鯉仙去名其湖曰九鯉湖山下遺銅杯鐵鞭後人即其地建廟九鯉湖上亦有廟每大比歲士子祈夢者屢驗　按九江府志漢九仙不知何許人兄弟九人寓博陽山之巔丹成同日飛昇今所

居處名九仙臺

劉翊

按太平廣記劉翊字子翊潁川人有道德家世行仁普濟於人遇師黃先生告翊曰子仁感天地陰德動鬼神太上嘉子用心使我授以長生之道吾仙官也爾能從我去否翊曰願從教乃隨入銅柏山中授以隱地之術服五星之華而今度名東華來在洞中爲定籙府右理中監

張奉

按太平廣記張奉字公先河內人也太傅袁隗常歎其高操後入剡山遇山圖公子授奉九雲水强梁鍊桂法在東華宮爲太極仙侯

眞武

按續文獻通考眞武淨樂國王太子生而神靈察微知遠長而雄猛惟務修行志除邪魔遇紫虛元君授以道祕遂越東海遊覽又遇天神授以寶劍入武當山修煉居四十二年功成白日飛昇奉上帝命往鎭北方披髮跣足躡離坎眞精建皁纛元旗統攝元武之位神威赫然歷代顯著本號元武

避宋諱改眞武武當山北有磨針澗者云眞武修煉久之未契元元亟欲出山忽遇老嫗操鐵杵磨石上問何爲嫗曰爲針耳曰不亦難乎嫗曰功到自成眞武大悟卽返巖精修其地有榔梅相傳眞武折梅枝寄榔樹之上誓曰吾若道成花開果結後竟如言今樹尙存號榔梅

鄖宗

按續文獻通考鄖宗字仲紱安丘人古知火燒大夏門後居華山服胡麻得道

曹仙媼

按續文獻通考曹仙媼不知何許人嘗攜幼女引一犬息馬闕闕柳下一日至河將渡舟師拒之媼攜女與犬淩波御風須臾登岸俄又登東岸石龜遂與女及犬俱化龜中土人立廟祀焉

金甲

按續文獻通考金甲潞城人幼聰慧佯狂遇異人授以太陰煉形之術嘗單衣跣足臥凍雪中能預知水旱災祥壽夭旣卒葬百餘日一夕雷霆大作及旦視之但見塚開數寸惟留隻履櫻扇薄衾而已

麻衣仙姑

按續文獻通考麻衣仙姑汾州人姓任氏隱於石室山家人求之弗得後有人見之遂逃入石室山中有聲殷殷如雷其壁復合手迹尚存

袁起

按長沙府志袁起後漢時湘鄉人家居晨起忽大醉三日始醒起時酒氣聞數十步自云與群仙共飲因此絕粒食住人間數十年已而仙去

董仲

按德安府志漢董仲永之子也世相傳爲天之織女故生而靈異多神奇嘗遊京山瀆泉以地多蛇毒書二符鎮之其害遂絕今篆石在京山之陰又岳州府志云仲遊安鄉縣以縣苦水患書符石上立於縣治東南隅以壓水已而水果不至有不信者掘地欲窮其址愈掘愈深址不可見水患復興人愈神之　按四川總志董仲梓州人其詳不可考今城北有董仲書巖詩文尚存世傳以爲仙去

瞿居

按四川總志瞿眞人名居字鵲子後漢犍爲人入峨嵋山四十年得仙乘白龍還家於平岡治白日上昇

涉正

按神仙傳涉正字元眞巴東人也說秦始皇時事了了似及見者漢末從數十弟子入吳而正常閉目雖行猶不開也弟子隨之數十年莫有見其開目者有一弟子固請之正乃爲開目目開時有音如霹靂而光如電照於室宇弟子皆不覺頓伏良久乃能起正巳復還閉目正道成莫見其所服食施行而授諸弟子皆以行氣絕房室及服石腦小丹云

姚俊

按太平廣記姚俊錢塘人少爲郡吏漢末入增城山中學道遇東郭幼平幼平秦時人久隱增城得道者也幼平授俊服九精煉氣輔星存心之術俊修之道成在東華宮中爲北河司命

蕭綦

按續文獻通考漢末蕭綦修道太平山延壽宮善吹簫能致鳳鸞翔集號碧霄眞人道成白日昇舉

## 劉綱

按續文獻通考三國劉綱有道術與妻樊夫人同昇天而去　按江西通志綱漢時仙官謫居達花峯下奉章上帝救德化縣令張某之死

## 樊夫人 附逍遙

按女仙傳樊夫人者劉綱妻也綱仕爲上虞令有道術能檄召鬼神禁制變化之事亦潛修密證人莫能知爲理尚清靜簡易而政令宣行民受其惠無水旱疫毒鷙暴之傷歲歲大豐暇日常與夫人較其術與俱坐堂上綱作火燒客碓屋從東起夫人禁之卽滅庭中兩株桃夫妻各呪一株使相鬬擊良久綱所呪者不如數走出籬外綱唾盤中卽成鯉魚夫人唾盤中成獺食魚綱與夫人入四明山路阻虎綱禁之虎伏不敢動適欲往虎卽滅之夫人徑前虎卽面向地不敢仰視夫人以繩繫虎於牀脚下綱每共試術事事不勝將昇天縣廳側先有大皁莢樹綱昇樹數丈方能飛舉夫人平坐冉冉如雲氣之昇同昇天而去後至唐貞元中湘潭有一媼不云姓氏但稱湘媼常居止人舍十有

餘載矣常以丹篆文字救疾於閭里莫不輒應鄉人敬之為結構華屋數間而奉媼媼曰不然但土木其字是所願也媼鬢翠如雲肌潔如雪策杖曳履日可數百里忽遇里人女名曰逍遙年二八艷美攜筐採菊遇媼瞪視足不能移媼目之曰汝乃愛我可同之所止否逍遙欣然擲筐斂袵稱弟子從媼歸室父母奔追及以杖擊之叱而返舍逍遙操益堅竊索自縊親黨敦喻其父母請縱之度不可制遂捨之復詣媼但掃塵易水焚香讀道經而已後月餘媼白鄉人曰某暫之羅浮扃其戶慎勿開也鄉人問逍遙何之曰前往如是三稔人但於戶外窺見小松迸筍而叢生堦砌及媼歸召鄉人同開鎖見逍遙儼坐於室貌若平日唯蒲履為竹稍串於棟宇間媼遂以杖叩地曰吾至汝可覺逍遙如寐醒方起將欲拜忽遺左足如刖於地媼遽令無動拾足勘膝噀之以水乃如故鄉人大駭敬之如神相率數百里皆歸之媼貌甚閑雅不喜人之多相識忽告鄉人曰吾欲往洞庭救百餘人性命誰有心為我設船一隻一兩日可同觀之有里人張拱家富請具舟檝自駕而送之欲至洞庭前一日有大風濤蹙一巨舟沒於君山島上而碎載數十家近百餘人然不至損未有舟檝來救各星居於島上忽有一白龍長丈餘遊於島上數十人擱之過殺分食其肉明日有城如雪圍繞島上人

家莫能辨其城漸窄狹東島上人忙怖號叫饑羸皆爲虀粉束其人爲簇其廣不三數丈又不可攀援勢已緊急岳陽之人亦遙覩雪城莫能曉也時媼舟已至岸媼遂登島擐劍步罡噀水飛劍而刺之白城一聲如霹靂城遂崩乃一大白鼉長十餘丈蜿蜒而斃劍立其脊遂救百餘人之性命不然頃刻卽拘束爲血肉矣島上之人咸號泣禮謝命拱之舟返湘潭拱不忍便去忽有道士與媼相遇曰樊姑爾許時何處來甚相慰悅拱詰之道士曰劉綱眞君之妻樊夫人也後人方知媼卽樊夫人也拱遂歸湘潭後媼與逍遙一時返眞

東陵聖母

按女仙傳東陵聖母廣陵海陵人也適杜氏師劉綱學道能易形變化隱見無方杜不信道常怒之聖母理疾救人或有所詣杜恚之愈甚訟之官云聖母姦妖不理家務官收聖母付獄頃之已從獄窗中飛去衆望見之轉高入雲中留所著履一雙在窗下於是遠近立廟祠之民所奉祀禱之立效常有一青鳥在祭所人有失物者乞問所在青鳥卽飛集盜物人之所路不拾遺歲月稍久亦不復爾至今海陵縣中不得爲姦盜之事大者卽風波沒溺虎狼殺之小者卽復病也

## 東華帝君

按續文獻通考東華帝君姓王不知其世代名號或云名元甫得老子之道後隱崑崙山復居五臺紫府洞天自號少陽帝君於終南凝陽洞以道授鍾離權

## 鍾離簡

按陝西通志鍾離簡咸陽人為郎中與弟權俱入華山得道白日昇天

## 鍾離權

按集仙傳鍾離權字雲房不知何許人也唐末入終南山　按續文獻通考鍾離權咸陽人號和谷子一號正陽子又號雲房先生生而奇異美髯俊目身長八尺餘歷仕漢及魏晉首遇上仙王元甫再遇華陽眞人授祕訣遂棄世事於縣東四十里正陽洞修煉登仙今號正陽帝君

## 左慈

按後漢書本傳左慈字元放廬江人也少有神道嘗在司空曹操坐操從容顧衆賓曰今日高會珍羞略備所少吳松江鱸魚耳元放於下坐應曰此可得也因求銅盤貯水以竹竿餌釣於盤中須臾

引一鱸魚出操大拊掌笑會者皆驚操曰一魚不周坐席可更得乎放乃更餌鉤沈之須臾復引出皆長三尺餘生鮮可愛操使目前鱠之周浹會者操又謂曰既已得魚恨無蜀中生薑耳放曰亦可得也操恐其近即所取因曰吾前遣人到蜀買錦可過敕使者增市二端語頃即得薑還幷獲操使報命後操使蜀反驗問增錦之狀及時日早晚若符契焉後操出近郊士大夫從者百許人慈乃為齎酒一升脯一斤手自斟酌百官莫不醉飽操怪之使尋其故行視諸鑪悉亡其酒脯矣操懷不喜因坐上欲收殺之慈乃却入壁中霍然不知所在或見於市者又捕之而市人皆變形與慈同莫知誰是後人逢慈於陽城山頭因復逐之遂走入羊羣操知不可得乃令就羊中告之曰不復相殺本試君術耳忽有一老羝屈前兩膝人立而言曰遽如許即競往赴之而羣羊數百皆變爲羝竝屈前膝人立云遽如許遂莫知所取焉

按神仙傳左慈明五經兼通星氣見漢祚將衰天下亂起乃嘆曰值此衰亂官高者危財多者死當世榮華不足貪也乃學道尤明六甲能役使鬼神坐致行廚精思於天柱山中得石室中九丹金液經能變化萬端不可勝記曹魏公聞而召之閉一石室中使人守視斷穀期年乃出之顏色如故曹公自謂生民無不食稻而慈乃如是必左道也欲殺之慈已

知求乞骸骨曹公曰何以忽爾對曰欲見殺故求去耳公曰無有此意公欲高其志不苟相留也乃爲設酒曰今當遠曠乞分盃飲酒公曰善是時天寒溫酒尚熱慈拔道簪以撓酒須臾道簪都盡如人磨墨初公聞慈求分盃飲酒謂當使公先飲以與慈耳而拔道簪以畫盃酒中斷其間相去數寸即飲半半與公公不善之未即爲飲慈乞盡自飲之飲畢以盃擲屋棟懸盃搖動似飛鳥俯仰之狀若欲落而不落舉坐莫不視盃良久乃墜既而已失慈矣尋問之還其所居曹公遂益欲殺慈試其能免死否乃敕收慈慈走入羣羊中而追者不分乃數本羊果餘一口乃知是慈化爲羊也追者語主人意欲得見先生暫還無怯也俄而有大羊前跪而曰爲審爾否吏相謂曰此跪羊慈也欲收之於是羣羊咸向吏言曰爲審爾否由是吏亦不復知慈所在乃止後有知慈處者告公公又遣吏收之得慈慈非不能隱故示其神化耳於是受執入獄獄吏欲拷掠之戶中有一慈戶外亦有一慈不知孰是公聞而愈惡之使引出市殺之須臾忽失慈所在乃閉市門而索或不識慈者問其狀言眇一目著青葛巾青單衣見此人便收之及爾一市中人皆眇目著葛巾青衣卒不能分公令普逐之如見便殺後有人見之便斬以獻公公大喜及至視之乃一束茅驗其屍亦無處所後有人從荆州

來見慈刺史劉表亦以慈爲惑衆擬收害之表出耀兵慈意知欲見其術乃徐徐去因又詣表云有薄禮願以餉軍表曰道人單僑吾軍人衆安能爲濟乎慈重道之表使視之有酒一斗器盛脯一束而十人共舉不勝慈乃自出取之以刀削脯投地請百人奉酒及脯以賜兵士酒三盃脯一片食之如常脯味凡萬餘人皆周足而器中酒如故脯亦不盡座上又有賓客千人皆得大醉表乃大驚無復害慈之意數日乃委表去入東吳有徐墮者有道術居丹徒慈過之墮門下有賓客車牛六七乘欺慈云徐公不在慈知客欺之便去客卽見牛在楊樹杪行適上樹卽不見下卽復見行樹上又車轂皆生荊棘長一尺斫之不斷推之不動客大懼卽報徐公有一老翁眇目吾見其不急之人因欺之云公不在去後須臾牛皆如此不知何等意公曰咄咄此是左公過我汝曹那得欺之急追可及諸客分布逐之及慈羅布叩頭謝之慈意解卽遣還去及至車牛等各復如故慈見吳主孫討逆復欲殺之後出遊請慈俱行使慈行於馬前欲自後刺殺之慈在馬前著木屐挂一竹杖徐徐而行討逆著鞭策馬操兵逐之終不能及討逆知其有術乃止後慈以意告葛仙公言當入霍山合九轉丹遂乃仙去　按仙系記左慈字元放漢建安中登茅山禮拜五年而洞門自開得入洞處造陰二

[illegible][illegible]藥若授以[illegible][illegible]之復[illegible][illegible][illegible]命者名玉門丹砂得十二斤服之顏色甚少

孔元方

按神仙傳孔元方許昌人也常服松脂茯苓松實等藥老而益少容如四十許人郄元節左元放皆爲親友俱棄五經當世之人事專修道術元方仁慈惡衣蔬食飲酒不過一升年有七十餘歲道家或請元方會同飲酒次至元方元方作一令以杖拄地乃手把杖倒竪頭在下足向上以一手持盃倒飲人莫能爲也元方有妻子不畜餘財頗種五穀時失火諸人並來救之出屋下衣糧牀几元方都不救唯箕踞籬下視火其妻促使元方助收物元方笑曰何用惜此又鑿水邊岸作一窟室方廣丈餘元方入其中斷穀或一月兩月乃復還家人亦不得往來窟前有一柏樹生道後棘草間委曲隱蔽弟子有急欲詣元方窟室者皆莫能知後東方有一少年姓馮名遇好道伺候元方便尋窟室得見曰人皆來不能見我汝得見似可教也乃以素書二卷授之曰此道之要言也四十年得傳一人世無其人不得以年限足故妄授若四十年無所授者即八十年而有二人可授者即頓授二人可授不授爲閉天道不可授而授爲泄天道皆殃及子孫我已得所傳吾其去矣乃委妻子入西嶽

後五十餘年暫還鄉里時人尚有識之者

呂恭

按神仙傳呂恭字文敬少好服食將一奴一婢於太行山中採藥忽見三人南谷中問恭曰子好長生乎乃勤苦艱險如是耶恭曰實好長生而不遇良方故採服此藥冀有微益耳一人曰我姓呂字文起次一人曰我姓孫字文陽次一人曰我姓王字文上皆太清太和府仙人也時來採藥當以成新學者公既與呂同姓又字得與三人同文此是公命當應長生也若能隨我採藥語公不死之方恭即拜曰有幸得遇仙人但恐闇塞多辠不足教授耳若見采收是更生之願也即隨仙人去二日乃授恭祕方一首因遣恭去曰可視鄉里恭即拜辭三人語恭曰公來二日人間已二百年矣恭歸家但見空宅子孫無復一人也乃見鄉里數世後人趙輔者問呂恭家人皆何所在輔曰君從何來乃問此久遠人也吾昔聞先人說云昔有呂恭者持奴婢入太行山採藥遂不復還以為虎狼所食已二百餘年矣恭有數世子孫呂習者居在城東十數里作道士民多奉事之推求易得耳恭承輔言到習家扣門問訊奴出問公從何來恭曰此是我家我昔隨仙人去至今二百餘年習聞之驚喜

跳出拜白仙人來歸悲喜不能自勝恭因以神方授習而去習已年八十服之卽還少壯至二百歲乃入山中子孫世世不復老死

沈建

按神仙傳沈建者丹陽人也世爲長吏建獨好道不肯仕宦學導引服食之術還年却老之法又能治病病無輕重治之卽愈奉事之者數百家建嘗欲遠行寄一婢三奴驢一頭羊十口各與藥一丸語主人曰但累屋舍不煩飲食也便去主人大怪之曰此客所寄十五口不留寸資當若之何建去後主人飲食奴婢奴婢聞食氣皆逆吐不視以草飼驢羊驢羊避去不食或欲抵觸主人大驚愕後百餘日奴婢體貌光澤勝食之時驢羊皆肥如飼建去三年乃還各以藥一丸與奴婢驢羊乃飲食如故建遂斷穀不食輕舉飛行或去或還如此三百餘年乃絕跡不知所之也

太元女

按女仙傳太元女姓顓名和少喪父或相其母子皆曰不壽惻然以爲憂常曰人之處世一死不可復生況聞壽限之促非修道不可以延生也遂行訪明師洗心求道得王子之術行之累年遂能入

水不濡盛雪寒時單衣冰上而顏色不變身體溫煖可至積日又能徙官府宮殿城市屋宅於他處視之無異指之即失其所在門戶櫝櫃有關鑰者指之即開指山山摧指樹樹折更指之即復如故將弟子行山間日暮以杖叩石即開門戶入其中屋宇牀褥幃帳廩供酒食如常雖行萬里所在常爾能令小物忽大如屋大物忽小如毫芒或吐火障天噓之即滅又能坐炎火之中衣履不燃須臾之間或化老翁或為小兒或為車馬無所不為行三十六術甚效起死廻生救人無數不知其何所服食亦無得其術者顏色益少鬢髮如鴉忽白日昇天而去

程偉妻

按集仙錄漢期門郎程偉妻得道者也能通神變化偉不甚異之偉常從駕出行而服飾不備甚以為憂妻曰止闕衣耳何愁之甚耶即致兩匹縑忽然自至偉亦好黃白之術煉時即不成妻乃出囊中藥少許以器盛水銀投藥而煎之須臾成銀矣偉欲從之受方終不能得云偉骨相不應得逼之不已妻遂蹶然而死尸解而去

鳳綱

按神仙傳鳳綱者漁陽人也常採百草花以水漬封泥之自正月始盡九月末止埋之百日煎九火卒死者以藥內口中皆立活綱常服此藥至數百歲不老後入地肺山中仙去

天門子

按神仙傳天門子者姓王名綱尤明補養之要故其經曰陽生立於寅純木之精陰生立於申純金之精夫以木投金無往不傷故陰能疲陽也陰人所以著脂粉者法金之白也是以眞人道士莫不留心注意精其微妙審其盛衰我行青龍彼行白虎取彼朱雀煎我元武不死之道也又陰人之情也每急於求陽然而外自戕抑不肯請陽者明金不爲木屈也陽性氣剛燥志節疎略至於遊宴言和氣柔辭語卑下明木之畏於金也天門子旣行此道年二百八十歲猶有童子之色乃服珠醴得仙入元洲山去也

神異典第二百三十四卷

神仙部列傳十一

後漢三　張卞

按四川總志張卞梁山人按蟠龍洞碑云卞為蜀先主將因諫先主攻固陵不聽入山遇樵叟自稱鴟夷授以丹訣修煉上昇

張玉蘭

按集仙錄張玉蘭者天師之孫靈真之女也幼而潔素不茹葷血年十七歲夢赤光自天而下光中金字篆文繚繞數十尺隨光入其口中覺不自安因遂有孕母氏責之終不言所夢唯侍婢知之一旦謂侍婢曰吾不能忍恥而生死而剖腹以明我心其夕無疾而終侍婢以白其事母不欲違冀雪其疑忽有一物如蓮花自𨇤其腹而出開其中得素金書本際經十卷素長二丈許幅六七寸文明甚妙將非人功玉蘭死旬月常有異香乃傳寫其經而葬玉蘭百餘日大風雷雨天地晦瞑失其經玉蘭墳壙自開棺蓋飛在巨木之上視之空棺而已今墓在益州温江縣女郎觀是也三月九日是

玉蘭飛昇之日至今鄉里常設齋祭之靈眞即天師之子名衡號曰嗣師自漢靈帝光和二年己未正月二十三日於陽平化白日昇天玉蘭產經得道當在靈眞上昇之後三國紛競之時也

## 張曾

按徐州志張曾字公期衡之子初道陵以諸品祕籙斬邪二劍玉冊玉印授子衡衡授曾曾得之以符法治病病立愈世號嗣卿後仕漢爲漢中太守曹操將攻漢中曾以手板畫地即成巨河怒濤洶湧兵不能濟其將復統水兵至岸曾又以手板畫其河中輒出一峯高千餘丈兵不能進操遂入南鄭曾乃奔入巴中後劉璋失蜀先主舉兵向公期公期脫化歸眞隱形仙去

## 杜蘭香 附張碩

按曹毗杜蘭香傳杜蘭香自稱南陽人以建興四年春數詣張傳傳年十七望見車在門外婢通言阿母所生遣授配君君不可不敬從傳先改名碩碩呼女前視可十七八說事邈然久遠有好子二人大者萱枝小者松枝鈿車青牛上飲食皆備作詩曰阿母處靈嶽時遊雲霄際衆女侍羽儀不出宮墉外飈輪送我來豈復恥塵穢從我與福俱嫌我與禍會至其年八月旦來復作詩曰逍遙雲霧

間吁嗟發九嶷游女不稽路弱水何不之出薯蕷子三枚大如雞子云食此令君不畏風波辟寒温碩食二欲留一不肯令碩盡食言為君作妻情無曠遠以君命未合太歲東方卯去當還求君蘭香降張碩碩問禱祀何如香曰消摩自可愈疾淫祀何益蘭香以藥為消摩　按墉城集仙錄杜蘭香者有漁父於湘江洞庭之岸聞兒啼聲四顧無人惟三歲女子在岸側漁父憐而舉之十餘歲天姿奇偉靈顏姝瑩迨天人也忽有青童靈人自空而下來集其家攜女而去臨昇天謂其父曰我仙女杜蘭香也有過謫於人間元期有限今去矣自後時亦還家其後於洞庭包山降張碩家蓋修道者也蘭香降之三年授以舉形飛化之道碩亦得仙初降時留玉簡玉唾盂紅火浣布以為登真之信焉又一夕命侍女齎黃麟羽帔絳履元冠鶴氅之服丹玉佩揮劍以授於碩曰此上仙之所服非洞天之所有也不知張碩仙官定何班品漁父亦老因益少往往不食亦學道江湖不知所之

李常在

按神仙傳李常在者蜀郡人也少治道術百姓累世奉事計其年已四五百歲而不老常如五十許人治病困者三日微者一日愈在家有二男一女皆已嫁娶乃去去時從其弟子曾家孔家各請一

小兒年皆十七八家亦不知常在欲何去卽遣送之常在以青竹杖度二兒遣歸置其家所臥之處徑還勿與家人語二子承教以杖歸家家人了不見兒去後乃各見死在牀上二家哀泣殯埋之百餘日弟子從郫縣逢常在將此二兒俱行二兒與弟子泣語良久各附書到二家發棺視之唯青竹杖耳乃知非死後三十餘年居地肺山更娶婦常在先婦兒乃往尋求之未至十日常在謂後妻曰吾兒欲來見尋吾當去可將金餅與之及至求父所在婦以金與之兒曰父捨我去數十年日夜思戀聞父在此故自遠來覲省不求財也乃止三十日父不還兒乃欺其母曰父不還我去矣至外藏於草間常在還語婦曰此兒詐言如是當還汝語之汝長不復須我我在法不復與汝相見乃去少頃兒果來母語之如此兒自知不復見其父乃泣涕而去後七十餘年常在忽去弟子見在虎壽山下居復娶妻有父子世世見之如故故號之曰常在

沈羲

按神仙傳沈羲者吳郡人學道於蜀中但能消災治病救濟百姓不知服食藥物功德感天天神識之羲與妻賈共載詣子婦卓孔寧家還逢白鹿車一乘青龍車一乘白虎車一乘從者皆

朱衣仗矛帶劍輝赫滿道問羲曰君是沈羲否羲愕然不知何等答曰是也何爲問之騎人曰羲有功於民心不忘道自少小以來履行無過壽命不長年壽將盡黃老今遣仙官來下迎之侍郎薄延之乘白鹿車是也度世君司馬生青龍車是也迎使者徐福白虎車是也須臾有三仙人羽衣持節以白玉簡青玉介丹玉字授羲羲不能識遂載羲昇天昇天之時道間鉏耘人皆共見不知何等斯須大霧霧解失其所在但見羲所乘車牛在田食苗或有識是羲車牛以語羲家弟子恐是邪鬼將羲藏山谷間乃分布於百里之內求之不得四百餘年忽還鄉里推求得數世孫名懷喜懷喜告曰聞先人說家有先人仙去久不歸也留數十日說初上天時云不得見帝但見老君東向而坐左右敕羲不得謝但默坐而已宮殿鬱鬱如雲氣五色元黃不可名狀侍者數百人多女少男庭中有珠玉之樹衆芝叢生龍虎成羣遊戲其間聞琅琅如銅鐵之聲不知何等四壁熠熠有符書著之老君身形略長一丈被髮文衣身體有光耀須臾數玉女持金按玉杯來賜羲曰此是神丹飲者不死夫妻各一杯壽萬歲乃告言飲服畢拜而勿謝服藥後賜棗二枚大如雞子脯五寸遺羲曰暫還人間治百姓疾病如欲上來書此符懸之竿杪吾當迎汝乃以一符及仙方一首賜羲羲奄忽如寐已在

地上多得其符驗也

陳安世 附權叔本

按神仙傳陳安世京兆人也爲權叔本家傭賃稟性慈仁行見禽獸常下道避之不欲驚之不踐生蟲未嘗殺物年十三四叔本好道思神有二仙人託爲書生從叔本游以觀試之而叔本不覺其仙人也久而意轉怠叔本在內方作美食而二仙復來詣門問安世曰叔本在否答曰在耳入白叔本叔本卽欲出其婦引還而止曰餓書生輩復欲來飽腹耳於是叔本使安世出答言不在二人曰前者云在旋言不在何也答曰大家君教我云耳二人善其誠實乃謂叔本勤苦有年今適値我二人而乃懈怠是其不遇幾成而敗乃問安世曰汝好游戲耶答曰不好也又曰汝好道乎答曰好而無由知之二人曰汝審好道明日早會道北大樹下安世承言早往期處到日西不見一人乃起欲去曰書生定欺我耳二人已在其側呼曰安世汝來何晩也答曰早來但不見君耳二人曰吾端坐在汝邊耳頻三期之而安世輒早至知可教乃以藥二丸與安世誡之曰汝歸勿復飮食別止於一處安世承誡二人常來往其處叔本怪之曰安世處空室何得有人語往輒不見叔本曰向聞多人語

聲今不見一人何也答曰我獨語耳叔本見安世不復食但飲水止息別位疑非常人自知失賢乃嘆曰夫道尊德貴不在年齒父母生我然非師則莫能使我長生先聞道者卽爲師矣乃執弟子之禮朝夕拜事之爲之灑掃安世道成白日昇天臨去遂以要道術授叔本叔本後亦仙去矣

劉政

按神仙傳劉政者沛人也高才博物學無不覽以爲世之榮貴乃須臾耳不如學道可得長生乃絕進趨之路求養生之術勤尋異聞不遠千里苟有勝己雖奴客必師事之復治墨子五行記兼服朱英丸年百八十餘色如童子能變化隱形以一人分作百人百人作千人千人作萬人又能隱三軍之衆使成一叢林木亦能使成鳥獸試取他人器物易置其處人不知覺又能種五果立使華實可食坐致行廚飯膳供數百人又能吹氣爲風飛砂揚石以手指屋宇便欲頹壞復指之卽還如故又能化生美女之形及作水火又能一日之中行數千里能噓水興雲奮手起霧聚土成山刺城成淵能忽老忽少乍大乍小入水不沾步行水上召江海中魚鼈蛟龍黿鼉卽皆登岸又口吐五色之氣方廣十里直上連天又能躍上下去地數百丈後去不知所在

## 沈文泰 附李文淵

按神仙傳沈文泰者九疑人也得紅泉神丹去土符延年益命之道服之有效欲之崑崙留安息二十餘年以傳李文淵曰土符却不去服藥行道無益也文淵遂受祕要後亦昇仙今以竹根汁煮丹及黄白去三尸法此二人矣

## 皇化

按神仙傳九靈子姓皇名化得還年却老胎息內視之要五行之道其經曰此術可以辟五兵却虎狼安全己身營護家門保子宜孫內外和穆人見則喜不見則思既宜從軍又利遠客他人謀己消滅不成千殃萬禍伏而不起杜奸邪之路絕妖怪之門咒咀之者其災不成厭蠱之者其禍不行天下諸賢皆來宗己傾神靈之心得百姓之意在人間五百餘年顏色益少後復煉丹乃登仙去

## 陰恆

按神仙傳北極子姓陰名恆其經曰治身之道愛神為寶養性之術死入生出常能行之與天相畢因生求生眞生矣以鐵治鐵之謂眞以人治人之謂神後服神丹仙去

## 李修

按神仙傳絕洞子姓李名修其經曰弱能制强陰能弊陽常若臨深履危御奔乘駕長生之道也年四百餘歲顏色不衰著書四十篇名曰道源服還丹昇天也

## 柳融

按神仙傳南極子姓柳名融能含粉成雞子吐之數十枚煮而啖之與雞子無異黃中皆餘粉少許如指端者取杯兕之卽成龜煮之可食腸藏皆具而杯成龜殼煮取肉則殼還成杯矣取水呪之卽成美酒飲之醉人舉手卽成大樹人或折其細枝以刺屋間連日猶在以漸萎壞與眞木無異也服雲霜丹得仙去

## 葛越

按神仙傳黃盧子姓葛名越甚能治病千里寄姓名與治之皆愈不必見病人身也善氣禁之道禁虎狼百蟲皆不得動飛鳥不得去水爲逆流一里年二百八十歲力舉千鈞行及走馬頭上常有五色氣高丈餘天下大旱時能到淵中召龍出催促便升天使作雨數數如此一旦與親故別乘龍而

去遂不復還

董仲君

按神仙傳董仲君者臨淮人也少行氣煉形年百餘歲不老嘗見誣繫獄佯死臭爛生蟲獄家舉出而後復生尸解而去

黃敬

按神仙傳黃敬字伯嚴武陵人也少讀誦經書仕州為部從事後棄世學道於霍山八十餘年復入中岳專行服氣斷穀為吞吐之事胎息內視召六甲玉女吞陰陽符又思赤星在洞房前轉大如火周身至二百歲轉還少壯道士王紫陽數往見之求要言敬告紫陽曰吾不修服藥之道但守自然益地仙耳何足詰問新野陰君神丹昇天之法此真大道之極也子可從之人能除遣嗜欲如我者亦可以學我所為也紫陽固請不止敬告紫陽曰大關之中有輔星想而見之翕習成赤童在焉指朱庭指而搖之鍊身形消遣三尸除死名審能守之可長生失之不久淪幽冥紫陽受之得長生之道也

## 陳長

按神仙傳陳長在紵嶼山上已六百餘歲紵嶼山中人爲架屋每四時烹殺以祭之長亦不飲食顔色如六十歲人諸奉事者每有疾病卽以器詣長乞祭水飲之皆愈紵嶼山上累世相承事之莫知其所來及服食本末紵嶼在東海中吳中周詳者誤到其上留三年乃得還具說之如此紵嶼山其地方圓千里上有千餘家有五穀成熟莫知其年紀風俗與吳同

## 陳永伯 附增族

按神仙傳陳永伯者南陽人也得淮南王七星散方試按合服之二十一日忽然不知所在永伯有兄子名增族年十七亦服之其父繫其足閉密戶中晝夜使人守視之二十八日亦復不見不知所之本方云服之三十日得仙陳氏二子服未三十日而失所在後人不敢服仙去必有仙官來迎但人不見之耳

## 陳子皇

按神仙傳陳子皇得餌朮要方服之得仙去霍山妻姜氏疾病其壻用餌朮法服之病自愈壽一百

七十歲登山取米重擔而歸不息不極顏色氣如二十許人

范幼冲

按洞仙傳范幼冲者遼西人也受太素胎化易形之道常旦旦存青白赤三氣各如綖從東方日下直入口中挹之九十過自飽便止行之十年得道其法約其事驗太素祕道也

封衡

按神仙傳封衡字君達隴西人也幼學道通老莊學勤訪眞訣初服黃連五十年後入鳥獸山採藥又服朮百餘年還鄉里如二十許人聞有病危者識與不識便以腰間竹管藥與之或下鍼應手立愈愛嗇精氣不極視大言凡圖籍傳記無不習誦復遇魯女生授還丹訣及五嶽眞形圖遂周遊天下故山宜水神潛相迎伺而凶鬼怪物無不竄避人或疑之以矢刃刺禦皆不能害常駕一青牛人莫知其名因號青牛道士魏武帝問養性大略師曰體欲常勞食欲常少勞勿過極少勿過虛去肥濃節酸鹹減思慮損喜怒除馳逐愼房室則幾於道矣故聖人春夏養陽秋冬養陰以順其根以契造化之妙有二侍者一負書笈一攜藥筒有容成養氣術十二卷墨子隱形法一篇靈寶衛生經一

卷筒有煉成水銀霜黃連屑等在人間僅二百餘年後入元丘山不見

張元賓

按洞仙傳張元賓者定襄人也曾與茂才始師西河薊公受服水行洞房自元之事後遇樊子明於少室山授以遁變隱景之道昔在天柱山今來華陽內爲理禁伯主諸水雨官元賓善談空無無者大有之宅小有所以生焉積小有以養小無見大有以本大無有有亦無焉無無亦有焉所以我目都不見物物亦不見無寄有以成無寄無以得無於是無則無宅也大空亦宅無矣我未生時天下皆無無也桐柏諸靈仙亦不能折之自云曾於蓬萊遇宋晨生論無粗得其意也

劉眞人

按四川總志劉眞人魏武帝時隱山中得道自平蓋山駕鶴入建州

張正禮

按道州志張正禮漢魏間人眞誥云正禮以漢末在山中服黃精顏色常如年四十時治明期以魏末入山服澤瀉柏實同止巖中

魏　吳丹

按東鄉縣志吳丹清溪觀道士也世居鄱邑生時母爲所苦投諸白水河凡三日不死復收養之名曰水先生母死穴居墓側五年哭聲振林木人感其孝爲送餅果旣而有司爲給衣後遊羅浮青峯城諸名山得吐納伸縮製煉服食諸術曹操召拜左奉禮郎不就年四十遊終南山得篆文十六字曰孝哉吳丹卓行異人以番而鳳致道之所遂遊番至餘干夜宿老嫗家問曰此何地也嫗曰吳鳳岡結茅居之年百三十吳猛許遜張氳禱洪郭璞之徒每來相過猛獨師事之晉義熙戊申年百七十矣八月十五日命諸徒送之南嶺騰雲而去

焦先

按魏志管甯傳注時有隱者焦先河東人也魏略曰先字孝然中平末白波賊起時先年二十餘與同郡侯武陽相隨武陽年少有母先與相扶接避白波東客揚州取婦建安初來西還武陽詣大陽占戶先留陝界至十六年關中亂先失家屬獨竄於河渚間食草飲水無衣履時太陽長朱南望見之謂爲亡士欲遣船捕取武陽語縣此狂癡人耳遂注其籍給廩日五升後有疫病人多死者縣常

[illegible]兒[illegible]子皆嗤易之然其行不踐邪徑必循阡陌及其捃拾不取大穗饑不苟食寒不苟衣結草以為裳科頭徒跣每出見婦人則隱翳須去乃出自作一爪牛廬淨掃其中營木為牀布草蓐其上至天寒時構火以自炙呻吟獨語饑則出為人客作飽食而已不取其直又出於道中邂逅與人相遇輒下道藏匿或問其故常言草茅之人與狐兔同羣不肯妄語太和青龍中嘗持一杖南渡淺河水輒獨云未可也由是人頗疑其不狂至嘉平中太守賈穆初之官故過其廬先見穆再拜穆與語不應與食不食穆謂之曰國家使我來為卿作君我食卿卿不肯食我與卿語卿不應我如是我不中為卿作君當去耳先乃曰寍有是邪遂不復語其明年大發卒將伐吳有竊問先今討吳何如先不肯應而謬歌曰祝衂祝衂非魚非肉更相追逐本心為當殺牂羊更殺其羖䍽耶郡人不知其謂會諸軍敗好事者乃推其意疑牂羊謂吳羖䍽謂魏於是後人僉謂之隱者也議郎河東董經特嘉異節與先本故人密往觀之經到乃奮其白鬚為如與之有舊者謂曰阿先闊乎念共避白波時不先熟視而不言經素知其昔受武陽恩因復曰念武陽不耶先乃曰已報之矣經又復挑欲與語遂不肯復應後歲餘病亡時年八十九矣　高士傳曰世莫知先所出或言生乎漢末自陝居大

陽無父母兄弟妻子見漢室衰乃自絕不言及魏受禪嘗結草爲廬於河之湄獨止其中冬夏恒不著衣臥不設席又無草蓐以身親土其體垢汚皆如泥漆五形盡露不行人間或數日一食欲食則爲人賃作人以衣衣之乃使限功受直足得一食輒去人欲多與終不肯取亦有數日不食時行不由邪徑目不與女子逆視口未嘗言雖有驚急不與人語遺以食物皆不受河東太守杜恕嘗以衣服迎見而不與語司馬景王聞而使安定太守董經因事過視又不肯語經以爲大賢其後野火燒其廬先因露寢遭冬雪大至先袒臥不移人以爲死就視如故不以爲病人莫能審其意度年可百歲餘乃卒或問皇甫謐曰焦先何人曰吾不足以知之也考之於表可略而言矣夫世之所常趣者榮味也形之所不可釋者衣裳也身之所不可離者室宅也口之所不能已者言語也心之所不可絕者親戚也今焦先棄榮味釋衣服離室宅絕親戚閉口不言曠然以天地爲棟宇闇然合至道之前出羣形之表入元寂之幽一世之人不足以挂其意四海之廣不能以回其顧妙乎與夫三皇之先者同矣結繩已來未及其至也豈羣言之所能髣髴常心之所得測量哉彼行人所不能行堪人所不能堪犯寒暑不以傷其性居曠野不以恐其形遭驚急不以迫其慮離榮愛不以累其心捐視

聽不以汙其耳目合足於不損之地居身於獨立之處延年歷百壽越期頤雖上識不能尙也自羲皇以來一人而已矣魏氏春秋曰故梁州刺史耿黼以先爲仙人也北地傅元謂之性同禽獸並爲之傳而莫能測之　按神仙傳焦先者字孝然河東人也年一百七十歲常食白石以分與人熟煮如芋食之日日入山伐薪以施人先自村頭一家起周而復始負薪以置人門外人見之鋪席與坐爲設食先便坐亦不與人語負薪來如不見人便私置於門閭便去連年如此及魏受禪居河之湄結草爲庵獨止其中不設牀席以草褥襯坐其身垢汚濁如泥潦或數日一食行不由徑不與女人交游衣弊則賣薪以買故衣著之冬夏單衣太守董經因往視之又不肯語經益以爲賢後遭野火燒其庵人往視之見先危坐庵下不動火過庵燼先方徐徐而起衣物悉不焦灼又更作庵天忽大雪人屋多壞先庵倒人往不見所在恐已凍死乃共拆庵求之見先熟臥於雪下顏色赫然氣息休休如盛暑醉臥之狀人知其異多欲從學道先曰我無道也或忽老忽少如此二百餘歲後與人別去不知所適所請者竟不得一言也

王表

按廣信府志王表貴溪人漢元康初修煉於巖中久之感太極眞人降授以三五飛步之訣魏明帝太和二年正月七日上昇香霧集空下聞仙樂所遺藥池丹井飛昇臺見存世名其巖曰王表巖

郝姑

按畿輔通志郝姑字女君本太原人徙居莫縣魏青龍間與鄰女十人於滱洩水邊挑蔬忽有三青衣童子至女君前云東海公娶女君爲婦言訖敷茵褥於水上行坐往來有如陸地其青衣童子便在侍側沿流而下鄰女走告之家人往看莫能得也女君遙語幸得爲水仙願勿憂怖仍云每至四月送刀魚爲信至今四月多刀魚鄉人每到四月祈禱州縣長吏入女君祠先拜然後得入於祠前忽生青白石一塊縱橫可三尺高二尺餘有舊題云此是姑夫上馬石尚存焉

王暉

按陝西通志王暉魏時人白羊公子弟子居華嶽熊牢嶺常種黃精溪側虎爲之耕豹爲之耘出入亦乘虎豹餌黃精蒼朮後以道術傳王法沖尸解而去嘗著祕訣人莫能曉

趙廣信

按紹興府志趙廣信陽城人魏末渡江入剡小山受李法成服氣法又受師左軍守元中之道內見五臟徹視法如此七八十年周旋郡國或賣藥出入人間人莫知也多來都下市井作九華丹傳云丹成遂乘雲駕龍白日登天

吳　干吉

按洞仙傳干吉者瑯琊人也其父祖世有道術不殺生命吉精苦有踰於昔入常遊於曲陽流水上得神書百餘卷皆赤界白素青首朱目號曰太平青籙書孫策平江東進襲會稽見士民皆呼吉為干郎事之如神策招吉為客在軍中將士多疫病請吉水歎漱輒差策將兵數萬人欲迎獻帝討曹公使吉占風色每有神驗將士咸崇仰吉且先拜吉後朝策見將士多在吉所因怒曰吾不如干君耶乃收吉責數吉曰天久旱水道不通君不同人變安坐船中作鬼態束吾將士敗吾部曲今當相除即縛吉暴使請雨若能感天今日中大雨者當相原不爾加誅俄而雲興雨霪致中漂沒將士共賀吉策遂殺之將士涕泣收葬明旦往視失尸策大愴恨從此常見吉在其前後策尋為許貢伏客所傷照鏡見吉在鏡中因掊鏡大叫胷創裂而死世中猶有事干君道者

葛元

按神仙傳葛元字孝先從左元放受九丹金液仙經未及合作常服餌朮尤長於治病鬼魅皆見形或遣或殺能絕穀連年不飢能積薪烈火而坐其上薪盡而衣冠不灼飲酒一斛便入深泉澗中臥酒解乃出身不濡濕元備覽五經又好談論好事少年數十人從元游學嘗舟行見器中藏書札符數十枚因問此符之驗能為何事可得見否元曰符亦何所為乎卽取一符投江中逆流而上曰何如客曰異矣又取一符投江中停立不動須臾下符上上符下二符合一處元乃取之又江邊有一洗衣女元謂諸少年曰吾為卿等走此女何如客曰善乃投一符於水中女便驚走數里許不止元曰可以使止矣復以一符投水中女卽止還人問女何怖而走答曰吾自不知何故也元嘗過主人主人病祭祀道精人而使元飲酒精人言語不遜元大怒曰奸鬼敢爾敕五伯曳精人縛柱鞭脊卽見如有人牽精人出者至庭抱柱解衣投地但聞鞭聲血出淋漓精人故作鬼語乞命元曰赦汝死罪汝能令主人病愈否精人曰能元曰與汝三日期病者不愈當治汝精人乃見放元嘗行過廟此神常使往來之人未至百步乃下騎乘中有大樹數十株上有羣鳥莫敢犯之元乘車過不下須臾

有大風廻逐元車塵埃漫天從者皆辟易元乃大怒曰小邪敢爾卽舉手止風風便止元還以符投廟中樹上鳥皆墮地而死後數日廟樹盛夏皆枯尋廟屋火起焚燒悉盡元見賣魚者在水邊元謂魚主曰欲煩此魚至河伯處可乎魚人曰魚巳死矣何能爲元曰無苦也乃以魚與元元以丹書紙置魚腹擲魚水中俄頃魚還躍上岸吐墨書青色如大葉而飛去元嘗有賓後來者出迎之坐上又有一元與客語迎送亦然時天寒元謂客曰貧居不能人人得爐火請作火共使得煖元因張口吐氣赫然火出須臾滿屋客盡得如在日中亦不甚熱諸書生請元作可以戲者元時患熱方仰臥使人以粉粉身未及結衣答曰熱甚不能起作戲元因徐徐以腹揩屋棟數十過還復牀上及下冉冉如雲氣腹粉著屋棟連日尙在元方與客對食食畢漱口口中飯盡成大蜂數百頭飛行作聲良久張口羣蜂還飛入口中元嚼之故是飯也元手拍牀蝦蟆及諸蟲飛鳥燕雀魚鼈之屬使之舞皆應絃節如人元止之卽止元冬中能爲客設生瓜夏致冰雪又能取數十錢使人散投井中元徐徐以器於上呼錢出於是一一飛從井中出悉入器中元請客致酒無人傳杯杯自至人前或飲不盡杯亦不去畫流水卽爲逆流十丈許於時有一道士頗能治病從中國來欺人言我數百歲元知其誑

後會衆坐元謂所親曰欲知此公年否所親曰善忽有人從天上下舉座矚目良久集地著朱衣進賢冠入至此道士前曰天帝詔問公之定年幾許而欺誑百姓道士大怖下牀長跪答曰無狀實年七十三元因撫手大笑忽然失朱衣所在道士大慚遂不知所之臾大帝請元相見欲加榮位元不聽求去不得以客待之常共遊宴坐上見道間人民請雨帝曰百姓請雨安可得乎元曰易得耳即便書符著社中一時之間天地晦暝大雨流注中庭平地水尺餘帝曰水盈可使有魚乎元曰可復書符水中須臾有大魚百許頭亦各長一二尺走水中帝曰可食乎元曰可遂使取治之乃眞魚也常從帝行舟遇大風百官船無大小多濡沒元船亦淪失所在帝歎曰葛公有道亦不能免此乎乃登山四望使人鉤船船沒已經宿忽見元從水上來既至尚有酒色謝帝曰昨因侍從而伍子胥見彊牽過卒不得捨去煩勞至尊暴露水次元每行卒逢所親要於道間樹下折草刺樹以杯器盛之汁流如泉杯滿即止飲之皆如好酒又取土石草木以下酒入口皆是鹿脯其所刺樹以杯盛之杯至即汁出杯滿即止他人取之終不爲出也或有請元元意不欲往主人彊之不得已隨去行數百步元腹痛止而臥地須臾死舉頭頭斷舉四肢四肢斷更臭爛蟲生不可復近請之者遽走告元家

更見元故在堂上此人亦不敢言之走還向元死處巳失元尸所在與人俱行能令去地三四尺仍
並而步又元遊會稽有賈人從中國過神廟廟神使主簿教語賈人曰欲附一封書與葛公可爲致
之主簿因以函書擲賈人船頭如釘著不可取及達會稽卽以報元元自取之卽得語弟子張大言
曰吾爲天子所逗留不遑作大藥今當尸解八月十三日日中時當發至期元衣冠入室臥而氣絕
其色不變弟子燒香守之三日夜半忽大風起發屋折木聲如雷炬滅良久風止忽失元所在但見
委衣牀上帶無解者旦問鄰家鄰家人言了無大風風止在一宅籬落樹木皆敗折也　按天台
縣志元丹陽人字孝先洪之從祖嘗入赤城山學道後尸解而去爲太極左仙翁宋政和中封沖應
眞人　按浙江通志仙翁每飲酒醉輒入陂水中臥竟日乃出至富春西巖山向寺僧求地煉丹
丹成昇舉　按武進縣志葛元字孝先句容人自稱葛仙翁常隱馬跡山學道修煉山有雲居道
院卽元故丹室也今丹井尙存

張元化

按續文獻通考三國張元化葛元弟子常寓汝州一日召道士周元亨戒之曰吾化後無損吾軀旣

化元亨如命葬城北二里後二年汝卒戍蜀者逢元化於山峽間令持書與胡司馬周尋師卒返投書二人開緘乃元化親札謝二人葬之厚也遂率郡人發塚視之惟空棺有故履存焉宋政和時封沖妙先生

介象

按神仙傳介象者字元則會稽人也學通五經博覽百家之言能屬文後學道入東山善度世禁氣之術能於茅上燃火煮雞而不燋令一里內人家炊不熟雞犬三日不鳴不吠令一市人皆坐不能起隱形變化爲草木鳥獸聞有五丹經周旋天下尋求之不得其師乃入山精思冀遇神仙僵極臥石上有一虎往舐象額象寤見虎乃謂之曰天使汝來侍衛我汝且停若山神使汝試我卽疾去虎乃去象入山谷上有石子紫色光綵甚好大如雞子不可稱數乃取兩枚谷深不能前乃還於山中見一美女年十五六許顏色非常被服五綵蓋神仙也象乞長生之方女曰子可送手中物著故處乃可汝未應取此物吾故止待汝象送石還見女子在前處語象曰汝血食之氣未盡斷穀三年更來吾止此象歸斷穀三年復往見此女故在前處乃以還丹經一首授象告之曰得此便得仙勿復

他爲也乃辭歸象嘗往弟子駱廷雅舍帷下屏牀中有數生論左傳義不平象傍聞之不能忍乃忿然爲決書生知非常人密表薦於吳主象知之欲去曰恐官事拘束我耳廷雅固留吳王徵至武昌甚尊敬之稱爲介君詔令立宅供帳皆是綺繡遺黃金千鎰從象學隱形之術試還後宮出入闔闥莫有見者如此不一嘗爲吳主種瓜菜百菓皆立生可食吳主共論膾魚何者最美象曰鯔魚膾爲上吳主曰論近道魚耳此出海中安可得耶象曰可得乃令人於殿庭中作方埳汲水滿之并求鉤象起餌之垂綸於埳須臾果得鯔魚吳主驚喜問象可食不象曰故爲陛下取作生膾安敢取不可食之物乃使廚下切之吳主曰聞蜀使來得蜀薑作齏甚好恨爾時無此象曰蜀薑豈不易得願差所使者可付直吳主指左右一人以錢五十付之象書一符以著青竹杖中使行人閉目騎杖杖止便買薑訖復閉目此人承言騎杖須臾止已至成都不知是何處問人知是蜀市乃買薑於時吳使張溫先在蜀既於市中相識甚驚便作書寄其家此人買薑畢捉書負薑騎杖閉目須臾已還吳廚下切膾適了象又能讀諸符文如讀書無誤謬者或不信之取諸雜符除其注以示象象皆一一別之其幻法種種變化不可勝數後告言病帝遣左右姬侍以美梨一奩賜象象食之須臾便死帝埋

葬之至以日中時死晡時已至建業所賜梨付苑吏種之吏後以表聞吳主卽發棺視之唯一符耳帝思之與立廟時時躬往祭之常有白鶴來集座上遲迴復去後弟子見在蓋竹山中顏色轉少

按香案牘象入東嶽受禁制之術能令一市人皆坐不起有客種黍山中患羣猴揉食之乞辟猴法象告汝見猴羣第語之吾已告介君介君教汝莫食明日客試以象言語猴猴果連臂投林而去

按武昌府志吳介象會稽人有諸方術孫權聞之徵象到武昌甚敬異之

## 虞翁生

按紹興府志虞翁生會稽人受仙人介君食日精法以大帝時隱狼伍山兼行雲氣回形之道精思積久形體更少如童子後人見其乘雲上天

## 介琰

按搜神記介琰者不知何許人也住建安方山從其師白羊公杜受元一無爲之道能變化隱形嘗往來東海暫過秣陵與吳主相聞吳主留琰乃爲琰架宮廟一日之中數遣人往問起居琰或爲童子或爲老翁無所食啗不受餉遺吳主欲學其術琰以吳主多內御積月不教吳主怒敕縛琰著甲

士引弩射之弩發而繩縛猶存不知琰之所之

杜契

按洞仙傳杜契字廣平京兆人也建安初渡江依孫策後孫權用為立信校尉黃武二年學道師介琰受黃白術久久能隱形遁跡後居茅山之東時與弟子採伐貨易山塲市里而人不能知之數入洞中得仙

孫寒華

按墉城集仙錄孫寒華者吳人孫奚之女也師杜契受元白之要顏容日少周旋吳越諸山十餘年乃得仙道而去

槲衣仙

按處州府志槲衣仙龍泉人結廬於鳳山之巔持守雌抱一之道童顏黑髮不御飲食人或問其壽幾何但答曰八十歲也種種有異術赤烏中坐宮前桃樹上俄祥雲四合天樂鳴空遂飛昇其廬址尚存

董奉

按神仙傳董奉者字君異侯官人也吳先主時有少年爲奉本縣長見奉年四十餘不知其道罷官去後五十餘年復爲他職行經侯官諸故吏人皆老而奉顏貌一如往日問言君得道耶吾昔見君如此吾今已皓首而君轉少何也奉曰偶然耳又杜燮爲交州刺史得毒病死死已三日奉時在彼乃往與藥三丸內在口中以水灌之使人捧舉其頭搖而消之須臾手足似動顏色漸還半日乃能起坐後四日乃能語云死時奄忽如夢見有十數烏衣人來收燮上車去入大赤門徑以付獄中獄各一戶戶纔容一人以燮內一戶中乃以土從外封塞之不復見外光忽聞戶外人言云太乙遣使來召杜燮又聞除其戶土良久引出見有車馬赤蓋三人共坐車上一人持節呼燮上車將還至門而覺燮遂活因起謝曰甚蒙大恩何以報効乃爲奉起樓於庭中奉不食他物唯啖脯棗飲少酒燮一日三度設之奉每來飲食或如飛鳥騰空來坐食了飛去人每不覺如是一年餘辭燮去燮涕泣留之不住燮問欲何所之莫要大船否奉曰不要船唯要一棺器耳燮即爲具之至明日日中時奉死燮以其棺殯埋之七日後有人從容昌來奉見囑云爲謝燮好自愛理燮聞之乃啟殯發棺視之

唯存一帛一面畫作人形一面丹書作符後還豫章廬山下居有一人中癘疾垂死載以詣奉叩頭求哀奉乃使病人坐一房中以五重布巾蓋之使勿動病者云初聞一物來舐身痛不可忍無處不匝量此舌廣一尺許氣息如牛不知何物也良久物去奉乃往池中以水浴之遣去告云不久當愈勿當風十數日病者身赤無皮甚痛得水浴痛卽止二十日皮生卽愈身如凝脂後忽大旱縣令丁士彥議曰聞董君有道當能致雨乃自齎酒脯見奉陳大旱之意奉曰雨易得耳因視屋曰貧道屋皆見天恐雨至何堪令解其意曰先生但致雨當爲立架好屋明日士彥自將人吏百餘輩運竹木起屋立成方聚土作泥擬數里取水奉曰不須爾暮當大雨至暮卽大雨高下皆平萬民大悅奉居山不種田日爲人治病亦不取錢重病愈者使栽杏五株輕者一株如此數年計得十萬餘株鬱然成林乃使山中百禽羣獸游戲其下卒不生草常如芸治也後杏子大熟於林中作一草倉示時人曰欲買杏者不須報奉但將穀一器置倉中卽自往取一器杏去常有人置穀來少而取杏去多者林中羣虎出吼逐之大怖急挈杏走路傍傾覆至家量杏一如穀多少或有人偷杏者虎逐之到家嚙至死家人知其偷杏乃送還奉叩頭謝過乃却使活奉每年貨杏得穀旋以賑救貧乏供給行旅

不逮者歲二萬餘斛縣令有女爲精邪所魅醫療不效乃投奉治之若得女愈當以侍巾櫛奉然之卽召得一白鼉長數丈陸行詣病者門奉使侍者斬之女病卽愈奉遂納女爲妻久無兒息奉每出行妻不能獨住乃乞一女養之年十餘歲奉一日竦身入雲中去妻與女猶存其宅賣杏取給有欺之者虎還逐之奉在人間三百餘年乃去顏狀如三十時人也

帛和

按神仙傳帛和字仲理遼東人也入地肺山事董奉奉以行氣服朮法授之告和曰吾道盡此不能得神丹金砂周遊天下無山不往汝今少壯廣求索之和乃到西城山事王君王君語和大道訣曰此山石室中當熟視北壁當見壁有文字則得道矣視壁三年方見文字乃古人之所刻太清中經神丹方及三皇天文大字五嶽眞形圖皆著石壁和諷誦萬言義有所不解王君乃授之訣後入林慮山爲地仙林慮一名隆慮其山南連大行北接恆嶽有仙人樓高五十丈

姚光

按洞仙傳姚光者不知何許人也得神丹之道能分形散影坐在立亡火之不焦刃之不傷吳主身

臨試之積荻數千束令光坐荻千束中褁十餘重火焚之烟焰翳日觀者盈都咸謂光爲煨燼矣火息後見光從灰中振衣而起神容晏如也手把一卷書吳主讀不能解後不知所之

## 徐光

按搜神記吳時有徐光者嘗行術於市里從人乞瓜其主勿與便從索瓣杖地種之俄而瓜生蔓延生花結實乃取食之因賜觀者鬻者反視所出賣皆亡耗矣凡言水旱甚驗過大將軍孫綝門褰裳而趨左右唾踐或問其故荅曰流血臭腥不可耐綝聞惡而殺之斬其首無血及綝廢幼帝更立景帝將拜陵上車有大風盪綝車車爲之傾見光在松樹上拊手指揮嗤笑之綝問侍從皆無見者俄而景帝誅綝

## 嚴青

按續文獻通考嚴青會稽人嘗於山中作炭忽神人授書一卷曰汝骨可長生幷教服石髓法青受之即見左右常有數十人侍之嘗夜行都巡呵問何人青亦呵問都巡叱從兵收之青亦叱從神錄之青徑去而都巡等人馬不能動明日鄉人曰必嚴公也報其家往謝青乃放去青後辟穀一年仙

去

按紹興府志巖青會稽人遇神人授素書一卷曰汝骨應得長生青言我不識書當奈何神人曰不須讀也但以潔器盛之置高處耳幷教服石髓法受之無他佳器惟有飲甌乃用以盛所授書即便見其左右常有數十人侍之治病救患但以所授書到其人家所病便愈百姓尊奉之後斷穀不食一年入小霍山仙矣

陳惲

按浙江通志吳陳惲字子厚桐廬人富陽侯頊之子也仕至黃門侍郎征寇將軍封餘杭侯惲有仙術能興水工嘗於餘杭一夕築九里塘不假人力而成今桐廬南北二鄉多陳侯公廟即惲也

朱孺子

按續仙傳朱孺子永嘉安固人也幼而師道士王元眞居大箬巖勤苦事於元眞深慕仙道常登山嶺採黃精服餌歷十餘年一日就溪濯蔬見岸側二小花犬孺子異之乃尋逐入枸杞叢下歸告元眞訝之遂與孺子俱往伺之復見二犬戲躍逼之又入枸杞下元眞與孺子共尋掘乃得二枸杞根形狀如花犬堅若石髓挈歸以煮之而孺子益薪看火三日晝夜不離竈側試嘗汁味取喫不已及

見根爛以告元眞共取食之俄頃孺子忽飛昇在前峯上元眞驚異久之孺子謝別元眞昇雲而去到今俗呼其峯為童子峯元眞後餌其根盡不知其年壽亦隱於巖之西陶山有採捕者時或見之

按溫州府志孺子吳未居大箬巖服菊花及餌黃精後遇西歸子於山中授以要言

卷終

# 神異典第二百三十五卷

## 神仙部列傳十二

晉一　鮑靚

按晉書本傳靚字太元東海人也年五歲語父母云本是曲陽李家兒九歲墜井死其父母尋訪得李氏推問皆符驗靚學兼內外明天文河洛書術還南陽中部都尉爲南海太守嘗行部入海遇風饑甚取白石煮食之以自濟王機時爲廣州刺史入厠忽見二人著烏衣與機相捍良久擒之得二物似烏鴨靚曰此物不祥機焚之徑飛上天機尋誅死靚嘗見仙人陰君授道訣百餘歲卒　按雲笈七籤靚字太元陳留人少有密鑒洞於幽元深心冥肆人莫之知按洞天記云靚及妹並是先身七世祖李湛張慮者俱杜陵北鄉人同在渭橋爲客舍居積行陰德好道希生故福逮於靚等使易世變煉改氏更生合爲天倫根冑雖異德廕並同靚學明經術緯候師左元放受中部法及三皇五嶽劾召之要行之神驗能役使鬼神封山制魔嘗太興元年靚暫往江東於蔣山北道見一人年可十六七許好顏色俱行數里此人徐徐動足靚奔馬緩及已漸遠因問曰相觀行步似有道者此

人曰吾仙人陰長生也太上使到赤城君有心故得遇我爾靚卽下馬拜問寒温未及有所陳陰君曰此地復十年當交兵流血計至蘇峻亂足十年也君慕道久矣吾相見當得度世爾仙法云得仙者尸解爲妙上尸解用刀下尸解用竹木皆以神丹染筆書太上太元陰生符於刀刃左右須臾便滅所書者面目死於牀上矣其眞身遁去勿復還家家人謂刀是其人也用竹木如刀之法陰君乃傳靚此道又與靚論晉室修短之期皆演一爲十廣十爲百以表元帝託云推步所知不言見陰君所說是陰君戒其然也　按續文獻通考靚陳留人仕漢爲南海太守嘗遇陰長生授道訣一日行部入海遇風饑甚取白石煮食之又與葛洪善以女妻洪靚還丹陽卒葬石子岡後蘇峻之亂盜發其棺無屍惟大刀一柄盜欲取之聞左右兵馬聲刀亦有聲如雷乃止東海徐寧嘗師之夜聞琴聲甚妙問焉曰嵇叔夜寧曰嵇畢命東市何得在此曰叔夜雖刑終而實尸解　按香案牘靚與葛稚川善每來門無車馬獨雙燕往還或怪而網之則雙履也　按武進縣志靚晉陵人晉武皇帝時官至南海太守少好仙道以元康二年三月二日登嵩高山入石室清齋忽見古三皇文皆刻石爲字爾時未有師靚乃依法以四百尺絹自盟而受後傳葛稚川枝孕相傳以至於今

李盤白

按江寧府志盤白溧陽人西晉初築室高遂山之西陲煉丹丹成以九井藏之得玉苗芝一本類白蓮花養一虎飼以藥苗清水不血食謂之仁虎峰頂作一亭名會仙白鬚皤然而紺髮盤頂因以盤白爲號或曰名盤柏云

鄭思遠

按洞仙傳鄭思遠少爲書生善律曆候緯晚師葛孝先受正一法文三皇內文五嶽眞形圖太清金液經洞元五符入廬江馬迹山居仁及鳥獸所住山虎生二子山下人格得虎母虎父驚逸虎子未能得食思遠見之將還山舍養飼虎父尋還又依思遠思遠每出行乘騎虎父二虎子負經書衣藥以從時於永康橫江橋逢相識許隱且暖藥酒虎即拾柴然火隱患齒痛從思遠求虎鬚欲及熱插齒間得愈思遠爲拔之虎伏不動

孫登

按晉書本傳登字公和汲郡共人也無家屬於郡北山爲土窟居之夏則編草爲裳冬則被髮自覆

好讀易撫一弦琴見者皆親樂之性無恚怒人或投諸水中欲觀其怒登既出便大笑時時遊人間所經家或設衣食者一無所受辭去皆捨棄嘗往宜陽山有作炭人見之知非常人與語登亦不應文帝聞之使阮籍往觀既見與語亦不應嵇康又從之游三年問其所圖終不答康每歎息將別謂曰先生竟無言乎登乃曰子識火乎火生而有光而不用其光果在於用光人生而有才而不用其才果在於用才故用光在乎得薪所以保其耀用才在乎識眞所以全其年今子才多識寡難乎免於今之世矣子無求乎康不能用果遭非命乃作幽憤詩曰昔慙柳下今愧孫登或謂登以魏晉去就易生嫌疑故或嘿者也竟不知所終

按神仙傳孫登者不知何許人也恒止山間穴地而坐彈琴讀易冬夏單衣天大寒人視之輒被髮自覆身髮長丈餘又雅容非常歷世見之顏色如故市中乞得錢物轉與貧下更無餘資亦不見食時楊駿為太傅使傳迎之問訊不答駿遺以一布袍亦受之出門就人借刀斷袍上下異處置於駿門下又復斫碎之時人謂為狂後乃知駿當誅斬故為其象也駿錄之不放去登乃卒死駿給棺埋之於振橋後數日有人見登在董馬坡因寄書與洛下故人嵇叔夜有遁世之志嘗詣登登不與語叔夜乃扣難之而登彈琴自若久之叔夜退登曰少年

才優而識寡劣於保身其能免乎俄而叔夜竟陷大辟叔夜善彈琴於是登彈一絃之琴以成音曲叔夜乃歎息絕思也

周太賓　姜叔茂

按洞仙傳周太賓巴陵侯姜叔茂者並不知何許人也學道在句曲山種五果五菜貨之以市丹砂今姜巴地多韭薤即其種耶二人並得仙叔茂嘗作書於太極宮僚云昔學道於鬼谷得道於少室養翮於華陽矜舉於逸域時乘飆車宴於句曲太賓善鼓琴彈獨絃而八音自和以教麋長生孫廣田廣田即登也二人後皆得道爾

丁義

按瑞州府志丁義高安人精醫道以神方授吳猛今瑞州崇元觀乃丁眞君女秀英煉丹之所火石猶存其後秀英白日昇仙去人葬其遺衣於觀北至今呼為仙女塔

吳猛

按晉書本傳猛豫章人也少有孝行夏日常手不驅蚊懼其去已而噬親也年四十邑人丁義始授

其神方因還豫章江波甚急猛不假舟楫以白羽扇畫水而渡觀者異之庾亮爲江州刺史嘗遇疾聞猛神異乃迎之問已疾何如猛辭以算盡請具棺服猛旬日而死形狀如生未及大斂遂失其尸識者以爲亮不祥之徵亮疾果不起　按搜神記吳猛濮陽人仕吳爲西安令因家分寧性至孝遇至人丁義授以神方又得祕法神符道術大行嘗見大風書符擲屋上有青烏銜去風卽止或問其故曰南湖有舟遇此風道士求救驗之果然西安令于慶死已三日猛曰數未盡當訴之於天遂臥尸傍數日與令俱起後將弟子回豫章江水大急人不得渡猛乃以手中白羽扇畫江水橫流遂成陸路徐行而過過訖水復觀者駭異嘗守潯陽參軍周家有狂風暴起猛卽書符擲屋上須臾風靜　按搜神後記吳舍人名猛字世雲有道術同縣鄒惠政迎猛夜於家中庭燒香忽有虎來抱政兒超籬去猛語云無所苦須臾當還虎去數十步忽然復送兒歸政遂精進乞爲道士猛性至孝小兒時在父母傍臥時夏日多蚊蟲而終不搖扇同宿人覺問其故答云懼蚊䖟去嚙我父母爾及父母終行服墓次蜀賊縱暴焚燒邑屋發掘墳隴民人迸竄猛在墓側號慟不去賊爲之感愴遂不犯　按異苑吳猛還豫章附載客船一宿行千里同行客視船下有兩龍載之船不著水　按

水經注尋陽記曰廬山上有三石梁長數十丈廣不盈尺杳然無底吳猛將弟子登山過此梁見一翁坐桂樹下以玉杯承甘露漿與猛又至一處見數人為猛設玉膏猛弟子竊一寶欲以來示世人梁即化如指猛使送寶還手牽弟子令閉眼相引而過

按雲笈七籤吳猛字世雲豫章人也性至孝小兒時在父母膝下無驕慢色後得道海昏上僚路有大蛇時或斷道以氣吞吸行人行旅為絕猛與弟子往除蛇害蛇乃藏入深穴猛勅南昌社公追蛇蛇頭高數丈猛蹈蛇尾汾背而以足按頭弟子斫殺之猛云此蛇是蜀精蛇死則杜毅滅矣果如言將軍王敦迎猛道過宮亭廟神具官僚迎猛猛曰汝神王已盡不宜久居非據我不相問也神乃去至蜀見敦時多疫病猛標浦水百步飲者皆愈日中請水者將千人敦惡之於座收猛奄然失去大相檢覓猛恐坐者多乃徐步於萬人之中還船天地冥合乘風迅逝一宿至家弟子見兩龍負船眼如甕大猛云敦踐人君之位命終此稔其年敦死徐太尉庾亮迎猛至武昌便歸自言算盡未至家五十里亡殯後疑化弟開棺不見其尸

按南昌郡乘吳猛字世雲新吳人過至人丁義復師南海太守鮑靚得祕法雲符遂以道術大行於世晉武帝時授術於許旌陽因同詣丹陽諶母受孝道明王之法諶母告猛吾見玉皇元譜許為

高明大使領仙籍君元都御史也旌偕旌陽斬大蛇於海昏永和間卽新吳浮雲山修煉旌陽上昇之歲猛亦於西平乘白鹿車與弟子四人冲虛而去所居有仙壇今號吳仙觀宋封神烈眞人

許眞君

按十二眞君傳許眞君名遜字敬之本汝南人也祖琰父肅世慕至道東晉尚書郎邈散騎常侍護軍長史穆皆眞君之族子也眞君弱冠師大洞君吳猛傳三清法要鄉舉孝廉拜蜀旌陽令尋以晉室棼亂棄官東歸因與吳君同遊江左會王敦作亂二君乃假爲符祝求謁於敦蓋將欲止敦之暴以存晉室也一日二君與郭璞同候於敦敦蓄怒以見之謂二君曰孤昨得一夢擬請先生圓之可乎眞君曰請大將軍具述敦曰孤夢將一木上破其天孤禪帝位果十全乎眞君曰此夢固非得吉敦曰請問其說吳君曰木上破天是未字也明公未可妄動晉祚固未衰耳王敦怒因令郭璞筮之卦成景純曰無成又問其壽璞曰明公若起事禍將不久若住武昌壽不可測敦大怒又問曰卿壽幾何璞曰余壽盡今日敦怒令武士執璞出將赴刑焉是時二眞君方與敦飲酒許君擲杯梁上飛遶梁間敦等舉目看杯許君坐中隱身於是南出晉關抵廬江口因召船師載往鍾陵是時船師曰

我雖有此船且無人力乘駕無由載君二君曰汝但以船載我我當自與行船仍謂船師曰汝宜入船閉門深隱若聞船行疾速不得輒有潛窺於是騰舟離水淩空入雲二君談論端坐頃刻之間已抵廬山金闕洞之西北紫霄峰頂二君意欲暫過洞中龍行既抵其船拽撥林木戛剌鏗然其聲異常舟師不免偷目潛窺二龍知人見之峯頂委舟而去二君謂船師曰汝違吾教驚觸二龍棄此船巖仞峯頂吾緣貪與衆眞除盪妖害暫須離此遊涉江湖汝既失船徒返人世汝可隱此紫霄峯上遊覽匡廬示之以服餌靈草之門指之以遁跡地仙之術由是舟師之船底遺跡尚存後于豫章遇一少年容儀修整自稱愼郎許君與之談話知非人類指顧之間少年告去眞君謂門人曰適來年少乃是蛟蜃之精吾念江西累爲洪水所害若非剪戮恐致逃遁蜃精知眞君識之潛于龍沙洲北化爲黃牛眞君以道眼遙覩謂弟子施大王曰彼之精怪化作黃牛我今化其身爲黑牛仍以手巾掛膊將以認之汝見牛奔鬬當以劍截彼眞君乃化身而去俄頃果見黑牛奔趂黃牛而來大王以劍揮牛中其左股因投入城西井中許君所化黑牛趂後亦入井內其蜃精復從此井奔走徑歸潭州却化爲人先是蜃精化爲美少年聰明爽儁而又富於寶貨知潭州刺史賈玉有女端麗欲求

貴壻以西之蜃精乃廣用財寶賂遺賈公親近遂獲爲伉儷焉自後與妻於衙署後院而居每至春夏之間常求旅遊江湖歸則珍寶財貨數逾萬計賈使君之親姻僮僕莫不賴之而成豪富至是蜃精一身空歸且云被盜所傷舉家歎惋之際典客者報云有道流姓許字敬之求見使君賈公遽見之眞君謂賈公曰聞君有貴壻略請見之賈公乃命愼郎出與道流相見愼郎怖畏託疾潛藏眞君厲聲而言曰此是江湖害物蛟蜃老魅焉敢遁形於是蜃精復變本形宛轉堂下尋爲吏兵所殺眞君又令將其二子出以水噀之卽化爲小蜃妻賈氏幾欲變身父母懇眞君遂與神符救療仍令穿其宅下丈餘已旁亙無際矣眞君謂賈玉曰汝家骨肉幾爲魚鼈也今須速移不得暫停賈玉倉皇徙居俄頃之間官舍崩沒白浪騰涌卽今舊跡宛然在焉眞君以東晉孝武帝太康二年八月一日於洪州西山舉家四十二口拔宅上昇而去唯有石函藥臼各一所車轂一具與眞君所御錦帳復自雲中墮於故宅鄉人因於其地置遊帷觀焉　按酉陽雜俎晉許旌陽與吳猛弟子也當時江東多蛇禍猛將除之選徒百餘人至高安令具炭百斤乃度尺而斷之寘諸壇上一夕悉化爲玉女惑其徒至曉吳猛悉命弟子無不涅其衣者唯許君獨無乃與許至遼江及遇巨蛇吳年衰力不能制

許遜爲步勅劍發其首斬之　按雲笈七籤許遜字敬之南昌人也少以射獵爲業一日入山射鹿鹿胎從弩箭瘡中出墮地鹿母舐其子未竟而死遜愴然感悟折弩而歸聞豫章有孝道之士吳猛學道能通靈達聖歎我緣薄未得識之於是旦夕遙禮拜猛久而彌勤猛已鑒其心昇仙去時語其子云吾去後東南方有人姓許名遜應來弔汝汝當重看之可以眞符授也至時遜果來弔其子以父命將眞符傳遜遜奉修眞感有逾於猛　洪州遊帷觀有二鐘一是觀司特勅所鑄一是許眞君修行鐘歷代傳之在眞君殿稍小於觀鐘爾節度使嚴譔創置節制威令風行繁重絀徒長老增修其院長老欲取許眞君鐘嚴令官吏取而授之道士皆不敢論其曲直取鐘之日雷風震擊是時大設齋筵費用極廣風雨暴至曾不施張頃刻水溢數尺及扣其鐘如擊土木並無音響長老謂嚴曰此州道士例多妖法必是禁鐘使無聲爾嚴怒捕諸道士所在禁繫責其邪幻將加重法官吏畏威無敢諫者嚴忽沉然思寐夢見許眞君與二從者來至其前謂嚴曰無知無道彊取我鐘又加法於道士若不送鐘還觀禮謝大道令侍者斷其頭來卽見授劍於侍者嚴驚覺汗流而侍者持劍髣髴在其前遽釋諸道士送鐘還觀自詣遊帷焚香致謝廻顧見持劍侍者謂之曰汝爲不道加害於

人上帝所責斷頭之事恐將不免言訖而去不久以開江事敗斷䫜而死　按香案牘遜爲蜀旌陽令既歸父老送之如雲有不返者乃於宅東隙地結茅以居狀如營壘多改氏族以從許姓號許家營

諶母　附孝道明王

按墉城集仙錄嬰母者姓諶氏字曰嬰不知何許人也西晉之時丹陽郡黃堂觀居焉潛修至道時人自童幼逮衰老見之顏狀無改衆號爲嬰母因入吳市見一童子可年十四五前拜於母云合爲母兒母曰年少自何而來拜吾爲母既非其類不合大道童子乃去月餘又吳市逢有三歲孩子悲啼呼叫倏遇母執母衣裾曰我母何來母哀而收育之迺於所生既長明穎孝敬異於常人冠歲以來風神挺邁所居常有異雲氣光景髣髴時說蓬萊閬苑之事母異之謂曰吾與汝嘗此相因汝以何爲號也子曰昔蒙天眞盟授靈章錫以名品約爲孝道明王今宜稱而呼之矣遂告母修眞之訣曰每須高處元臺疎絕異藂修閒丘阜餌順陽和靜夷元圖委鑒前非無英公子黃老玉書大洞眞經谿落七元太上隱元之道可致晏息以流霞之障瞻眄乎文昌之臺得此道者九鳳齊唱天籟駭

[illegible]煉身御節入景浮空龍車虎旗遊遍八方矣母宜寶之一旦孝道明王漠然隱去母密修道法積數十年人莫知也其後吳猛許遜自高陽南遊詣母請傳所得之道因盟而授之孝道之法遂行江表閑日每告二子曰世雲昔爲遜師今玉皇元譜之中猛爲御史而遜爲高明大使總領仙籍五品已遷又所生十二辰配十二國之分野遜領元枵之野於辰爲子猛統星紀之邦於辰爲丑許當居吳之上以從仙階之等降也又數年有雲龍之駕千乘萬騎來迎母白日昇天今洪州高安縣東四十里有黃堂壇卽許君立祠朝拜聖母之所其昇天事跡在丹陽郡中後避唐宣宗廟諱鍾陵祠號爲諶母其孝道之法與靈寶小異豫章人世世行之　按鎭江府志諶母九江人其字曰嬰常居金陵丹陽郡之黃堂潛修至道忘其甲子耆老累世見其齒髮不變容貌常少至西晉末許眞君遜吳眞君猛遠詣丹陽來受道法母出銅符鐵券金丹寶經幷正一斬邪法三五飛步之術諸祕妙訣悉以傳付因取香茅南望擲之曰子歸認茅落處立吾祠語訖忽有雲龍之駕來迎淩空而去今新建豐城二縣之界有黃堂觀髣髴丹陽壇祠乃許認茅之地也

## 蘭公

按十二眞君傳兗州曲阜縣高平鄉九原里有至人蘭公家族百餘口精專孝行感動乾坤忽有斗中眞人下降蘭公之舍自稱孝弟王云居日中爲仙王月中爲明王斗中爲孝弟王夫孝至於天日月爲之明孝至於地萬物爲之生孝至於民王道爲之成且其三才肇分始於三氣三氣者玉清三天也玉清境是元始太聖眞王治化也太清者元道流行虛無自然玉皇所治也吾於上清已下託化人間示陳孝弟之教後晋代當有眞仙許遜傳吾孝道之宗是爲衆仙之長因付蘭公至道秘旨於是蘭公獲斯妙訣穎悟眞機默辨往由顧知前事因與里人共出郊野忽覩古塚三所乃云此是古三仙解化之墳請民報官令移塚旁之路勿令人物踐踏吏乃訊於蘭公此言以何驗實公曰第一塚者昔有眞人骸骨今乃已得復形是爲地仙長生久視第二塚見有仙衣一副道經一函復有一人方如醉臥發之良久乃能話譚此以太陰鍊形鍊養眞氣耳第三塚有玉液丹服之白日便當沖舉於時官吏與蘭公對開三塚其所明驗一一並同蘭公乃詣塚間躬取仙衣挂體又取金丹服之招邀臥塚二眞人共登身輕舉官吏悔謝懇拜陳啟問蘭公何時下降公曰我自此每十日一至於斯更逾數年百日一降施行孝道宜準元科接濟樊籠符臻至道自爾與鄰十五童子丹陽三歲

靈孩洎于簡公並是仙之化現也所傳孝道之祕法別有寶經一帙金丹一合銅符鐵券得之者惟高明大使許眞君焉

鍾離嘉

按江西通志晉鍾離嘉字公陽南昌人許眞君妹子也少孤性簡淡眞君喜其有受道資乃教以神方後同日沖舉今新建丹陵觀是其故址

王長史

按江西通志晉王長史名朔方平裔孫居棲梧山許眞君常過其家授以修煉之術眞君飛昇時遺以香茅一根令植之久服可以長生今玉虛觀尚有仙茅遺種土人又云掘土可得丹椀大小不一狀長史又常遇仙女張麗英今黃岡有仙女塔

許大

按南昌郡乘許大者許眞君之僕也與妻運米於西嶺聞眞君飛昇卽奔馳而歸倉皇覆其車遺米於地米皆復生後人名其地爲生米鎭眞君以其分未應仙乃授以地仙之術夫婦歸隱西山

按香案牘許大爲眞君掃灑夫婦隱於西山不欲人識改姓曰午旋改曰干夫婦皆解詩許大詩云不是藏名混世俗賣柴沽酒且忘言妻續云兒家秪在西山裏除却白雲誰到門

干大

按南昌郡乘干大居豫章西山中無四時常持花不欲近人亦不與人語有少年好道往從之驅逐不去登山渡水必俱至一處臨水而坐干問曰頗渴否曰然出懷中物如棗與少年掬水食之須臾困寐及覺失干所在或曰卽許大

盱母

按墉城集仙錄盱母者豫章人也外混世俗而內修眞要常云我千年之前曾居西山世累稍息富歸眞于彼其子名烈字道微少喪父事母以孝聞家貧而營侍甘旨未嘗有闕鄉里推之西晉武帝時同郡吳猛許遜精修通感道化宣行居洪崖山築壇立靜猛既去世遜卽以寶符眞籙拯俗救民遠近宗之遜仕州爲記室後每朔望還家朝拜人或見其乘龍往來徑速如咫尺耳盱君淳篤忠厚遜委用之卽與母結草於遜宅東北八十餘步旦夕侍奉蓮愿恭肅未嘗有怠母常於山下採擷花

果以奉許君君惜其誠志常欲拯度之元慶二年壬子八月十五日太上命玉眞上公崔文子太元眞卿瑕丘仲册命徵拜許君為九州都仙大使高明主者白日昇天許謂道微及母曰我承太帝之命不得久留汝可後隨仙轝期于異日母子悲不自勝再拜告請願侍雲輦君許之卽賜靈藥服之躬稟眞訣于是午時從許君昇天今壇井存焉鄉人不敢華繕蓋盱君母子儉約故也世號為盱母井焉

盱烈

按南昌郡乘盱烈字道微豫章人晉武帝時許眞君授以道妙後從眞君同日昇天宋封烈和靖眞人

黃仁覽

按南昌郡乘黃仁覽字紫庭豫章人許眞君之壻傳授道術嘗為青州從事留妻事父母夜輒密還家父母疑之一日妻留仁覽所攜竹杖比明仁覽出拜父母曰仙道隱密不敢洩耳取竹杖擲之化為青龍乘之而去　按瑞州府志黃仁覽高安人輔之子也從許旌陽得道宋封為冲道眞君今

祥符觀是其故宅也

黃昌

按瑞州府志黃昌得仙道居高安今玉晨觀是其故宅或疑卽仁覽事而兩傳之

甘戰

按江西通志甘戰字伯武豐城人有孝行喜神僊術從許眞君遊眞君異其材品凡奧文祕訣悉命掌之誅蛟斬蛇無不從焉及眞君上昇戰歸豐城陳大建初乃駕麟車乘雲而去宅爲飛鸞觀宋封精行眞君

彭抗

按武進縣志彭抗字武陽蘭陵人仕晉爲尚書左丞密修仙業先是許眞君訪諶母於曲阿抗一見拜服遂師事之尋納女爲眞君子婦後致政挈家居豫章再詣眞君門下盡傳其道宋永初二年八月二十四日舉家白日昇天

施岑

按江西通志施岑字大玉沛郡人徙居九江雄偉多力弓劍絕倫許眞君初領徒誅海昏大蛇會鄉壯三百餘人岑與焉寧康初御蒼虬乘雲而去今西山至德觀即岑眺蛟臺

羅文佑

按歙縣志羅文佑南昌人父塘與許遜學道晉太康中文佑奉母諶之歙採藥黃山尋軒轅故跡既而結廬長春里居焉燒丹丹成乘白狼去里人祀之稱爲昊坎天尊其燒丹故地草木長青下有丹井母諶葬靈金山北麓按文佑鄂州家人而淳熙志不載遂以無聞前志莫爲拾遺以其家遺之爲信史也但世傳天尊可以推詳往跡衆所尸祝未易貶其誰徵審閱白沙碑中有羅天尊詩云萬里無片雲秋空一輪月影清碧潭寒上下兩澄澈泉湧土龍宮火炎丹鳳穴祥光徹底明金谷倘中截五氣混自然一珠從此結推動阿香車隱隱雷聲烈送我上崑崙中天光皎潔有能知應心何必問丹訣其碑在邑浦口莊定王祠左邊第七根石榴樹下詩雖率成不無靈氣爰爲傳附而并述其碑蓋若眞若似安陽之所略記蘭陵之所略錄非多愛也

洪施時眞君

按淮安府志洪施時眞君名衍字道陽安東縣人奉仙觀黃冠上士依棲許眞君道成能役使鬼神驅剪邪魅及許眞君冲昇日命執策前導

陳興明

按衡嶽志陳興明潁川人也訪眞跡於南嶽天柱峯遇二眞人年可十八九自云我歷行四海度有志之士以世人修道皆能專精中道而廢不能勤久何由擢形雲天飛冲霄衢乎汝之積功亦可嘉矣第勿退敗何慮不列名於金臺玉籍前苦後樂苦卽有極樂卽無窮何者林谷幽棲禽獸爲伍饑渴畢至寒暑辛勤割世辭榮離親捨愛可謂苦也壽同天地變化無方策空乘虛坐生羽翼可謂樂也得不勉於修勵乎興明拜首曰永佩聖言遂授明鏡元眞之道修之十八年二仙復降告之曰昔我授汝至道果能勤行今則登躡九天遊宴八海積功之報也前苦後樂惟子得之矣以晉泰始四年戊子三月初一日昇舉

鮑蓋

按寧波府志晉鮑蓋其先東漢鄮邑人也其父隱邑之青山無嗣日籲天以請其母晝寢夢呑日而

孕凡三歲當晉泰始三年九月十五日乃生祥光燭室遂名圓照後復名蓋容貌英偉美鬚髯樂善好施任俠尙氣節常爲縣吏俾奉牒入京留家酣飲踰月不行縣方詰責已而得報章毀之果上達妻方氏生一子絕肖蓋嘗射石沒鏃解海龍之戰愍帝建興四年七月十五日醉終於家後三十年夢告其子曰我當再生其啟我棺子以告母次夕方氏夢亦如之乃謀諸故老遂啟視之屍顏色如生衣服潤潔若朝夕常御者壙四角明燈爛然衆皆異焉已而祥雲下迎乘之上昇遠近傳聞莫不驚駭壙開得寶非金非石上有篆文曰東海之寶永和中穆帝遣使求之將納內藏褚太后曰此神物也遂封還且許立祠初廟于青山至唐聖曆中復廟于城中即今靈應廟是也俗稱爲大廟胡濙爲之碑具載廟下

## 梁盧

按羅浮山志梁盧者安定人嘗爲曹掾棄之行默朝三元法太淸眞人教以神丹使往名山擇明秀產靈物者丹乃可成盧因羅浮本出蓬島乃自會稽南行三千里至其山居觀源洞尋藥修煉丹成仙去

謝允

按和州志謝允字道通歷陽人少英毅歷任羅邑宰博覽羣書有遁世脫塵之志晉太康中表辭官詔許之遂西上武當至襄陽見一道士語曰吾師孟娀子諭我曰若有西來欲見我者可與俱來得無君乎因與俱至山覩先生坐於石上授以煉神沖虛之道於是結茅石室不數年得沖寂之妙能飛行絕壁自號曰謝羅僊後僊去莫知所之武當一名謝羅山

王遙

按神僊傳王遙者字伯遼鄱陽人也有妻無子頗能治病病無不愈者亦不祭祀不用符水針藥其行治病但以八尺布帊敷坐於地不飲不食須臾病愈便起去其有邪魅作禍者遙畫地作獄因召呼之皆見其形入在獄中或狐狸黿蛇之類乃斬而燔燒之病者即愈遙有竹篋長數寸有一弟子姓錢隨遙數十年未嘗見遙開之一夜大雨晦暝遙使錢以九節杖擔此篋將錢出冒雨而行遙及弟子衣皆不濕所行道非所曾經又常有兩炬火導前約行三十里許登小山入石室室中有二人遙既至取弟子所擔篋發之中有五舌竹簧三枚遙自鼓一枚以二枚與室中二人並坐鼓之良久

遙辭去收三簀皆納篋中使錢擔之室中二人出送語遙曰卿當早來何為久在俗間遙答曰我如是當來也遙還家百日天復雨遙夜忽大治裝遙先有葛單衣及葛布巾已五十餘年未嘗著此夜皆取著之其妻即問曰欲捨我去乎遙曰暫行耳妻曰當將錢去不遙曰獨去耳妻即泣涕曰為且復少留遙曰如是還耳因自擔篋而去遂不復還後三十餘年弟子見遙在馬跡山中顏色更少蓋地仙也　按江西通志王遙有一竹篋長數尺從未嘗開忽一夕大雨晦暝使弟子錢永以九節杖擔篋出行衣皆不濕前有炬火引導將三十里許登一小山入石室中有謝稚堅繁陽子二仙在遙開篋出古竹簧三枚自鼓一枚以二枚與二仙並鼓良久辭去仍納篋中使永擔之謝語遙曰卿當早來無久住俗間遙答云早晚來也遂棄妻擔篋而去越三十餘年弟子又見遙在馬跡山煉丹晉元康二年暮春白日飛昇

## 王郭二仙

按宜黃縣志王郭二仙師事浮丘先生忽失浮丘所在遂往江南高峯望氣求之由玉笥適丹霞不見又登宜黃邑治前山勢極峭聳憑高卓望見巴陵華蓋二山靈光燭天徑至華蓋浮丘在焉得以

卒業晉元康三年同日飛昇因號所望山爲卓望　按太平府志王郭二仙傳聞浮丘弟子亦煉丹隱玉山丹成一山震動若浮漚然因以師號浮丘更隱玉山後入匡廬不知所終

尹思

按神仙傳尹思者字小龍安定人也晉元康五年正月十五夜坐屋中遣兒視月中有異物否兒曰今年當大水中有一人被蓑帶劍思視之曰將有亂卒至兒曰何以知之曰月中人乃帶劍仗矛當大亂三十年復當小清耳後果如其言

王烈

按神仙傳王烈者字長休邯鄲人也常服黃精及鉛年三百三十八歲猶有少容登山歷險行步如飛少時本太學書生學無不覽常爲人談論五經百家之言無不該博中散大夫譙國嵇叔夜甚敬愛之數數就學共入山遊戲採藥後烈獨之太行山中忽聞山東崩地殷殷如雷聲烈不知何等往視之乃見山破石裂數百丈兩畔皆是青石石中有一穴口徑闊尺許中有青泥流出如髓烈取泥試丸之須臾成石如投熱蠟之狀隨手堅凝氣如粳米飯嚼之亦然烈合數丸如桃大用攜少許歸

乃與叔夜曰吾得異物叔夜甚喜取而視之已成青石擊之錚錚如銅聲叔夜即與烈往視之斷山已復如故烈入河東抱犢山中見一石室室中有石架架上有素書兩卷烈取讀莫識其文字不敢取去卻著架上暗書得數十字形體以示叔夜叔夜盡識其字烈喜乃與叔夜共往讀之至其道徑了了分明比及又失其石室所在烈私語弟子曰叔夜未合得道故也又按神仙經云神仙五百年輒開其中石髓出得而服之壽與天相畢烈前得者必是也河東聞喜人多累世奉事烈者晉永寧年中出洛下遊諸處與人共戲鬬射烈挽二石弓射百步十發矢九破的一年復去又張子道者年九十餘拜烈烈平坐受之座人怪之子道曰我年八九歲時見顏色與今無異吾今老矣烈猶有少容後莫知所之

施存

按衡嶽志施存號胡浮先生師黃盧子得三皇內文驅策虎豹之術居衡嶽西峯洞門觀石室或跨白豹而出愛慕者罕得親近晉永康元年庚申四月七日昇舉

劉道成

按江西通志劉道成新吳人晉時以明經辟爲陳州刺史乞休修黃老之術皈依大羅眞符永嘉二年合宅冲舉梁武帝卽其故址建開業觀

易退

按袁州府志晉易退字楠隱與宜春楊法道慧及陳歸眞耽相與結廬萍鄉之九嶷山煉氣朝眞朝夕不倦越二十餘年丹成永嘉九年正月旣望皆凌雲去後人置九嶷觀祀之宋政和中有司以聞封眞人又傳飛昇時耽妻周氏仰視空中有人物儀仗呼之耽闔呼而墜明日蛻於石上卽泥源廟墓

潘茂明

按續文獻通考潘茂明潘州人晉永嘉中入山逢二道士奕立觀久之道士曰子亦識之否答曰不猶蛇蛻出似應行道士笑可其說因語之曰子頂骨貫於生門命輪齊於日月腦血未滅心影不偏若修煉則可輕舉授黃精不二之法於東山採藥煉丹於西山白日上昇

房日茨

按道州志房日茨晉永嘉中道士居何侯石室二十年仙於舜源峯

尹道全

按衡嶽志尹道全天水人也於衡嶽觀後峯修洞眞遌神徹視之道兼佩五帝六甲左右靈飛之符天眞降焉謂之曰白日昇騰者當有其才而後成其道昔漢武帝感大眞金母授五嶽眞形靈飛十二事纔得尸解之道而不能使形骨俱飛汝受其一事而有冲舉之望斯乃勤苦所資亦宿分所值矣道全曰淺學無聞願示其要天眞曰上自五帝六甲左右靈飛之符洎混洞東蒙之文事目次第而有十二及五嶽眞形取其山之向背泉液之所出金寶之所藏隧脈之所通而爲之圖也況主符圖吏兵仙曹職宰者衆矣汝得靈符及受列嶽眞形能自信奉而獲感通乃知文始之裔太和之族世有神仙矣與汝期於九清之上混茫之中言訖而去道全晉時居山至永嘉九年正月九日白日昇舉

王子瑤

按吉安府志王子瑤字太皐華陰人王喬之裔晉永嘉中自玉笥至泰和即黃茅岡築壇醮籙感白

鶴翔舞事聞賜名白鶴觀給錢千緡買田贍之後東遊見義山心喜就洞口建壇禮斗誦黃庭經於是玉女降九鼎丹方修煉四十八年白日上昇

## 劉懿眞

按江西通志劉懿眞晉女冠也東晉時已五六百歲嘗東遊謁母嶺建壇於葛陽山之麓後白日昇天而去今靖安有劉仙觀

## 郭文

按晉書本傳文字文舉河內軹人也少愛山水尚嘉遯年十三每遊山林彌旬忘返父母終服畢不娶辭家遊名山歷華陰之崖以觀石室之石函洛陽陷乃步擔入吳興餘杭大辟山中窮谷無人之地倚木於樹苫覆其上而居焉亦無壁障時猛獸為暴入屋害人而文獨宿十餘年卒無患害恆著鹿裘葛巾不飲酒食肉區種菽麥採竹葉木實貿鹽以自供人或酬下價者亦卽與之後人識文不復賤酬食有餘穀輒恤窮匱人有致遺取其麤者示不逆而已有猛獸殺大麀鹿於庵側文以語人人取賣之分錢與文文曰我若須此自當賣之所以相語正以不須故也聞者皆嗟歎之嘗有猛獸

忽張口向文文視其口中有橫骨乃以手探去之猛獸明旦致一鹿於其室前獵者時往寄宿文夜爲擔水而無勸色餘杭令顧颺與葛洪共造之而攜與俱歸颺以文山行或須皮衣贈以韋袴褶一具文不納辭歸山中颺追遣使者置衣室中而去文亦無言韋衣乃至爛於戶內竟不服用王導聞其名遣人迎之文不肯就船車荷擔徒行旣至導置之西園園中果木成林又有鳥獸麋鹿因以居文爲於是朝士咸共觀之文頹然踑踞傍若無人温嶠嘗問文曰人皆有六親相娛先生棄之何樂文曰本行學道不謂遭世亂欲歸無路是以來也又問曰饑而思食壯而思室自然之性先生安獨無情乎文曰思由憶生不憶故無情又問曰先生獨處窮山若疾病遭命則爲烏鳥所食顧不酷乎文曰藏埋者亦爲螻蟻所食復何異乎又問曰猛獸害人人之所畏而先生獨不畏耶文曰人無害獸之心則獸亦不害人又問曰苟世不寧身不得安今將用先生以濟時若何文曰山草之人安能佐世導嘗衆賓共集絲竹並奏試使呼之文瞪眸不轉跨躡華堂如行林野於時坐者咸有鉤深味遠之言文常稱不達來語天機鏗宏莫有闚其門者温嶠嘗稱曰文有賢人之性而無賢人之才柳下梁踦之亞乎永昌中大疫文病亦殆王導遺藥文曰命在天不在藥也夭壽長短時也居導園七

年未嘗出入一旦忽求還山導不聽後逃歸臨安結廬舍於山中臨安令萬寵迎至縣中及蘇峻反破餘杭而臨安獨全人皆異之以爲知幾自後不復語但舉手指麾以宣其意病甚求還山欲枕石安尸不令人殯葬寵不聽不食二十餘日亦不瘦寵問曰先生復可得幾日文三舉手果以十五日終寵葬之於所居之處而祭哭之葛洪庾闡並爲作傳贊頌其美云　按仙傳拾遺郭文字文舉洛陽人也晉書有傳隱餘杭天柱山或居大壁巖太和眞人嘗降其室授以沖眞之道晦跡潛修世所不知有虎張口至石室前若有所告文舉以手探虎喉中得骨去之明日虎銜一死鹿置石室之外自此虎常馴擾於左右亦可撫而牽之文舉出山虎必隨焉雖在城市衆人之中虎俛首隨行不敢肆暴如犬羊耳或以書策置其背上亦負而行文嘗採木實竹葉以貨鹽米置於篋中虎負而隨之晉帝聞之徵詣闕下問曰先生馴虎有術耶對曰自然耳人無害獸之心獸無傷人之意何必術爲撫我則后虎猶民也虐我則讎民猶虎也理民與馴虎亦何異哉帝高其言拜官不就歸隱蘿亭山得道而去後人於其臥牀席下得蒻葉書金雄詩金雌記其言皆當時讖詞其蛻如蟬也　按嚴州府志晉郭文字文舉河內軹人少愛山水尚嘉遯游山林彌旬忘返父母終遂不娶游名山[illegible]

於桐廬坦山中著鹿裘葛巾採箬葉使虎負之鬻於餘杭市中貿鹽以自給得錢則遺貧者歸則共仙侶憩於石丞相王導聞其名遣人迎至置之西園一旦忽求還山既而仙去邑人塑像於紫霄觀水旱禱之隨應今桐廬縣環翠山有仙碁石相傳為文所憩旁有郭眞君祠　按浙江通志文歷華陰山石室中得石函丹經習之後晉室亂乃入餘杭大滌山有虎服役如僕從令負箬隨行嘗置於鳳凰山側文負藥歸晚則虎嗥

神僊部列傳十三

晉二　丁令威

按搜神後記丁令威本遼東人學道於靈虛山後化鶴歸遼集城門華表柱時有少年舉弓欲射之鶴乃飛徘徊空中而言曰有鳥有鳥丁令威去家千年今始歸城郭如故人民非何不學僊冢纍纍遂高上冲天今遼東諸丁云其先世有升僊者但不知名字耳　按洞僊傳令威少隨師學得僊道分身任意所欲遼東諸丁譜載令威漢初學道得僊矣　按南昌郡乘令威豫章人晉建武初化鶴僊去鶴時復往還宅爲精靈觀南有觀鶴橋橋北有禮星壇及青牛洞洞口有巾石相傳令威飛騰時遺巾於此　按武進縣志令威本遼東人學道於靈虛山嘗來曲阿爲太霄觀道士後於橋西北溪上化白鶴歸遼今溪以白鶴名始此溪界晉陵曲阿之交其地尙有令威祠煉丹井道士邑雲陽志云縣南有丁橋西抵句曲東接毘陵纍纍然冢阜相連疑卽令威之所瘞也

郭志生

按洞僊傳郭志生字明通朱提郡人晉元帝時云已四百歲見之如五十許人有短卷書滿兩篋中常負之多止烏場張績家每歎曰兵荒方生漂流生民將以溝瀆爲棺材蛆蠅爲孝子必然之期可爲痛心後二年孫恩妖亂冬夏殺害及餓死者十不遺一忽謂績曰應以爲吾備粗材器殯不須釘材亦不須埋但送山巖中以石鎮材上後少日而死績謹依斯教經數日績親人自富陽還見志生騎白鹿山中行作書與績

竇子明 附子安　竇氏　二女

按青陽縣志竇子明諱伯玉寶生於沛國之銍鄉自少好服六氣之精春食朝霞朝霞日初出赤黃氣也夏食正陽正陽南方日中陽氣也秋食淪漢淪漢日沒後赤黃氣也冬食沆瀣沆瀣北方夜半氣也取四氣與天地元黃之氣呼吸吐納以煉至和嘗曰吾聞陵陽乃丹丘成僊之地故求爲之宰清談終日縣務自理好棲息巖竇故邑人謂之竇令君嘗釣魚於延溪箠竹爲馬浮游水中踞踏石忽獲白魚鱗鬣異常就而斃剖之得方書教其服食之法子明曰吾事濟矣遂登山依崖穴石爲竈具嘗登黃山採五石脂以益煎煉五石脂者蓋丹砂雄黃磁石礬石曾青抱朴子言之詳矣三年丹

成七粒爲服旣而節値中元嗅鶴回翔白龍就馭子明遂騰雲漢間矣邑人駭愕至今以是日醮祠焉初子明旣至陵陽家人僕妾一無與行至夜嘗跨竹馬歸旦而復在廳理事人初無知者其妻費氏蚤與二女皆嗜丹藥竊窺篋子明丹成服餘刀圭以與之費弄簫感白鳳翥雲二女得丹亦化二鳧隨父以爲青童之侍其弟子安諱伯樂與己同志嘗遠遊獨好四明山而居焉亦慕僊人長年之術子明一日知子安欲來化黃鶴以邀之過之中途子安駕黃鶴而東歸子明駕白龍而西返其居人遞聞空中有絃歌之聲因名其地曰谷道其鄉曰望僊曰絃歌子明僊去後二十年子安尸解人取其棺葬於陵陽山下有鶴棲其冢林舊傳載唐人詩云白雲已謝陵陽去黃鶴還應呼子安蓋紀其實也魚腹之文大要五字至今黃冠猶能傳其刻晝略如符篆而世俗不能曉方輿志之子明所得書乃煉丹服餌之術也子明僊去幾千百年矣丹竈藥臼猶有存者歲時村落之人夜瞻山谷有五色光瑩或散或聚者以爲丹之餘輝也竈臼之下數百步罅石出泉名丹泉甘冷水旱無加損非衆水比郭璞遊僊詩云陵陽挹丹溜蓋謂是也山之下有黃鶴池白鶴墩黃鶴林而子明得魚之處有石巉然出於水中其立焉坐釣之跡宛若鎸鑿也陵陽黃山相距不踰兩舍李太白嘗遊覽形於

篇詠皆可考予惜列僊紀其事為太簡而山中舊傳叢冗不倫於是重述而傳之　按旌德縣志晉竇伯玉名子明沛國人煉丹於七都覓山父康禹世業儒惟子明與弟伯樂字子安雅好道值聰之變不肯阿附子安入四明子明歸江左晉元帝嘉其義拜陵陽宰後棄官入西山結廬居焉一日遇隱者不知何許人獻藥百種遂與居覓山白龍潭煉丹李白遊覓山有詩云天開白龍潭月映清秋水黃山望石柱突兀誰開張黃鶴久不來子安在倉茫東南焉可窮山鳥飛絕處稠疊千萬峯相連入雲去當居山時一方有疾病者即提藥甕至其家多所全活遠近德之晉咸康八年中元節二人乘白龍上昇邑人思焉即所居立祠祀以為覓山之神有所祈求往往響應　按太平縣志竇眞君名子明銍鄉人也垂釣旋溪得白龍子明懼解釣拜而放之後得白魚腹中有書教子明服食之法子明遂上黃山採五石脂沸水而服之三年龍來迎去止陵陽山上百餘年僊去　按舊志竇子明為陵陽令號陵陽子明避劉聰亂學道棲眞山邂逅一隱者引與為友或曰即滕公發後皆僊去

魏夫人 附黃靈徽

按魏夫人傳魏夫人者任城人也晉司徒劇陽文康公舒之女名華存字賢安幼而好道靜默恭謹讀莊老二傳五經百氏無不該覽志慕神僊味眞耽元欲求沖舉常服胡麻散茯苓丸吐納氣液攝生夷靜親戚往來一無相見常欲別居閑處父母不許年二十四强適太保掾南陽劉文字幼彥生二子長曰璞次曰瑕幼彥後爲脩武令夫人心期幽靈精誠彌篤二子粗立乃離隔宇室齋於別寢將踰三月忽有太極眞人安度明東華大神方諸青童扶桑碧阿陽谷神王景林眞人小有僊女清虛眞人王褒來降褒謂夫人曰聞子密緯眞氣注心三清勤苦至矣扶桑大帝君敕我授子神眞之道青童君曰清虛天王卽汝之師也度明曰子苦心求道道今來矣景林眞人曰虛皇鑒爾勤感太極已注子之僊名於玉札矣子其勗哉青童君又曰子不更聞上道內晨玉景經者僊道無緣得成後日當會陽洛山中爾謹密之王君乃命侍女華散條李明兌等便披雲蘊開玉笈出太上寶文八素隱書大洞眞經靈書八道紫度炎光石精金馬神眞虎文高僊羽元等經凡三十一卷卽手授夫人焉王君因告曰我昔於此學道遇南極夫人西城王君授我寶經三十一卷行之以成眞人位爲小有洞天仙王今所授者卽南極元君西城王君之本文也此山洞臺乃清虛之別宮耳于是王君

起立北向執書而祝曰太上三元九星高真虛微入道上清玉晨褒為太帝所敕使教於魏華存是月丹良吉日戊申謹按寶書神經虎文太洞真經八素玉篇合三十一卷是褒昔精思於陽明西山受真人太師紫元夫人書也華存當謹按明法以成至真誦修虛道長為飛仙有泄我書族及一門身為下鬼塞諸河源九天有命敢告華存祝畢王君又曰我受祕訣於紫元君言聽教於師云此篇當傳諸真人不但我得而已子今獲之太帝命焉此書自我當七人得之以白玉為簡青玉為字至華存則為四矣於是景林又授夫人黃庭內景經令晝夜存念讀之萬遍後乃能洞觀鬼神安適六府調和三魂五臟生華色反嬰孩乃不死之道也于是四真吟唱各命玉女彈琴擊鐘吹簫合節而發歌歌畢王君乃解摘經中所修之節度及寶經之指歸行事之口訣諸要備訖徐乃別去是時太極真人命北寒玉女宋聯娟彈九氣之璈青童命東華玉女烟景珠擊西盈之鐘陽谷神王命神林玉女賈屈廷吹鳳唳之簫清虛真人命飛元玉女鮮于虛拊九合玉節太極真人發排空之歌青童吟太霞之曲神王諷晨啟之章清虛詠駕飈之詞既散後諸真元君日夕來降雖幼彥隔壁寂然莫知其後幼彥物故值天下荒亂夫人撫養內外旁救窮乏亦為真仙默示其兆知中原將亂攜二子

渡江璞爲庾亮司馬又爲温太眞司馬後至安成太守瑕爲陶太尉侃從事中郎將夫人自洛邑達江南盜寇之中凡所過處神明保祐常果元吉二子位既成立夫人因得冥心齋靜累感眞靈脩眞之益與日俱進凡住世八十三年以晉成帝咸和九年歲在甲午王君復與靑童東華君來降授夫人成藥二劑一曰遐神白騎神散一曰石精金光化形靈丸使頓服之稱疾不行凡七日太一元仙遣飆車來迎夫人乃託劍化形而去徑入陽洛山中明日靑童君太極四眞人清虛王君令夫人清齋五百日讀太洞眞經併分別眞經要秘道陵天師又授明威章奏存祝吏兵符籙之訣衆眞各標至訓三日而去道陵所以徧教委曲者以夫人在世當爲女官祭酒領職理民故也夫人誦經萬遍積十六年顏如少女於是龜山九虛太眞金母金闕聖君南極元君共迎夫人白日昇天北詣上清宮玉闕之下太微帝君中央黃老君三素高元君太上玉晨大道君太素三元君扶桑太帝君金闕後聖君各令使者致命授夫人玉札金文位爲紫虛元君領上眞司命南岳夫人比秩仙公使治天台大霍山洞臺中主下訓奉道教授當爲仙者男曰眞人女曰元君夫人受錫事畢王母及金闕聖君南極元君各去使夫人于王屋小有天中更齋戒二月畢九微元君龜山王母三元夫人衆諸眞

仙並降於小有清虛上四泰各命侍女陳鈞成之曲九靈合節八音靈際王母擊節而歌三元夫人彈雲璈而答歌餘眞各歌須臾司命神仙諸隸屬及南嶽迎官並至虎旗龍帶激燿百里中王母諸眞乃共與夫人東南而行俱詣天台霍山臺又便道過句曲金壇茅叔申宴會二日二夕共適於霍山夫人安駕玉宇然後各別初王君告夫人曰學者當去疾除病因授甘草穀仙方夫人服之夫人能隸書又述黃庭內景注叙青精䭀飯方後屢降茅山子隱後至侍中夫人令隱傳法於司徒瑯琊王舍人楊羲護軍長史許穆穆子玉斧並皆昇僊陶眞白眞誥所呼南眞卽夫人也以晉興寧三年乙丑降楊家謂楊君曰修道之士不欲見血肉見雖避之不如不見又云向過東海中波聲如雷又云裴清靈眞人錦囊中有寶神經昔從紫微夫人所受吾亦有是西宮定本卽是元圃北壇西瑤之上臺天眞珍文盡藏其中也因授書云得道去世或顯或隱託體遺跡者道之隱也昔有再酣瓊液而叩棺一服刀圭而尸爛鹿皮公吞玉華而流蟲出戶賈季子咽金液而臭聞百里黃帝火九鼎於荊山尙有喬嶺之墓李玉服雲散以潛昇猶頭足異處墨狄飲虹丹以沒水甯生服石腦而赴火務光剪薤以入清泠之泉柏成納氣而腸胃三腐如此之比不可勝紀微乎得道趣捨之跡固無常矣

保命君曰所謂尸解者假形而示死非眞死也南眞曰人死必視其形如生人者尸解也足不青皮不皺者亦尸解也目不落光無異生人者尸解也髮盡落而失形骨者尸解也白日尸解自是仙矣若非尸解之例死經太陰暫過三官者肉脫脈散血沉灰爛而五臟自生骨如玉七魄營侍三魂守宅者或三十年二十年十年三年當血肉再生復質成形必勝於昔日未死之容者此名鍊形太陰易貌三官之僊也天帝云太陰鍊身形勝服九轉丹形容端且嚴面色似靈雲上登太極闕受書爲眞人是也若暫遊太陰者太一守尸三魂營骨七魄侍肉胎靈錄氣皆數滿再生而飛天其用他藥尸解非是靈丸者即不得返故鄉三官執之也其死而更生者未殮而失其尸有形皮存而無者有衣結不解衣存而形去者有髮脫而形飛者有頭斷已死乃從一旁出者皆尸解也白日解者爲上夜半解者爲下向晩向暮去者爲地下主者此得道之差降也夫人之脩道或災遘禍生形壞氣亡者似由多言而守一多端而期苟免也是以厨巢頹枝而墜落百勝失于一敗恤乎通仙之才安可爲二豎子而致斃耶智以無涯傷性心以欲惡蕩眞豈若守根靜中棲研三神彌貫萬物而洞元鏡寂混然與泥丸爲一而內外均福也眞人歸心於一任於永信心歸則正神和信順利眞之兆自然

之感無假兩際也若外見觀察之氣內有愠結之哂有如此者我見其敗未見其立地下主者乃下道之文官地下鬼師乃下道之武官文解一百四年一進武解倍之世人勤心於嗜慾兼味於清正華目以隨世畏死而希僊者皆多武解尸解之下也夫人與眾眞吟詩曰元感妙象外和聲自相招靈霞鬱紫晨蘭風扇綠軿上眞宴瓊臺邈爲地仙標所期貴遠邈故能秀穎翹翫彼八素翰道成初不遼人事胡可預使爾形氣消夫人既遊江南遂於撫州井山立靜室又於臨汝水西置壇宇歲久無梗蹤跡殆平有女道士黃靈徽年邁八十貌若嬰孺號爲花姑特加修飾累有靈應夫人亦寓夢以示之後亦昇天元宗敕道士蔡偉編入後僊傳大曆三年戊申魯國公顏眞卿重加修葺立碑以紀其事焉

茶姥

按墉城集僊錄廣陵茶姥者不知姓氏鄉里常如七十歲人而輕健有力耳目聰明髮鬢滋黑耆舊相傳云晉元南渡後見之數百年顏狀不改每旦將一器茶賣于市市人爭買自旦至暮而器中茶常如新熟未嘗少減吏繫之於獄姥持所賣茶器自牖中飛去

## 郭璞

按晉書本傳璞字景純河東聞喜人也父瑗尚書都令史時尚書杜預有所增損瑗多駁正之以公方著稱終於建平太守璞好經術博學有高才而訥於言論詞賦爲中興之冠好古文奇字妙於陰陽算曆有郭公者客居河東精於卜筮璞從之受業公以青囊中書九卷與之由是遂洞五行天文卜筮之術禳災轉禍通致無方雖京房管輅不能過也璞門人趙載嘗竊青囊書未及讀而爲火所焚惠懷之際河北先擾璞筮之投策而歎曰嗟乎黔黎將湮於異類桑梓其翦爲龍荒乎於是潛結姻昵及交遊數十家欲避地東南抵將軍趙固會固所乘良馬死固惜之不接賓客璞至門吏不爲通璞曰吾能活馬吏驚入白固固趨出曰君能活吾馬乎璞曰得健夫二三十人皆持長竿東行三十里有丘林社廟者便以竿打拍當得一物宜急持歸得此馬活矣固如其言果得一物似猴持歸此物見馬死便噓吸其鼻頃之馬起奮迅嘶鳴食如常不復見向物固奇之厚加資給行至廬江太守胡孟康被丞相召爲軍諮祭酒時江淮清晏孟康安之無心南渡璞爲占曰敗康不之信璞將促裝去之愛主人婢無由而得乃取小豆三斗繞主人宅散之主人晨見赤衣人數千圍其家就視則

滅甚惡之請璞爲卦璞曰君家不宜畜此婢可於東南二十里賣之愼勿爭價則此妖可除也主人從之璞陰令人賤買此婢復爲符投於井中數千赤衣人皆反縛一一自投於井主人大悅璞攜婢去後數旬而廬江陷璞旣過江宣城太守殷祐引爲參軍時有物大如水牛灰色卑脚脚類象胸前尾上皆白大力而遲鈍來到城下衆咸異焉祐使人伏而取之令璞作卦遇遯之蠱其卦曰艮體連乾其物壯巨山潛之畜匪兕匪虎身與鬼幷精見二午法當爲禽兩靈不許遂被一創還其本墅按卦名之是爲驢鼠卜適了伏者以戟刺之深尺餘遂去不復見郡綱紀上祠請殺之巫云廟神不悅曰此是郯亭驢山君鼠使詣荆山暫來過我不須觸之其精妙如此祐遷石頭督護璞復隨之時有鼯鼠出延陵璞占之曰此郡東當有妖人欲稱制者尋亦自死矣後當有妖樹生然若瑞而非瑞辛螫之木也儻有此者東南數百里必有作逆者期明年矣無錫縣欻有茱萸四株交枝而生若連理者其年盜殺吳興太守袁琇或以問璞璞曰卯爻發而沴金此木不曲直而成災也王導深重之引參己軍事嘗令作卦璞言公有震厄可命駕西出數十里得一柏樹截斷如身長置常寢處災當可消矣導從其言數日果震柏樹粉碎時元帝初鎭建鄴導令璞筮之遇咸之井璞曰東北郡縣有武

名者當出鐸以著受命之符西南郡縣有陽名者井當沸其後晉陵武進縣人手田中得銅鐸五枚歷陽縣中井沸經日乃止及帝為晉王又使璞筮遇豫之睽璞曰會稽當出鐘以告成功上有勒銘應在人家井泥中得之繇辭所謂先王以作樂崇德殷薦之上帝者也及帝即位太興初會稽剡縣人果於井中得一鐘長七寸二分口徑四寸半上有古文奇書十八字云會稽嶽命餘字時人莫識之璞曰蓋王者之作必有靈符塞天人之心與神物合契然後可以言受命矣觀五鐸啟號於晉陵棧鐘告成於會稽瑞不失類出皆以方豈不偉哉若夫鐸發其響鐘徵其象器以數臻事以實應天人之際不可不察帝甚重之璞著江賦其辭甚偉為世所稱後復作南郊賦帝見而嘉之以為著作佐郎於時陰陽錯繆而刑獄繁興璞上疏曰臣聞春秋之義貴元慎始故分至啟閉以觀雲物所以顯天人之統存休咎之徵臣不揆淺見輒依歲首粗有所占卦得解之既濟按爻論思方涉春木王龍德之時而為費水之氣來見乘加升陽未布隆陰仍積坎為法象刑獄所麗變坎加離厥象不燭以義推之皆為刑獄殷繁理者有壅濫又去年十二月二十九日太白蝕月月者屬坎羣陰之府所以照察幽情以佐太陽精者也太白金行之星而來犯之天意若曰刑理失中自壞其所以為法者

也臣術學膚近不練內事卦理所及敢不盡言又去秋以來沈雨跨年雖爲金家涉火之祥然亦是刑獄充濫怨歎之氣所致往建興四年十二月中行丞相令史淳于伯刑於市而血逆流長標伯者小人雖罪在未允何足感動靈變致若斯之怪邪明皇天所以保祐金家子愛陛下屢見災異殷勤無已陛下宜側身思懼以應靈譴皇極之謫事不虛降不然恐將來必有徵陽苦雨之災崩震薄蝕之變狂狡蠢戾之妖以益陛下旰食之勞也臣謹尋按舊經尚書有五事供禦之術京房易傳有消復之救所以緣咎而致慶因異而邁政故木不生庭太戊無以隆雉不鳴鼎武丁不爲宗夫寅畏者所以饗福怠傲者所以招患此自然之符應不可不察也按解卦繇云君子以赦過宥罪既濟云思患而豫防之臣愚以爲宜發哀矜之詔引在予之責蕩除瑕釁贊陽布惠使幽斃之人應蒼生以悅育否滯之氣隨谷風而紓散此亦寄時事以制用藉開塞而曲成者也臣竊觀陛下貞明仁恕體之自然天假其祚奄有區夏啟重光於已昧廓四祖之遐武祥靈表瑞人鬼獻謀應天順時殆不尚此然陛下即位以來中興之化未闡雖躬綜萬機勞逾日昃元澤未加於羣生聲教未被乎宇宙臣主未盛於上黔細未輯於下鴻鴈之詠不興康衢之歌不作者何也杖道之情未著而任刑之風先彰

經國之略未震而軌物之迹屢遷夫法令不一則人情惑職次數改則覬覦生官方不濟則粃政作懲勸不明則善惡渾此有國者之所慎也臣竊惟陛下惜之夫以區區之曹參猶能遵蓋公之一言倚清靖以鎮俗寄市獄以容非德音不忘流詠於今漢之中宗聰悟獨斷可謂令主然厲意刑名用虧純德老子以禮為忠信之薄況刑又是禮之糟粕者乎夫無為而為之不宰以宰之固陛下之所體者也恥其君不為堯舜者亦豈惟古人是以敢肆狂瞽不隱其懷若臣言可採或所以為塵露之益若不足採所以廣聽納之門願陛下少留神鑒賜察臣言疏奏優詔報之其後日有黑氣璞復上疏曰臣以頑昧近者冒陳所見陛下不遺狂言事蒙御省伏讀聖詔歡懼交戰臣前云升陽未布隆陰仍積坎為法象刑獄所麗變坎加離厥象不燭疑將來必有薄蝕之變也此月四日日出山六七丈精光暫昧而色都赤中有異物大如雞子又有青黑之氣共相搏擊良久方解按時在歲首純陽之月日在癸亥全陰之位而有此異殆元首供禦之義不顯消復之理不著之所致也計去微臣所陳未及一月而便有此變益明皇天留情陛下懇懇之至也往年歲末太白蝕月今在歲始日有咎謫曾未數旬大眚再見日月告釁見懼詩人無曰天高其鑒不遠故宋景言善熒惑退次光武寍亂

呼沱結冰此明天人之懸符有若形影之相應應之以德則休祥臻酬之以怠則咎徵作陛下宜恭承靈譴敬天之怒施沛然之恩諧元同之化上所以允塞天意下所以弭息羣謗臣聞人之多幸國之不幸赦不宜數實如聖旨臣愚以爲子產知鑄刑書非政事之善然不得不作者須以救弊故也今之宜赦理亦如之隨時之宜亦聖人所善者此國家大信之要誠非微臣所得干豫今聖朝明哲思弘謀猷方闢四門以亮采訪輿誦於羣小況臣蒙珥筆朝末而可不竭誠盡規哉頃之遷尙書郎數言便宜多所匡益明帝之在東宮與溫嶠庾亮並有布衣之好璞亦以才學見重埒於嶠亮論者美之然性輕易不修威儀嗜酒好色時或過度著作郎干寶常誡之曰此非適性之道也璞曰吾所受有本限用之恆恐不得盡卿乃憂酒色之爲患乎璞既好卜筮縉紳多笑之又自以才高位卑乃著客傲永昌元年皇孫生璞上疏曰有道之君未嘗不以危自持亂世之主未嘗不以安自居故存而不忘亡者三代之所以興也亡而自以爲存者三季之所以廢也是以古之令主開納忠讜以弼其違標顯切直用攻其失至乃聞一善則拜見規誡則懼何者蓋不私其身處天下以至公也臣竊惟陛下符運至著勳業至大而中興之祚不隆聖敬之風未躋者殆由法令太明刑教太峻故水至

清則無魚政至察則衆乖此自然之勢也臣去春啟事以囹圄充斥陰陽不和推之卦理宜因郊祀作赦以蕩滌瑕穢不然將來必有愆陽苦雨之災崩震薄蝕之變狂狡蠱戾之妖其後月餘日果薄蝕去秋以來諸郡並有暴雨水皆洪潦歲用無年適聞吳興復欲有搆妄者咎徵漸成臣甚惡之頃者以來役賦轉重獄犴日結百姓困擾甘亂者多小人愚險共相扇惑雖勢無所至然不可不虞按洪範傳君道虧則日蝕人憤怨則水涌溢陰氣積則下代上此微理潛應已著於實事者也假令臣遂不幸謬中必貽陛下側席之憂今皇孫載育天固靈基黔首顒顒實望惠潤又歲涉午位金家所忌宜於此時崇恩布澤則火氣潛消災譴不生矣陛下上籌天意下順物情可因皇孫之慶大赦天下然後明罰勑法以肅理官克厭天心慰塞人事兆庶幸甚禎祥必臻矣臣今所陳覽而省之或未允聖旨久而諱之終虧臣誠若所啟上合願陛下勿以臣身廢臣之言臣言無隱而陛下納之適所以顯君明臣直之義耳疏奏納焉即大赦改年時暨陽人任谷因耕息於樹下忽有一人著羽衣就淫之既而不知所在谷遂有娠積月將產羽衣人復來以刀穿其陰下出一蛇子便去谷遂成宦者後詣闕上書自云有道術帝留谷於宮中璞復上疏曰任谷所為妖異無有因由陛下元鑒廣覽欲

知其情狀引之禁內供給安處臣聞為國以禮正不聞以奇邪所聽唯人故神降之吉陛下簡默居正動遵典刑按周禮奇服怪人不入宮況谷妖詭怪人之甚者而登講肆之堂密邇殿省之側塵點日月穢亂天聽臣之私情竊所以不取也陛下若以谷信為神靈所憑者則應敬而遠之夫神聰明正直接以人事若以谷為妖蠱詐妄者則當投畀裔土不宜令褻近紫闥若以谷或是神祇告譴為國作眚者則當克己脩禮以弭其妖不宜令谷安然自容肆其邪變也臣愚以為陰陽陶蒸變化萬端亦是狐狸魍魎憑陵作慝願陛下採臣愚懷特遣谷出臣以人乏忝荷史任敢忘直筆惟義是規其後元帝崩谷因亡走璞以母憂去職卜葬地於暨陽去水百步許人以近水為言璞曰當即為陸矣其後沙漲去墓數十里皆為桑田未期王敦起璞為記室參軍是時潁川陳述為大將軍掾有美名為敦所重未幾而沒璞哭之哀甚呼曰嗣祖嗣祖焉知非福未幾而敦作難時明帝即位踰年未改號而熒惑守房璞時休歸帝乃遣使齎手詔問璞會暨陽縣復上言曰赤烏見璞乃上疏請改年肆赦文多不載璞嘗為人葬帝微服往觀之因問主人何以葬龍角此法當滅族主人曰郭璞云此葬龍耳不出三年當致天子也帝曰出天子邪答曰能致天子問耳帝甚異之璞素與桓彝友善彝

每造之或值璞在婦間便入璞曰卿來他處自可徑前但不可廁上相尋耳必客主有殃爾後因醉詣璞正逢在廁掩而觀之見璞裸身被髮銜刀設醊璞見彝撫心大驚曰吾每屬卿勿來反更如是非但禍吾卿亦不免矣天實爲之將以誰咎璞終嬰王敦之禍彝亦死蘇峻之難王敦之謀逆也溫嶠庾亮使璞筮之璞對不決嶠亮復令占己之吉凶璞曰大吉嶠等退相謂曰璞對不了是不敢有言或天奪敦魄今吾等與國家共舉大事而璞云大吉是爲舉事有姓崇者搆璞於敦敦將舉兵又使璞筮璞曰無成敦固疑璞之勸嶠亮又聞卦凶乃問璞曰卿更筮吾壽幾何答曰思向卦明公起事必禍不久若住武昌壽不可測敦大怒曰卿壽幾何曰命盡今日日中敦怒收璞詣南岡斬之璞臨出謂行刑者欲何之曰南岡頭璞曰必在雙柏樹下既至果然復云此樹應有大鵲巢衆索之不得璞更令尋覓果於枝間得一大鵲巢密葉蔽之初璞中興初行經越城間遇一人呼其姓名因以袴褶遺之其人辭不受璞曰但取後自當知其人遂受而去至是果此人行刑時年四十九及王敦平追贈弘農太守初庾翼幼時嘗令璞筮公家及身卦成曰建元之末丘山傾長順之初子凋零及康帝卽位將改元爲建元或謂庾冰曰子忘郭生之言邪丘山上名此號不宜用冰撫心歎恨及帝

崩何充改元爲永和庾翼歎曰天道精微乃當如是長順者永和也吾庸得免乎其年翼卒沈又令筮其後嗣卦成曰卿諸子並當貴盛然有白龍者凶徵至矣若墓碑生金庾氏之大忌也後沈子蘊爲廣州刺史妾房內忽有一新生白狗子莫知所由來其妾秘愛之不令蘊知狗轉長大蘊入見狗眉眼分明又身至長而弱異於常狗蘊甚怪之將出共視在衆人前忽失所在蘊慨然曰殆白龍乎庾氏禍至矣又墓碑生金俄而爲桓溫所滅終如其言璞之占驗皆如此類也璞撰前後筮驗六十餘事名爲洞林又抄京費諸家要最更撰新林十篇卜韻一篇注釋爾雅別爲音義圖譜又注三蒼方言穆天子傳山海經及楚詞子虛上林賦數十萬言皆傳於世所作詩賦誄頌亦數萬言子驁官至臨賀太守　按神僊傳郭璞字景純河東人也周識博聞有出世之道鑒天文地理龜書龍圖爻象讖緯安墓卜宅莫不窮微善測人鬼之情狀李弘範林明道論景純善於遙寄綴文之士皆同宗之晉中興王導受其成旨以建國社稷璞盡規矩制度仰範太微星辰俯則河洛黃圖夫帝王之作必有天人之助者矣王敦鎭南州欲謀大逆乃召璞爲佐時明帝年十五一夕集朝士問太史王敦果得天下耶史臣曰王敦致天子非能得天下明帝遂單騎微行直入姑熟城敦正與璞食璞久

之不白敦敦驚曰吾今同議定大計卿何不卽言璞曰向見日月星辰之精靈五嶽四海之神祇皆爲道從翼衛下官震悸失守不卽得白將軍敦使朗謂是小奚戲馬檢定非也遣三十騎追不及敦曰吾昨夜夢在石頭城外江中扶犁而耕占之璞曰大江扶犁耕亦是不成反反亦無所成敦怒謂璞曰卿命盡幾何璞曰下官命盡今日敦誅璞江水暴上市璞尸出城南坑見璞家載棺器及送終之具已在坑側兩松樹間上有鵲巢璞逆報家書所言也謂伍伯曰吾年十三時於柵塘脫袍與汝吾命應在汝手中可用吾刀伍伯感昔念惠銜涕行法殯後三日南州市人見璞貨其平生服飾與相識共語非但一人敦不信開棺無尸璞得兵解之道今爲水僊伯注山海經夏小正爾雅方言著遊僊詩江賦卜繇客傲洞林云

皇初平 附初起

按神僊傳皇初平者丹溪人也年十五家使牧羊有道士見其良謹便將至金華山石室中四十餘年不復念家其兄初起行山尋索初平歷年不得後見市中有一道士初起召問之曰吾有弟名初平因令牧羊失之四十餘年莫知死生所在願道君爲占之道士曰金華山中有一牧羊兒姓皇字

初平是卿弟非耶初起聞之卽隨道士去求弟遂得相見悲喜語畢問初平羊何在曰近在山東耳初起往視之不見但見白石而還謂初平曰山東無羊也初平曰羊在耳兄但自不見之初平與初起俱往看之初平乃叱曰羊起於是白石皆變爲羊數萬頭初起曰弟獨得仙道如此吾可學乎初平曰唯好道便可得之耳初起便棄妻子留住就初平學共服松脂茯苓至五百日能坐在立亡行於日中無影而有童子之色後乃俱還鄉里親族死終略盡乃復還去初平改字爲赤松子初起改字爲魯班其後服此藥得僊者數十人

班孟

按神僊傳班孟者不知何許人或云女子也能飛行經日又能坐空虛中與人語又能入地中初去時沒足至胸漸入但餘冠幘良久而盡沒不見以指刺地卽成井可汲吹人屋上瓦瓦飛入人家桑果數千株孟皆拔聚之成一積如山如此十餘日吹之各還其故處如常又能含墨一口中舒紙著前嚼墨噴之皆成文字竟紙各有意義後服丹餌年四百歲更少入大冶山中僊去

葛洪

按晉書本傳洪字稚川丹陽句容人也祖系吳大鴻臚父悌吳平後入晉為邵陵太守洪少好學家貧躬自伐薪以貿紙筆夜輒寫書誦習以儒學知名性寡欲無所愛翫不知棋局幾道摴蒱齒名為人木訥不好榮利閉門却掃未嘗交遊於餘杭山見何幼道郭文舉目擊而已各無所言時或尋書問義不遠數千里崎嶇冒涉期於必得遂究覽典籍尤好神僊導養之法從祖元吳時學道得仙號曰葛仙公以其煉丹祕術授弟子鄭隱洪就隱學悉得其法焉後以師事南海太守上黨鮑元元亦內學逆占將來見洪深重之以女妻洪洪傳元業兼綜練醫術凡所著撰皆精覈是非而才章富贍太安中石冰作亂吳興太守顧祕為義軍都督與周玘等起兵討之祕檄洪為將兵都尉攻冰別率破之遷伏波將軍冰平洪不論功賞徑至洛陽欲搜求異書以廣其學洪見天下已亂欲避地南土乃參廣州刺史嵇含軍事及含遇害遂停南土多年征鎮檄命一無所就後還鄉里禮辟皆不赴元帝為丞相辟為掾以平賊功賜爵關內侯咸和初司徒王導召補州主簿轉司徒掾遷諮議參軍干寶深相親友薦洪才堪國史選為散騎常侍領大著作洪固辭不就以年老欲煉丹以祈遐壽聞交阯出丹求為勾漏令帝以洪資高不許洪曰非欲為榮以有丹耳帝從之洪遂將子姪俱行至廣州

刺史鄧嶽留不聽去洪乃止羅浮山煉丹嶽表補東官太守又辭不就嶽乃以洪兄子望為記室參軍在山積年優遊閑養著述不輟其自序曰洪體乏進趣之才偶好無為之業假令奮翅則能陵厲元霄騁足則能追風躡景猶欲戢勁翮於鷦鷃之群藏逸跡於跛驢之伍況大塊稟我以尋常之短羽造化假我以至駑之蹇足自卜者審不能者止又豈敢力蒼蠅而慕沖天之舉策跛鼈而追飛兔之軌飾嫫母之篤陋求媒陽之美談推沙礫之賤質索千金於和肆哉夫僬僥之步而企及夸父之蹤近才所以躓礙也要離之羸而強赴扛鼎之勢秦人所以斷筋也是以望絕於榮華之途而志安乎窮圮之域藜藿有八珍之甘蓬蓽有藻梲之樂也故權貴之家雖咫尺弗從也知道之士雖艱遠必造也考覽奇書既不少矣率多隱語難可卒解自非至精不能究自非篤勤不能悉見也道士弘博洽聞者寡而意斷妄說者衆至於時有好事者欲有所脩為倉卒不知所從而意之所疑又無足諮今為此書粗舉長生之理其至妙者不得宣之於翰墨蓋粗言較略以示一隅冀憤悱之徒省之可以思過半矣豈謂闇塞必能窮微暢遠乎聊論其所先覺者耳世儒徒知服膺周孔莫信神僊之書不但大而笑之又將謗毀真正故予所著子言黃白之事名曰內篇其餘駁難通釋名曰外篇大

凡內外一百一十六篇雖不足藏諸名山且欲緘之金匱以示識者自號抱朴子因以名書其餘所著碑誄詩賦百卷移檄章表三十卷神僊良吏隱逸集異等傳各十卷又抄五經史漢百家之言方技雜事三百一十卷金匱藥方一百卷肘後要急方四卷洪博聞深洽江左絕倫著述篇章富於班馬又精辯元賾析理入微後忽與嶽疏云當遠行尋師剋期便發嶽得疏狼狽往別而洪坐至日中兀然若睡而卒嶽至遂不及見時年八十一視其顏色如生體亦柔軟舉尸入棺甚輕如空衣世以為尸解得僊云　按武進縣志晉抱朴子卽葛洪今縣學有葛僊橋其載於雲笈七籤者有太平經云文者生於東明於南故天文出東北天見其氣虎有文章家在寅龍在辰故其文初出在東北盛於南也三洞經教部云天眞王降於牧德之臺授帝嚳靈寶天文帝行之得道遂封祕之於鍾山又夏禹於陽明洞天感太上命繡衣使者降授靈寶五符以理水檄召萬神後得道爲太極紫庭眞人後以乙卯年正月降天台山傳靈寶經以授葛元元傳鄭思遠思遠又傳與元從弟少傅奚奚付子護軍悌悌付子洪洪卽抱朴子也於馬跡山詣鄭思遠告盟奉受後於晉建元二年於羅浮山付弟子安海君望世等再後付從孫巢甫於晉隆安元年傳任延慶徐靈期卽自黃帝帝嚳所受者

夫古今人習見者抱朴子不知其授受所自由於馬跡山又云葛元一傳笠法雍釋道微道微傳之
吳主孫權據此則靈寶天文多授受於東南而吾邑馬跡山其告盟之地也　按安陸府志晉葛
洪字稚川嘗於當陽紫蓋山穿井煉丹丹成以鷄試之鷄死自愧取丹器投於井少頃鷄化爲鳳飛
鳴天際洪將井扳倒索丹器年八十一尸解　按武昌府志葛洪號稚川晉時人以勾漏出丹砂
求爲其令脩煉服食後棄官遍遊名山尋羽化處及邑丫髻山距山十五里復有山對峙競秀因棲
眞其上卒仙去故人稱爲黃葛山以曾有黃眞人居之也上有劍池丹竈其水清冽異常飲之能愈
宿疾前有令見朝禮者駱繹驪呼恐不便地方因塞井平竈山谷日暝時聞有棋聲

鮑姑

按墉城集仙錄鮑姑者南海太守鮑靚之女晉散騎常侍葛洪之妻也靚字太元陳留人也少有密
鑒洞於幽元沉心冥肆人莫知之靚及妹並先世累積陰德福逮於靚故皆得道姑及小妹並登僊
品靚學通經緯後師左元放受中部法及三皇五嶽劾召之要行之神驗能役使鬼神封山制魔東
晉元帝大興元年戊寅靚於蔣山遇眞人陰長生授刀解之術累徵至黃門侍郎求出爲南海太守

以姑適葛稚川稚川自散騎常侍爲煉丹砂求爲勾漏縣令太元在南海小女及笄無病暴卒太元時對賓客略無悲悼葬於羅浮山容色若生人皆謂爲尸解說遷丹陽卒葬於石子岡後遇蘇峻亂發棺無尸但有大刀而已賊欲取刀聞擾左右兵馬之聲顧之驚駭中聞其刀劃然有聲若雷震之音衆賊奔走賊平之後收刀別復葬之說與妹亦得尸解之道姑與稚川相次登仙

黃野人

按續文獻通考黃野人葛洪弟子洪仙去留丹於羅浮山柱石間野人得一粒服之遂爲地行仙常在人世　按香案牘黃野人遊羅浮長嘯數聲遍響林樾衆咸淳中客有戴烏方帽著靴往來羅浮山中見人則大笑反走三年不言姓氏他日醉歸忽取煤書壁云雲意不離滄海春光欲上翠微人間一覽千劫九變梅花未歸蓋野人之儔歟

賀繸

按東昌府志晉賀繸茌平人仕晉爲水部郎改名元與葛稚川相善授導引之術辭官歸里人稱爲賀繸先生一夕遊至驪山白鹿觀井中遇金蝦蟆口出五色光繸曰此肉芝也服之不死何爲遂僊

去来眞宗東封拜謁道左曰吾水部郎賀蘭忽失所在後人因名其居曰賀蘭庵蘇軾過之賦詩云

曾聞父老吾郎官已作飛騰變化看聞道與家有居處願供薪水看燒丹

羅秀

按廣西通志羅秀不知何許人好談元嘗曰天下有長生不死之藥何不脩之時聞葛洪寓羅浮山即棄家往久之慨丹不成遂往宣化古山峒巖中獨煉一日危坐尸解而去後人名其巖曰丹巖逾數年人復見秀於龜石上與一仙人相笑語遺四足迹於石與事鄉閭爲刻其石曰駐仙石

文斤

按寶慶府志文斤南昌人咸康中爲高平令後棄官入山脩煉自號超然子哀帝興寧三年七月十五日乘鶴上昇唐元和祈雨有感宋崇寧中郡守石丞其其事以聞勅贈妙應眞人有丹爐石竈石榻皆其遺跡後人名其山爲文仙山

陶淡

按晉書本傳淡字處靜太尉侃之孫也父夏以無行被廢淡幼孤好導養之術謂仙道可祈年十五

六便服食絕穀不婚娶家累千金僮客百數淡終日端拱曾不營問頗好讀易善卜筮於長沙臨湘山中結廬居之養一白鹿以自偶親故有候之者輙移渡澗水莫得近之州舉秀才淡聞遂轉逃羅縣埤山中終身不返莫知所終　按長沙府志陶淡結廬長沙臨湘山一白鹿與居三白鶴常侍左右後隱湘陰白鶴山寧康二年四月八日舉家上昇

## 神仙部列傳十四

### 晉三　羊權

按零陵縣志羊權零陵九疑人晉穆帝升平間感仙女萼綠華者降其家授以長生之術權潛修道要耽元味眞得尸解藥隱景化形而去

### 萼綠華

按零陵縣志秦萼綠華者女仙也年可二十許以晉穆帝升平三年己未十一月十日夜降於永州羊權家自云是南山人不知何山也自此一月輒六過其家權卽晉簡文黃門郞羊欣祖也權及欣皆潛修道要耽元味眞綠華云我本姓楊又曰是九疑山中得道羅郁也宿命時曾為其師毋毒殺乳婦元洲以先罪未滅故暫謫降臭濁以償其過贈權詩一篇并火澣布手巾一條金玉絛脫各一件絛脫似指環而大異常精好謂權曰愼無泄我下降之事泄之則彼此獲罪因曰修道之士視錦繡如弊帚視爵位如過客視金玉如礫石無思無慮無事無為行人所不能行學人所不能學勤人

所不能勤得人所不能得何者世人行嗜欲我行介獨世人學俗務我學恬漠世人勤聲利我勤內行世人得老死我得長生故我行之已九百歲矣授權尸解藥亦隱景化形而去今在湘東山中

麻衣子李和

按南陽府志麻衣子李和字順甫秦中人生於晉穆帝升平元年三月十五日紺髮美姿膂力絕人年二十八棄家修道遂入終南山遇一道者曰吾久候汝授以祕訣戒曰終南非汝宅也南陽之間淵水之陽有山靈堂巖洞其旁神闕汝鄉汝其往之可以翕神功於蒼茫麻衣往求之遇樵者導至其所遂居內鄉之靈堂洞中十有九年義熙甲寅夏大旱居民張乘率衆請禱麻衣以無術拒之請者不輟一夕忽有少年十二人謂麻衣曰若再請但許之麻衣許焉雨果大至十二人復來拜曰吾屬龍也上帝以師道業成敕令輔師行化耳眞人推洞以居龍而別處一穴龍自洞入雲霧晦冥雷電交作抉裂山背各潰穴而去於是道法大行鄉人益神之遊鄖陽歷宋孝武大明元年年一百有一秋八月白鶴翔集祥雲蔚靄儼坐而逝鄖人卽其地築觀而壙在焉唐太宗貞觀十三年封慈惠普濟眞人旌其宮曰普濟洞曰顯聖　按鄖陽府志麻衣眞人縣西十五里有白鶴觀昔有一道

士號麻衣在此修道多年道成人見乘白鶴昇空而去觀因以名塑眞人之像於此中今存

王元甫

按徐州志晉王元甫學道於赤城霍山服青精石飯得吞日精丹景之法內見五臟穆帝永和元年正月望白日昇舉為中嶽眞人

平仲節

按神仙傳括蒼山有學道者平仲節河中人以大胡亂中國時來渡江入括蒼山受師宋君存心鏡之道具百神行洞房事如此積四十五年中有精思身形更少體有眞氣晉穆帝永和元年五月一日中央黃老君遣迎即日乘雲駕龍白日昇天今在滄浪雲臺

王嘉

按晉書本傳嘉字子年隴西安陽人也輕舉止醜形貌外若不足而聰睿內明滑稽好語笑不食五穀不衣美麗清虛服氣不與世人交遊隱於東陽谷鑿崖穴居弟子受業者數百人亦皆穴處石季龍之末棄其徒衆至長安潛隱於終南山結菴廬而止門人聞而復隨之乃還於倒獸山苻堅累徵

不起公侯以下咸躬往參詣好尚之士無不師宗之問其當世事者皆隨問而對好爲譬喻狀如戲調言未然之事辭如讖記當時鮮能曉之事過皆驗堅將南征遣使者問之嘉曰金剛火彊乃乘使者馬正衣冠徐徐東行數百步而策馬馳反脫衣服棄冠履而歸下馬踞牀一無所言使者還告堅不悟復遣問之曰吾世祚云何嘉曰未央咸以爲吉明年癸未敗於淮南所謂未年而有殃也人候之者至心則見之不至心則隱形不見衣服在架履杖猶存或欲取其衣者終不及企而取之衣架踰高而屋亦不大履杖諸物亦如之姚萇之入長安禮嘉如苻堅故事逼以自隨每事諮之萇旣與苻登相持問嘉曰吾得殺苻登定天下不嘉曰略得之萇怒曰得當云得何略之有遂斬之先此釋道安謂嘉曰世故方殷可以行矣嘉答曰卿其先行吾負債未果去俄而道安亡至是而嘉戮死所謂負債者也苻登聞嘉死設壇哭之贈太師謚曰文及萇死萇子興字子略方殺登略得之謂也嘉之死日人有隴上見之其所造牽三歌讖事過皆驗累世猶傳之又著拾遺錄十卷其記事多詭怪今行於世　按苻堅載記堅遣鴻臚郝稚徵處士王嘉於到獸山旣至堅每日召嘉與道安於外殿動靜諮問之慕容暐入見東堂稽首謝曰弟沖不識義方孤背國恩臣罪應萬死陛下垂天地之容

臣蒙更生之惠臣二子昨婚明當三日愚欲暫屈鑾駕幸臣私第堅許之障出嘉曰椎蘆作蘧蒢不成文章會天大雨不得殺羊堅與羣臣莫之能解是夜大雨晨不果出、 按洞仙傳嘉久在東陽谷口攜弟子登崖穴處御六炁守三一冬夏不改其服顏色日少尋移嵩高山姚萇定長安問嘉朕應九五否嘉曰略當得萇大怒曰小道士答朕不恭有司奏誅嘉及二弟子萇先使人隴右逢嘉將兩弟子計千已餘里正是誅日嘉寄書與萇萇令發嘉及二弟子棺並無尸各有竹杖一枚萇尋亾

孟欽

按晉書本傳欽洛陽人也有左慈劉根之術百姓惑而赴之苻堅召詣長安惡其惑衆命苻融誅之俄而欽至融留之遂大讌羣寮酒酣目左右收欽欽化為旋風飛出第外頃之有告在城東者融遣騎追之垂及忽然已遠或有兵衆拒戰或前溪澗騎不得過遂不知所在堅末復見於青州苻朗尋之入於海島

楊羲

按雲笈七籤真人姓楊名羲晉咸和五年九月生於句容似吳人潔白美姿容善言笑攻書好學該

涉經史性淵懿沈厚幼而通靈與二許早結神明之交思元薦於相王用爲公府舍人以永和初受中黄制虎豹法六年又就劉璞傳靈符君淵沈應感虛抱自得若燥濕之引水火冥默幽欻相襲無朕矣年三十六以興寧乙丑歲衆眞降授有若上相青童君太虛眞人赤君上宰西城王君太元收眞人清靈裴眞人桐柏王眞人紫陽周眞人中茅君小茅君范中候右中候紫元夫人南嶽夫人右英夫人紫微夫人九華安妃昭靈夫人中候夫人莫不霓旌晤曳神轡潛竦紛紛闔平烟消淪蹤茅於俗蹊讌譬金聲於君月無曠日歲不虛矣君師魏夫人儷九華而朋於諸眞故安妃云明君受寶虛閑祕構玉朗蘭淵高流清聲金宮必高佐四輔承制聖君主察陰陽之和氣爲吳越鬼神之君後二十二年將乘龍駕雲白日昇天今若不耐風火之烟可尋劍解作告終之術也眞誥算以太元十二年丙戌去世弟子許翽先師告翽炎穆亦因君偶眞故許氏九人雖道慶自先數至神發如塵鑒凝照揮瑩之功並歸於君矣　義仕晉僞文帝爲舍人朝隱唯要人莫能識少好道服食精思遂能進靈接眞厥降元人茅君定錄安九華等授其道要西城王君又教服日月之精及思泥丸絳宮鍊魂制魄滅三尸之法元清眞人謂義曰夫爲道當如射箭箭直往不顧乃造瑚的操志入山惟往勿

疑乃獲至眞義恭受勤行得仙簡文後師義得道　按九江府志楊義得道與紫微夫人諸仙遊諸仙各授學道口訣并說羣仙事跡楊錄其書司馬則得之常有雷電光怪晉人陸脩靜又得之遂成仙道

## 杜昺

按洞仙傳杜昺字叔恭吳國錢塘人也年七八歲與時輩北郭戲有父老召昺曰此童子有不凡之相惜吾已老不及見之昺早孤事後母至孝有聞鄉郡三禮命仕不就歎曰方當人鬼殺亂非正一之炁無以鎭之於是師餘杭陳文子受治爲正一弟子救治有效百姓咸附焉後夜中有神人降云我張鎭南也汝應得吾餘法故來相授諸秘要方陽平治昺每入靜燒香能見百姓三五世禍福說之了然章書符水應手即驗遠近道俗歸化如雲十年之內操米戶數萬晉太傅謝安時爲吳興太守見黃白光以問昺昺曰君先世有陰德於物慶流後嗣君當位極人臣尙書令陸納世世臨終而並患健淫瘡納時年始出三十忽得此瘡昺爲奏章云令君大厄得過授納靈飛散方納服之云年可至七十大司馬桓溫北伐問以捷不昺云公明年三月專征當挫其鋒溫至枋頭石門不開水涸

糧盡爲鮮卑所攝謂弟子桃葉云恨不從杜先生言遂至此敗苻堅未至壽春車騎將軍謝元領兵伐堅問以勝負昺曰我不可往往必無功彼不可來來必覆敗是將軍効命之秋也堅果散敗盧竦自稱先生常從弟子三百餘人昺以白桓溫竦協東治老木之精術惑百姓此當逼撲宮闕然後乃死耳咸安中竦夜半從男女數百人直入宮稱海西復位一時間官軍誅勦溫方歎服後桓沖欲引昺息該爲從事昺辭曰吾兒孫並短命不欲令進仕至曾元孫方得吾福耳昺曰吾去世後當有假吾法以破大道者亦是小驅除也與黃巾相似少時消滅矣尋此言函封付妻馮氏若有災異可開示子姪勤修德自守隆安中瑯琊孫泰以妖惑陷咎及禍延者衆昺忽彌日聚集縱樂無度敕書吏崇桃生市凶具令家作衣衾云吾至三月二十六日中當行欐葬小惡至期於寢不覺尸柔羕潔諸道弟子爲之立碑諡曰明師　按浙江通志杜昺字叔恭錢塘人謝靈運幼養其家今客兒亭是也事後母以孝聞三辟不就神人授以祕典焚香即見人三五世禍福符章立驗桓溫北伐敗績悔違其言所策淝水之勝其蛋驗也後戒家人治凶具剋期尸解

許邁

按晉書本傳邁字叔元一名映丹陽句容人也家世士族而邁少恬靜不慕仕進未弱冠嘗造郭璞璞爲之筮遇泰之上六爻發璞謂曰君元吉自天宜學升遐之道時南海太守鮑靚隱跡潛遁人莫之知邁乃往候之探其至要父母尚存未忍違親謂餘杭懸霤山近延陵之茅山是洞庭西門潛通五嶽陳安世茅季偉常所游處於是立精舍於懸霤而往來茅嶺之洞室放絕世務以尋仙館朔望時節還家省而已父母既終乃遣婦孫氏還家遂攜其同志徧游名山焉初採藥於洞盧縣之桓山餌朮涉三年時欲斷穀以此山近人不得專一四面藩之好道之徒欲相見者登樓與語以此爲樂常服氣一氣千餘息永和二年移入臨安西山登巖茹芝眇爾自得有終焉之志乃改名元字遠遊與婦書告別又著詩十二首論神仙之事焉羲之造之未嘗不彌日忘歸相與爲世外之交元遺羲之書云自山陰南至臨安多有金堂玉室仙人芝草左元放之徒漢末諸得道者皆在焉羲之自爲之傳述靈異之迹甚多不可詳記元自後莫測所終好道者皆謂之羽化矣　按雲笈七籤許邁字叔元小名映丹陽句容人也世爲冑族冠冕相承映總角好道潛志幽契嘗從郭璞筮卦遇大壯之大有上六爻發璞謂映曰君元吉自天宜學輕舉之道初師鮑靚受中部之法及三皇天文一

旦辭家往而不返東入臨安山中散髮去冠改名遠遊服朮黃精漸得其益注心希微日夜無間數年之中密感元虛太元真人定錄茅君降授上法遂善於胎息內觀步斗隱逸每一感通將超越雲漢後移臨海赤山遇王世龍趙道元傳太初映因師世龍受解束反行之道服玉液朝腦精三年之中面有童顏靈應得道三官都禁道興柄侯周紡主非使者巖白虎出丹簡罪簿各執一通詰映諸愆如其無答便當執也賴得襲幼師李開林相助映甚怖懼強長嘯叱咤而答曰大道無親唯善是與天地無私隨德乃矜是以阪泉流血無違龍騂之舉三苗丹野涿鹿絳草豈妨大聖靈化高通上達耶吾七世祖許子阿者積仁蘊德陰加鳥獸遇凶荒疫癘之年百遺一口子阿散財拯救自營方藥已死之命懸於子阿手得濟者四百八人德垂我等應得仙者五人皆錄字青宮豈是爾輩所可豫乎言畢會司命君遣中候李遵握鈴而至紡等笑而走即得度名東宮為地仙中品

## 許穆

按雲笈七籤穆一名謐邁第五弟也官至護軍長史散騎侍郎年七十二捨世尋仙能通靈降真先經患滿腹中結塞小便不利遇西王母第二十七女號曰紫微夫人謂穆曰此病冢訟之所致家又

有怨鬼爲害可服朮自得豁然除去紫微夫人因作服朮敘以傳穆依方脩合服十旬都愈眼明耳聰容貌日少司命君授以飛步之道告穆曰淵奇體道解幽達精處中受物柔德順貞寬慈博採闕道必行逍遙飛步敢誠坦平策龍上超浮煙三清寶眞仙之師友乃長里之先生必當封牧鍾邑守伯仙京傳佐上德列書絳名　按眞常仙系記穆字思元汝南平輿人起官太常博士歷散騎常侍興寧中衆眞降楊羲家傳經誥太元元年解化弟子輩窆空棺於縣西眞誥云君挺命所基緣業已久乃武王九宮上相長里薛公之弟兼許肇遺功復應垂祉後嗣故乘化托生因資成道玉札所授爲上清眞人　按紹興府志許謐字思元少知名儒雅清素博學有文才簡文皇帝久垂俗表之顧與時賢多所儔結少仕郡主簿功曹史王茂弘蔡道明辟從事不赴選補太學博士出爲餘姚令入爲尙書郎郡中正護軍長史雖外混俗務而內修眞學密受敎記遵行上道挺分所得乃爲上清眞人少子靜泰久居會稽禹井山頗遵承家法傳受經書云　按鎭江府志穆嶽兄遠遊之高軌僞簡文晏駕專解山廬與楊羲深結神明之契爲嗣上清第三代眞師

許虎牙

按雲笈七籤虎牙穆之二子也耀顯元根列冥真闕諸天仙人咸謂為實獸白齒定錄君所告服藥事多隱語誌諸姓名曰鳳棲喬木素衣炳然履順思貞凝心虛元五公石腴彼體所便急宜服之可以少顏三八合明下行元真解駕偃息可識洞簫瓊刃應數適心高元棲隱默沈正烝不衰木散除疾是汝所宜次服餌飯兼穀勿違益髓除患肌膚充肥然後登山詠洞講微實獸白齒爾能見機遂得不死過度壬辰偃息盛木玩報周書太極殖術金書西華學服可否自應靈符理契同歸神洞相求

許翽

按雲笈七籤真人許翽字道翔小名玉斧父穆晉護軍長史真位上清左卿母陶氏名科斗入易遷宮真人幼獨標挺含真淵凝長史器異之郡舉上計掾主簿並不赴清秀瑩潔糠粃俗務如泉去裘盈其科而自進居雷平山下師楊君傳三天正法由素鳳文後定錄真人授其上道告之曰學道當如穿井井愈深土愈難出若不堅心正行豈得見泉源耶真人常願早遊洞室不欲久停人間遂詣北洞告終即居方隅山洞方源館中常去來四年方平臺故真誥云幽人在世時心樂居焉又楊君

與長史書亦云不濟方隅幽人設座於易遷戶中朱眞人化後十六年當度東華受書爲上淸仙公上相帝晨二錄太和二年丁卯時年二十七歲咸康七年辛丑生自太和三年巳後無復顯跡世譜年三十則庚午年去世耆舊傳云在此洞石壇上燒香禮拜因而不起明旦視形如生壇今猶存眞誥云從張鎭南受衣解法蓋夜於壇上去耳娶建康令黃演女生男黃民乃還家　穆第三子玉斧含眞淵凝少有微譽後定錄君告玉斧曰夫學道當專注精無散念擾耆修保沖泊寂焉如寥有所覯熙焉若潛有所得始得道之門也猶未入道之室也所謂知道爲易學道爲難者也若乃幽寂沈味保和天眞耽正六府無視無聽此乃道之易也卽是不能爲之者所以爲難矣許侯研之哉斧子營之哉年二十八超然登仙　按鎭江府志翽密修上道感紫微夫人降教自是與衆眞酬接書疏備修迴元飛步二景儀璘之法常願早遊洞室不欲久停人世以太和庚午詣北洞告終爲四代宗師

許黃民附娥皇　伯聯　榮　瑣輝

按雲笈七籤臨沮令許仙人名黃民字元文上淸仙公翽之子上淸左卿穆之孫以昇平五年辛酉

生時年二十一仕郡主簿察孝廉石頭倉丞南蠻參軍臨沮令元興三年京畿紛亂令乃奉經入剡爲馬朗所重朗從父弟宰亦相周給時人咸知許先生得道又父祖皆有名稱各加崇敬元嘉六年欲移居錢塘乃封其眞經一厨付朗靜中語此是仙靈之跡非我自來縱有書亦勿與人及至杜道鞠家停少時而終時年六十九眞誥言黃民及伯祖邁姑婆娥皇伯聯與黃民子榮弟孫女瓊輝並得度世

扈謙

按洞仙傳扈謙者魏郡人也性縱誕不恥惡衣食好飲酒不擇精麤常吟曰風從臍中入酒在杯中搖手握四十九靈光在上照巍峨叢蓍下獨向冥理笑又曰進不登龍門退不求名位無以消天日常作巍峨醉精於易占常在建康後巷許新婦店前筮一卦一百錢日限錢五百止次卦千錢不爲也謙母住尚方門外路西有養女三四人自料理謙日日進錢三百供養母餘錢二百謙以飲酒乞與貧寒晉海西旦出見赤蛇盤於御牀俄爾失蛇詔謙筮卦易林曰晉室有盤石之固陛下有出宮之象海西曰可消伏不謙曰後年應有大將北征失利以三萬人逆之於壽春北此災可消明年秋

桓溫北討敗績咎豫州刺史袁眞不爲後援誅眞還鎭石頭廢海西立簡文溫妾產息元至艱難謙筮曰公第西北六間馬敞壞竟便產是男兒聲然雄烈當震動四海溫賜謙錢三十萬謙云謙用筮錢常患不盡且無容錢處請還公庫溫不聽許氏以空檻借謙貯錢俄而夫人復送錢三十萬謙從得溫錢後日筮三卦以供養母以溫錢飲酒求能酬客不問識與不識羣聚極飲於是遠近嗜飲客隨謙者眾許氏常以賢人禮待謙不計求酒之多少謙後斷不復詣許氏尋覓經年忽於譙溝遇謙曰家中欲得檻用先令隨還家取先所寄錢謙笑曰三年飲酒數千斗唯四十者纔足相補正餘一百半許有耳大夫不復足顧矣吾以爪刻壁記之寫算便知也許氏試依自言算不差一文謙後母夜亾謙且還云因緣盡矣而去不知所之數日許氏家人於落星路邊見謙臥地始謂其醉捉手牽引唯空衣無尸也

董幼

搜洞仙傳董幼者海陵人也兄弟三人幼最小早喪父幼母偏念其多病不能治家年十八謂母曰幼病困不可卒愈徒累二兄終不得活欲依道門灑掃以度一世母許之幼在師家恭謹勤修長齋

篤學未嘗暫息遂洞明道術年四十一夜有眞人降授幼水行不溺之道以一馬鞭與幼令幼以鞭水行於水上如行平地晉義熙中幼還家辭母云幼已得道不復留人間今還與家別母曰汝應往何處去復幾時可還幼曰應往峨嵋山更受業未有歸期中表鄉鄰共送幼至區陽西江見幼鞭水而行漸漸而遠顧謂二兒曰世世傳道業矣

湯周二仙

按袁州府志湯周二仙失其名俱廣南人晉安帝時湯爲靖州詩光令周爲洪州南昌令湯以國度不綱慨然掛冠訪周卜地避世於萬載縣西四十里脩煉道成因名湯周山

馬儉

按續文獻通考馬儉扶風人博通經史苻秦甘露中從孫徹學道授五符眞文斷穀服水行氣導引遂役使萬靈制御羣邪姚萇聞而異之往召不至給以香燭年九十八返眞而雲舉

劉摩訶

按陝西通志劉摩訶北涼沮渠蒙遜時西求仙死於酒泉骨化爲珠血化爲丹禱者往往獲珠丹焉

石垣

按晉書本傳垣字洪孫自云北海劇人居無定所不娶妻妾不營產業食不求美衣必麤弊或有遺其衣服受而施人人有喪葬輒杖策弔之路無遠近時有寒暑必在其中或同日共時咸皆見焉又能闇中取物如晝無差姚萇之亂莫知所終　按畿輔通志垣渤海人游遐邇諸名山遇異人得道能分身同時詣十餘家已而各家皆云垣於某時到所言各異後不知所往　按濟南府志垣自幼不娶亦無居業隨意所往頃刻而至療病弔死送喪卽同時日處處皆見

園客

按搜神記園客者濟陰人也貌美邑人多欲妻之客終不娶嘗種五色香草積數十年服食其實忽有五色神蛾止香草之上客收而薦之以布生桑蠶焉至蠶時有神女夜至助客養蠶亦以香草食蠶得繭二十頭大如甕每一繭繅六七日乃盡繅訖女與客俱仙莫知所之　按兗州府志晉園濟陰人有好女夜至自稱客妻客與俱收蠶繭皆如甕大繅一繭六七日始盡濟陰人世祀桑蠶設祠室焉

葉遷韶

按神仙感遇傳葉遷韶者信州人也幼年樵採避雨於大樹下忽見雷公爲樹枝所夾奮飛不得樹枝雷霹後却合遷韶爲去石楔開枝間然後得去仍愧謝之曰約來日却至此可也如其言明日復至樹下雷公亦來以墨篆一卷與之曰此行之可以致雷雨祛疾苦立功救人也我兄弟五人要雷聲喚雷大雷二必卽相應然雷五性剛無危急之事不可喚之自是行符致雨咸有殊効嘗於吉州市中醉太守擒而責之欲加凌辱遷韶於堦下大呼雷五一聲時中旱日光猛熾便震霹一聲人皆顚沛太守下堦禮接之請爲致雨信宿大霔雨澤遂足因爲遠近所傳遊滑州時方久雨黃河泛官吏被水爲勞忘其寢食遷韶以鐵札長二尺作一符立於河岸之上水湧溢堆阜之形而沿河流下不敢出其符外人免墊溺於今傳之人有疾請符不擇筆墨書而授之皆得其効多在江浙間周遊好嗜葷腥不脩道行後不知所之　按江西通志晉葉遷韶字輯聽建昌人少隱廬山學道辟穀服氣常獨居忽有一白衣人言君道德臻備仙籍褒昇當在人間役使鬼神其後能致風雨救人疾疫其應如響不知所終云

朱庫

按洞仙傳朱庫者不知何許人也久服石春辟穀符水不饑不渴强丁不老庫忽云應得仙剋日盡與親舊別云當有迎者單衣白袷須臾有兩黃鶴下中庭庫便度世中庭仍有三黃鶴相隨飛向東郭外成三黃衣道士攜手東行因鄉人附書於家家人看尸唯有空殼者

姜伯眞

按洞仙傳姜伯眞者不知何許人也少好道在猛山採藥忽值仙人使伯眞平立日中背後觀之其心不正仙人曰勤學之至而不知心不正爲失因教之服石腦石腦色斑柔輭形如小石處所皆有久服身熱而不渴後遂得仙繫陽子服之亦得道

嵩山叟

按仙傳拾遺嵩山叟晉時人也世說云嵩山北有大穴莫測其深淺百姓每歲遊觀其上叟嘗悞墮穴中同輩冀其儻不死投食於穴墮者得而食之巡穴而行十許日忽曠然見明有草屋一區中有二仙對碁局下有數杯白飲墮者告以饑渴碁者與之飲飲畢氣力十倍碁者曰汝欲留此否答不

願停碁者教云從此西行數十步有大井井中多怪異愼勿畏之必投身井中自當得出若饑可取井中物食之如其言入井中多蛟龍然見旻輒避其路於是隨井而行井中物如青泥而香美食之了不饑半年許乃出蜀青城山因得歸洛下問張華華曰此仙館丈夫所飲者玉漿所食者龍穴石髓子其得仙者乎遂尋洞却往不知所之元中記云蜀郡青城山有洞穴分爲三道西北通崑崙茅君傳云青城是第五洞九仙寶室之天周迴二千里十洞天之一也入山十里得至焉

蔡女仙

按仙傳拾遺蔡女仙者襄陽人也幼而巧慧善刺繡鄰里稱之忽有老父詣其門請繡鳳眼俟畢功之日自當指點旣而繡成五綵光煥老父觀之指視安眼俄而功畢雙鳳騰躍飛舞老父與仙女各乘一鳳昇天而去時降於襄陽南山林木之上時人名爲鳳林山後於其地置鳳林關南山側有鳳臺勅於其宅置靜眞觀有女仙眞象存焉云晉時人也

元陽子

按雲笈七籤元陽子者仙人也生於北極之端育於虛無之中與天地浮沈隨日月周迴被服自然

含剛懷柔優游乎太漠之外踟蹰乎中嶽之上覩和氣之布施察萬物之經紀覽緯度之差序圖盛衰之終始乃過老君哀愍元陽遺經一卷名曰黃庭乃太素之始元陰陽之至道分理之眞要養神之訣文上古之人行得其眞中古以來不得其要傳授謬誤亦從來久也本黃老作此經令學者皆得神仙然黃老以來英儒之士多爲注解不得黃老之本旨失其要說於是元陽憮然退思採黃老之妙識粗爲其注不能究盡道意深達至道猶可爲學之徒使微悟之爾有得黃庭經者老子也史記或云黃者黃帝老者老子今亦謂太上經爲正也　按濟南府志晉元陽子長白長山人得金碧潛通一書於伏生墓中細爲注解脩眞於華陽宮行爲還丹訣十九年仙去在山人不見其飲食而晝夜燃香香不用火味隨達於城市

謝仲初

按續文獻通考謝仲初萬載人脩煉於閣皂山得道而歸過縣西見其無水拔劍刺地湧泉甘潔過江無舟以竹葉渡之後登謝山冉冉仙去　按瑞州府志晉謝仲初萬載人住高安西北山中今即名謝山方輿記謂山峯多奇丹竈履跡猶存

丁秀英

按續文獻通考秀英晉丁義君之女嘗於揚州城西七十里煉丹得道今有丹井在焉

落魄仙

按續文獻通考落魄仙姓張嘗賣鼠藥於梓州獄吏王昌遇者取藥以歸鼠食皆翼而飛後昌遇至瀘又遇之乃易其藥以餌之名昌遇為易元子取馬令乘以歸馬乃龍也歸梓後以九月九日飛昇即其地為藥市

麻姑

按續文獻通考麻姑後趙石勒時麻秋女其父猛悍人畏之嘗築城晝夜不止雞鳴乃息姑賢有恤民之心假作雞鳴羣雞效聲衆工乃止父覺欲撻之女懼而逃入石洞脩道後於城北石橋飛昇追者不及名其洞曰仙姑洞橋曰望仙橋　麻姑山在寧國府東麻姑嘗脩道於此丹竈尙存又嘗居建昌山故亦號麻姑開元中立廟壇側累封虛寂冲應眞人夷堅志曰劉氏鯉堂前有大槐忽夢一女冠自稱麻姑乞此樹脩廟劉漫許之既寤異其事後數日風雨大作失槐所在即詣麻姑廟視槐

巳臥其前重和中賜額曰顯異又按此麻姑乃兩人也　按登州府志麻姑後趙麻秋女或云建昌人脩道於牟州東南姑餘山飛昇政和中封眞人

聖姑　素姑

按蘇州府志晉聖姑素姑瑯琊王彪二女也在太湖中著木屐履水而行折蘆而坐人皆神之沒後立聖姑廟於鴻鴈山東唐刺史于頔發其棺容色如故觸手化為微塵

彭宗

按徐州志晉彭宗彭城人嘗從師採藥忽墮深谷蹈蹙蛇骨無懼色師乃授丹經五千文宗竇而脩之洞暢幽漠能三晝夜為一息或一年不動人以為死及起顏色愈鮮山中蛇虎見之潛伏　按香案牘宗能以一氣誦五千文遍為兩過音聲

袁眞君

按淮安府志袁眞君嘗與淮揚煉藥成丹三粒服其一嘗袖二丹遊於漣城以度有緣者過化龍橋見一白鱔嚙然而迎凡三過如之眞君以為有緣遂擲之鱔吞而化龍潭於橋下遺一丹於井遂甘

潔因名丹泉眞君仙後人建祠於井傍今安東縣

李仙姑

按江西通志晉李仙姑名不傳相傳晉時三女穴居樂安大韶山一日雷雨暴作鄉人見三女乘雲去遂名其嶺曰聖姑宋嘉定間有李木泝溪而上邑丞程悅以木刻像於鬱林院因號李仙姑

文慧通

按江西通志晉女眞文慧通脩眞黃龍山一日跨黃龍昇仙去

徐鑾

按浙江通志晉徐鑾海鹽人少有道術能收伏邪精錢塘杜氏女患邪鑾爲作術召魅見丈夫著白帢萬單衣入門鑾一叱之卽成白黿一旦與羣從兄弟數人登石崎山斫春柴日暮鑾獨不返明旦尋覓見鑾在山上腋挾鐮倚樹而不動或向前抱惟有空殼今天仙湖卽鑾故宅也

許詢　許元

按晉中興書高陽許詢字元度丹陽許元字遠遊並清高不仕詢有才藻能清言元山居服食志求

仙道遊會稽臨海山誓不歸家乃與婦書令改適後入深山莫知所止或以爲昇仙

袁根　柏碩

按紹興府志晉袁根柏碩皆剡人因驅羊度赤城山有石門忽開見二女方笄遂入與語後謝歸女以香囊遺之根後羽化碩年九十餘方外傳之亦如劉阮故事云

蓬萊道人

按嘉興府志晉世有不知姓名道人嘗齎一杖一箱自隨忽詣縣向令乞一人給使自選取守鵝鴨山兒形服最醜者將去時已過暮道人令小兒捉杖行但聞足下波浪倏忽之間至一山山上有屋屋中有三道人相見欣然共語以一小甌食與小兒狀如熟艾食之饑止向暝道人欲遣屋中人作書付道人云寄廣陵白土埭上史宗道人以書付小兒比曉便至縣令呼小兒問知道人先所經并說山中人所寄書尚在衣帶令開看多不解乃令人將此小兒至白土埭訪史宗送之宗開書大驚曰汝那得蓬萊道人書耶宗著麻衣身多瘡疥性調不恒在白土埭凭埭謳唱引絳得直隨以布施人棲憩無定時或隱或顯後遊吳會止上虞龍山不知所之

徐公

按金華府志晉徐公亡其名金華人嘗登長山頂頂有湖其水湛然遇二人奕棋自稱赤松子安期生酌湖水爲酒飲徐公醉至醒二人不見徐公返後亦得仙故號其處爲徐公湖山下有徐公宅基今存

鄧眞人

按安陸府志晉鄧眞人丹成淩空而去遺丹一粒於爐鮑氏姑嫂得而吞之俱昇仙俗傳紫霞觀即其煉丹處也

張先生

按安陸府志晉蕭行美河陽人年九十餘篤行履素常遊漢上遇一老人自稱張先生指草一叢曰移歸栽之可煮鐵成銀戒之曰切不可泄行美受教遂移草歸後試之果如其言久之語泄一夕大風雨漂失其草再入山訪之不復有矣

羅翼眞人　劉六眞人　薛女貞

按蘄州志晉羅翼眞人在州西南乾明磯上石臺飛昇石上履跡現存今建有飛仙閣乃其遺蹟

按蘄州志晉劉六眞人在州東一百六十里大浮山飛昇　按衡嶽志薛女貞晉時避世居南嶽尋眞臺外示同塵內修至道後仙去

盧童子　抱犢子　陳仲舉

按登州府志晉盧童子幼有至性九歲離俗居黃之廬山辟穀食茯苓後騎白鶴昇仙唐封沖禧眞君　按登州府志晉抱犢子逃征記載縣城君山壁立千仞山有田數頃有隱者王老抱一犢於上耕種後遇異人仙去因以名山　按萊州府志晉陳仲舉膠州人學黃老術辟穀隱大珠山石室時人莫知歲數黃髮童顏後周遊四方不知所終

紫陽眞人　衍容

按山西通志晉紫陽眞人不知何許人隱居紫陽山脩眞沖舉廬眉子引其詩以爲金丹口訣明定天廚只一呼天罡不動運陰符流精變動躡金鼎鍊出神丹滿玉爐　按延平府志晉衍容南平人避亂隱居郡之北山結廬鍊丹丹成舉家上昇

卷終

## 神仙部列傳十五

### 宋　宗超之

按異苑武陵宗超之奉經好道宋元嘉中爲將葬猶未闔棺其從兄儁之來會葬啟蓋視之但見雙履在棺中云

### 范豺

按洞仙傳范豺者巴西閬中人也久住支江百里洲修太平無爲之道臨日嘯潄項有五色光起冬夏惟單布衣而桓溫時頭已斑白至宋元嘉中狀貌不變其占吉凶雖萬里外事皆如指掌或問先生是謫仙邪云東方朔乃黠我我小兒時數與之狡獪又云我見周武王伐紂洛城頭戰前歌後舞宋文帝召見豺答詔稱我或稱吾元兇初爲太子豺從東宮過指宮門曰此中有博勞鳥奈何養賊不知文帝惡之敕豺自盡江夏王使埋於新亭赤岸岡文帝令發其棺看柩無屍乃悔之越明年豺弟子陳忠夜起忽見光明如晝而見豺入門就榻坐又一老翁後至豺起迎之忠問是誰豺笑而不

答須臾俱出門豺問忠比復還東鄉善護我宅即百里洲也　按雲笈七籤范豺字子恭巴西閬中人也宋元嘉中有名香數十斛細擣煮以作湯朝用湯自浴正中湯盡不復聞聲侍者入看見豺還著故時布衣披帽坐而無復氣江夏王令殯殮而不下棺蓋四日尸不見送還葬於新亭豺亡時年四十九膚貌顏色猶如初劉凝之爲豺作傳書既道書部不傳於世

馮伯達

按洞仙傳馮伯達者豫章建昌人也世奉孝道精進濟物道民陳辭得旨與戴矜生相似又是同時人也元嘉中伯達下都後寄戴鄉人還南行至梅根阻風連日伯達謂船主曰欲得速至家但安眠慎勿開眼其夜聞舫下刺樹杪而不危抗竊有窺者見兩龍挾翼船迅若電逝未曉到舍伯達尋入廬山不返

劉憘

按洞仙傳劉憘者不知何許人也長大多鬚垂手下膝久住武當山去襄陽五百里旦發夕至不見有所修爲頗以藥術救治百姓能勞而不倦用藥多自採所識草石乃窮於藥性雍州刺史劉道產

忌其嘗長於襄陽錄送文帝每旦檻車載將往山採藥暮還廷尉懽後以兩短卷書與獄吏吏不敢取懽焚之一夜失懽關鑰如故閶闔門吏行夜得懽送廷尉懽語獄吏云官若殺我殯後勿釘棺也後果被殺死數日文帝疑此言使開棺不見尸但有竹杖耳

許道育

按雲笈七籤許黃民女道育宋孝建元年甲午歲於埭山亡世謂之許大娘臥尸石上尸壞不殯常有香氣也

馬榮

按洞仙傳馬榮者住梁國穀城中兩眼赤爛瞳子不見物而能明察洞視北方多病癩鄉里不容者輒來投榮榮為治之悉差榮云患脚常乘鹿車行無遠近不見人牛推引而車自至或一日赴數十處請而各有一榮凡與人語自稱厄子作牽三詩類乎讖緯孝建二年三月初作書與兩國人別至十六日中時果卒

韓越

按洞仙傳韓越者南陵冠軍人也心慕神仙形類狂愚隨師長齋誦詠口不輟攣常著屐行無遠近入山或百日五十日輒還家人問越未嘗實對後鄉人斫枯木作弓於大陽山絕崖石室中見越與六七仙人讀經越後山中還於巒村暴亡家迎覺棺輕疑非眞尸發看唯竹杖耳宋大明中越鄉人爲臺將北使於青州南門遇越容貌更少共語移時訪親表存亡悲欣凝然越云吾婦患嗽未差今因與卿散一裹令溫酒頓服之臺將還都番下具傳越言而越婦服散嗽即愈

陸修

按雲笈七籤先生吳興懿族陸氏之子諱修靜道降元氣生而異俗其色怡怡其德熙熙明以啟著虛以貫幽少宗儒氏墳索讖緯靡不總該以爲先天撫化混一精氣與眞宰爲徒者載在金編玉字不形於此遂收跡竄中冥搜瀟衡熊湘暨九嶷羅浮西至巫峽峨嵋如雲映松風麗乎山而映乎水功成扣元感神授靈訣適然自得通交於仙眞之閒矣宋元嘉末因市藥京邑文帝味其風而邀之先生不顧及太初難作人心駭疑遂泝江南遊嗜匡阜之勝概爰構精廬濛雪風波之思沐浴浩氣挹漱元精宋明皇帝襲軒皇淳風欲稽古化俗虛誠致禮至於再三先生固稱幽憂之疾曾莫降眄

天子乃退齋築館恭肅以遲之不得已而昇焉於是順風問道妙沃帝心朝野識眞之夫若水奔壑如風應虎其誰能御之先生撥霧開日汰沙引金指方以導之中人以上皆自盈其分司徒袁粲之流是也既立崇虛館安氏所寶經訣並歸於我焉初先離山有熊虎猿鳥之屬悲鳴擁路出谷而止及天子不豫請事塗炭之齋是夜卿雲紛郁翌日乃瘳先時洞眞之部眞僞混淆先生刊而正之涇渭乃判故齋戒儀範至於今典式焉桂陽王搆逆暴白骨遏野先生具棺櫬收而瘗之其陰德密運則無得而稱也迨元徽五年春正月謂門人曰吾得還山可整裝衆感訝詔旨未從而有斯說至三月二日乃偃臥解帶膚體輝爍目瞳映朗但聞異香芬馥滿室而已後三日廬山諸徒共見先生霓旌靄然還止舊宇斯須不知所在相與驚而異之顧命盛以布囊投所在崖谷門人不忍遂奉還廬山時春秋七十二所謂鍊形幽壤騰景太微者矣有詔謚曰簡寂先生以故居爲簡寂館宗有道也凡撰記論議百有餘篇並行於代門從得道者孫遊嶽李果之最著稱首後孔德璋與果之書論先生云先生道冠中都化流東國帝王稟其規人靈宗其法而忝世潛化遊影上元微言既絕大法將謝法師稟神定之資居入室之品學悟之美門徒所歸宜其整緝遺蹤提綱振絕光先師之餘化纂

妙道之遺風可以導引末俗開曉後途者矣　按長常仙系記陸修靜字元寂吳興東遷人蹠有重輪足爲雙蹀掌中有字背有斗文研綜文籍旁通象緯與陶淵明慧遠交明帝勅住後堂不樂授館於外爲立崇虛館傳經壇著齋法儀範百餘謚簡寂先生　按江西通志陸修靜吳興人置館廬山明帝召赴闕封丹陽眞人遂仙逝顏色如生謚簡寂先生　按九江府志陸修靜字元德吳興人簡寂觀道士也宋大明五年始來居廬山明帝時召至建業立崇虛館以居之而會儒釋之士道講華嚴寺修靜固求還山不許頃之卒封丹元眞人修靜行常攜一布囊死之日其布囊乃懸於廬山舊隱之樹杪焉

徐靈期

按衡岳志劉宋徐靈期修道於南岳歲久遍遊岳之巖洞及諸山谷一十五年無不周覽作衡山記云天柱峰高四千一百丈有夏禹治水碑銘皆科斗文字紫蓋峰常有白鶴翔集其頂而神芝靈草生焉又言有石室在其下香爐臼杵丹竈具存祝融峯上有碧玉壇傍生紫梨木雞子熟人莫得而食之其所記洞府勝異甚詳竟不知靈期所修何道能制伏虎豹役使鬼神以元徽二年甲寅九月

九日於上清宮白日升舉

梁母

按集仙錄梁母者盱眙人也寡居無子舍逆旅於平原亭客來投憩咸若還家客還錢多少未嘗有言客住經月亦無所厭自家衣食之外所得施諸貧寒常有少年住經日舉動異常臨去曰我東海小童也母亦不知小童何人也宋元徽四年丙辰馬耳山道士徐道盛暫至蒙陰於絳城西遇一青牛車車自住見一童呼云徐道士前來道盛行進去車三步許止又見二童子年並十二三許齊著黃衣絳袠頭上擘容服端整世所無也車中人遣一童子傳語曰我平原客舍梁母也今被太上召還應過蓬萊尋子喬經太山檢考召意欲相見果得子來靈轡飄飄元綱巘巘津驛有限日程三千侍對在近我心憂勞便當乘煙三清此三子見送元都因汝爲我謝東方諸清信士女太平在近十有餘一好相開度過此無憂危也舉手謝去云太平相見馳車騰逝極目乃沒道盛還逆旅訪之正梁母度世日相見也

任敦

按羅浮山志任敦字尙隱博昌人也少在羅浮學道後宋元嘉中居茅山南洞行步斗之道及洞元五符能召役鬼神隱身分形常居山舍虎狼不敢觸犯嘗講道集衆敦竊嘆曰衆人雖云慕善皆外好耳未見眞心可與斷金者唯杜弢得靈飛散人病能叅賫起之敦受其術及居雲陽句曲洞天南通羅浮敦所居山舍西十五里有一石室西南二里復有一石室可容數十人西南室父老傳云有銅牛出沓銅觸出入至深通潢池而洞寬敞每三元齋戒之日敦往二室祈禱皆彷彿眞形其道術如此

劉虬　浮丘仙　安道士

按武當山志劉虬字靈預天資穎悟博究墳典宋泰始中爲晉王記室解官辟穀入武當山仙去所居石室曰劉爽巖今隱士巖是也　按長沙府志浮丘仙姓潘名逸劉宋時煉丹於益陽浮丘山後仙去　按江西通志六朝安道士不知何許人宋元嘉中披服巾褐來棲贛赤石山中數十年忽失所在時有復見之者竟不可卽

南齊　褚伯玉

按浙江通志褚伯玉錢塘人年十六家爲娶婦乘車而入先生踰垣而出隱於天台中峰二十年樵人見之在重巖之下顏色怡怡齊高帝徵之不起乃移居大霍山仙去

陳惠度

按衡嶽志陳惠度潁川人初居茅山採靈異草藥貨之飲酒不食數年南遊挑兩笈盡是金石之類至南嶽選其幽勝乃告天而盟鍊丹深夜被鬼所擾三揭丹爐運石擺壓唯眞心蟠石上誦黃庭經佩五嶽眞形圖其志愈恪陰有所感道力潛扶獲擒魍魅妖氣盡散其鬼戰慄悲號眞人復令豎石誓免戮鬼形遠遁他界後丹成光氣滿山明徹遠近乃服之以永明三年五月十三日升舉

張通裕

按蘇州府志張通裕字弘眞天師十二代孫永明中隱虞山感異夢卽於山下建寥陽殿虛皇壇手植七檜又嘗鍊丹鑿井藏之

蔡謫仙

按南齊書杜京產傳會稽孔道徵守志業不仕京產與之友善永明中會稽鍾山有人姓蔡不知名

山中養鼠數十頭呼來卽來遣去便去言語狂易時謂之謫仙不知所終

張曇要

按衡岳志齊張曇要居招仙觀精思感通天眞密降授以內養元和默朝大帝之道行之十三年神遊太空面朝皇極大帝賜以瓊寶琪膏混神合景之液受而服之變化不測神用無方以齊中興元年甲戌七月初三日升舉

萬振

按南昌郡乘萬振字長生南昌人隱現齊梁間人莫知其年嘗以符呪解人祟疾隋文帝慕其術賜號天師詔賜洪崖山爲館以居之唐時漁者得青石長七尺扣之有聲郡以獻於朝命碎之得二劍鐔上刻振姓名高祖歎異召見振於曜日殿處之如師友後尸解去已殯數日啓棺惟一劍一杖存詔以銅函盛劍杖葬於西山天寶洞之側

孫遊嶽

按雲笈七籤有吳裔子孫名遊嶽字穎達東陽人也幼而恭長而和其靜如淵其氣如春甄汰九流

潛神希微嘗步赤松磵縉雲堂遂卜終焉及宋太初中陸簡寂先生至自廬嶽雲遊帝宅先生乃摳衣而趨嗣承奧旨授三洞並所祕楊眞人許掾手跡因茹朮却粒服穀仙丸六十七年顏彩輕潤精爽秀潔曁簡寂上賓方旋舊室揔摭道機斷覈眞假與褚章朱三君交密齊永明二年詔以代師并任主興世館於是搜奇之士知襲教有宗若鳳萃於桐蔦齊爭赴矣孔德璋劉孝標等爭結塵外之好後頻謝病歸山朝命未許至永明七年五月內以揮神託化沐浴稱疾怡然而終門徒弟子數百人唯陶弘景入室焉自恭事六載義貫千祀唯貫知眞故特蒙賞識經法誥訣悉相傳授方欲共營轉鍊已集藥石將就冶合事故不遂　按眞常仙系記孫岳字穎達東陽人博學經傳拜簡寂於仙都山四十七年不與世接後來茅山簡寂見而喜曰達君來吾高枕廬山矣一時名士沈約陸景眞諸人咸就學焉

梁一　陶弘景

按謝瀹陶先生小傳先生諱弘景丹陽人也幼標異操聰明多識五經子史皆悉詳究善書得古今法不肯婚宦以貧營未立且薄遊下位爲宜都王侍讀年二十餘便稍就服食遵行道要所得符文

妙法並是眞人遺跡於是業行漸進乃拂衣止於茅山焉觀其神儀明秀盼睞有光形細長項耳間矯矯顯然異衆矣　按陶翊華陽隱居先生本起錄永明十年太歲己卯謝詹事淪先從吳興還聞先生已辭世入山甚懷嗟賞於路中仍爲前傳雖未能究洽而粗舉大綱有似王右軍作許先生傳翊從叔隱居先生諱弘景字通明丹陽人也宅在白楊巷南岡之東宋初土斷仍割秣陵縣西鄉之桐下里至今居之陶氏本冀州平陽人帝堯陶唐之苗裔也堯治冀州平陽故因居焉漢興有陶舍爲高祖右司馬子青襲位至丞相十三世祖超漢末渡江始居丹陽七世祖濬交州刺史璜之弟仕吳爲鎮南將軍封句容侯食邑二千戶與孫皓俱降晉拜議郎散騎常侍尙書六世祖謨濬第三子永嘉中爲東海王越司馬領屯軍隨王出許昌因敗仍復過江爲大將軍王敦參軍敦爲丞相轉軍諮祭酒後隨敦南下而情懼禍及乃啟分屬籍禁錮積年晚起爲車騎丞相參軍不就昇平四年卒始別葬白石山之嶺膺湖北高祖毘有理識器幹高奇以文被黜不肯遊宦州郡辟命並不就後板授南安正佐亦不起元興三年卒曾祖興公多才藝頗營產殖舉郡功曹察孝廉除廣晉縣令義熙二年卒祖隆身長七尺五寸美姿狀有氣力便鞍馬善騎射好學讀書善寫兼解藥性常行拯救

為務行參征南中郎軍事侍從宋孝武伐逆有功封晉安侯除正佐固辭顏峻侍寵就求宅以益佛寺弗與因辭官見譖削爵徙廣州後被恩除南海西平縣令後監新會郡大明五年卒於彼父諱貞寶字國重司徒建安王劉休仁辟為侍郎遷南臺侍御史除江下孝昌相亦閑騎射善篆隸書家貧以寫經為業一紙直價四十書體以羊欣蕭思話法深解藥術博涉子史好文章美風儀凡遊從與蕭思話王釗劉秉周旋多為諸貴勝所賞遇元徽四年冬銜使海外通鄰國之好甚得雅稱昇平元年還都具撰遊歷記并詩數千字及所造文章等劉秉索看仍值石頭事亡失無復別本不得傳世建元三年於縣亡背喪還葬舊墓母東海郝夫人諱智湛精心佛法及終有異焉先是貞寶攜家隨蕭之鄖州孝建二年蕭亡其年九月母覺有娠仍夢見一小青龍忽從身中出直東向而昇天遂覘之不見尼既覺密語比丘尼云弟子必當生男兒應出非凡人而恐無後尼問其故以所夢答尼云將出家又答審爾亦是所願時年二十五其冬仍隨蕭部伍還都住東府射堂前參佐廨中以孝建三年太歲丙申四月三十日甲戌夜半先生誕焉是年乃閏三月明日朔旦便是夏至母即沐浴而起了無餘患先生四五歲便好書今猶有六歲時書已方幅成就九歲十歲讀禮記尚書周易春秋

雜藝等頗以屬文爲意年十一爲司徒左長史王釗子昊博士十三父貽宅席卷隨吏部尙書劉秉之淮南郡十五歸都寓憩中外徐胄舍後仍立別宅從此不復還舊墟十七乃冠常隨劉秉尹之丹陽郡得給帳下食出入乘廐馬秉第二男俁少知名時爲司徒祭酒俁雅好文籍與先生日夜搜尋未嘗不共味而食同車而遊俁與江斅褚炫等俱爲順帝四友故最以才學得名俁作宋德頌連珠七贊當世稱絕俁既亡後文章皆零落先生欲爲纂集竟不能得是歲昇明元年冬先生年二十二隨劉丹陽入石頭城就袁粲建事先生與韓賁處淡同掌文檄及事敗城潰卽得奔出俁及弟侅爲沙門以逃爲人所獲建康獄死人莫敢視先生躬自收殯瘞葬杳硎積墓營理都畢自此棄世尋山而止值宋齊之際物情未安既結劉宗常懷憂惕父乃因紀僧眞求事高帝於新亭卽蒙帳內驅使二年正月沈攸之平從還東府公仍遣使侍第五息曄六息暠侍讀兼助公門管記事先生時年二十三除巴陵王侍郎明年侍從高祖登極還臺住殿內除太尉豫章王侍郎先生云革運之際頗有微勤何處不容三兩階級遂不拜又明年隨安成王出鎮石頭次歲夏丁孝昌府君憂上郢奉迎冬還都安厝世祖卽位以振武將軍起侍宜都王侍讀齊世侍讀任皆總知記室手筆事選須有文才

者先生於吉凶內外儀禮表章奚及牋疏啟牒莫不絕衆數王書佐典書皆承受以為准格諸侍讀多有慚憚頗致讒嫉先生亦任之不以介意年二十八服闋召拜左衛殿中將軍頗鬱時望先生黨亦不解所以卽告庾道敏論諸屈滯庾為面啟武帝帝云先帝昔親命此官卿不知耶其何辭之庾告先生先生喟然嘆曰昔不受豫章王侍郎於今五年翻為此職驛馬非驥騄猶欲固辭庾切言之云太元已來此官皆用名家裴松之從此轉員外郎但問人才若官何所枉君恐為爾誤我事庾於時正被委任總知諸王府事先生不獲已而拜焉年二十九清溪宮新成帝宴樂之先生拜表獻頌又有伏曼容亦上賦於是敕遣中書省舍人劉係宣旨褒賛并敕預舊宮金石會於時上意欲刻此頌於石碑王儉沮議而止時獻賦者五人惟以先生為最將欲遷擢會毋憂去職尋授振武將軍起特賜酒食省祿隨宜都王赴京帝欲幸武進宮先生復作頌頌成而車駕事廢不復得奏云此頌體制爽絕倍勝舊格三年還都方除奉朝請拜竟怏怏與從兄書云昔仕宦應以體中打斷必期四十左右作尚書郎出為浙東一好名縣粗得山水便投簪高邁宿昔之志謂言指掌今年三十六矣方作奉朝請此頭顱可知矣不如早去無自勞辱明年五月遂拜表解職求訖巖林青雲之志於斯始

矣是歲永明十一年壬申歲也先生初隱不欲辭省出仍脫朝服掛神虎門鹿巾徑出東亭巳約語左右曰勿令人知爾乃往與王晏語別晏云主上性至嚴治不許人作高奇事脫致忤旨坐貽罪咎便恐違卿此志詎可作先生嘿思良久答云余未徇志非爲名若有此慮奚爲所宜於是卽不詣省直上表陳誠詔賜帛十疋銀二十錠又別敕月給上茯苓五斤白蜜二斗以供服餌先生旣遂命理舳東下衆賓並餞於征虜亭舉酒揮袂皆云江東比來未有此事乃見今日爾於是止於句容之句曲山先生云此山是金壇洞宮周廻百五十里名曰華陽之天有三茅司命之府故名曰茅山所以自稱華陽隱居亦猶士安之元晏稚川之抱朴凡絓人間書疏皆以此號代名先生善稽古訓詁七經大義備解而不好立義異於先儒議論惟著紙不甚口談尤好五行陰陽風角炁候太一遁甲星曆筭數山川地理方國所產及醫方香藥分劑蟲鳥草木考校名類莫不該悉善隸書不類常式別作一家骨體勁媚琴棊騎射亦皆領括常言心中恆如明鏡觸形遇物不覺有滯礙爲人少嬖戚無嫉競淡哀樂喜怒時有形於言迹者云皆是欲顯事厲物了無歡慍於胷襟先生以甲子乙丑丙寅三年之中就興世館主東陽孫遊嶽咨稟道家符圖經法雖相承皆是眞本而經歷模寫意所未

慨書於是更博訪遠近以正之戊辰年始往茅山便得楊許手書眞跡欣然感激至庚午年又啟假東行浙越處處尋求靈異至會稽大洪山謁居士婁慧明又到餘姚太平山謁居士杜京產又到始寍兆山謁法師鍾義山又到始豐天台山謁諸僧標及諸處宿舊道士並得眞人遺跡十餘卷遊歷山水二百餘日乃還爰及東陽長山吳興天目山於潛臨海安固諸名山無不畢踐身本輕捷登陟無艱瞻卹寒棲拯救危急救療疾恙朝夕無倦其別有陰恩密惠人莫得知之雖借人書隨誤治定在人間製述甚多了不存錄謹條先生所撰記世道書名目如左學苑十帙百卷此一書先生常云羣書外稱欲採一事不可徧檢乃抄撰古今要用以類相從爲一百五十條名爲學苑比於皇覽十倍該備近賜翊語吾無復此暇汝可踵成之此書若畢於學問手筆家無復他尋之勞矣孝經論語集注幷自立意共一帙十二卷三禮序共一卷幷自注注尚書毛詩序共一卷老子內外集注四卷幷自立意三國志讚述一卷抱朴子注二十卷世語闕字二卷依陸文更以意造世語所闕者續臨川康王世說二卷太公孫吳書略注二卷古今州郡說三卷幷造西域圖一張帝王年曆五卷起三皇至汲冢竹書爲正檢五十家書曆異同共撰之也員儀集三卷玉匱記三卷說名山福地事七曜

新舊術二卷占筮略要一卷有十三法風雨水旱饑疫占要一卷有十法算數藝術雜事一卷舉百事吉凶曆一卷本草經注七卷肘後百一方三卷增補葛氏効驗施用藥方五卷此二十四種並世用所撰目書又作相書序述異記序如此等並在集中登眞隱訣三帙二十四卷此一訣皆是修行上眞道經要妙祕事不以出世眞誥一帙七卷此一誥並是晉興寧中衆眞降授楊許手書遺迹顧居士已撰多有漏謬更詮次叙注之爾不出外閒夢記一卷此一記先生自記所夢徵想事不以示人合丹藥諸法式節度一卷集金丹藥白要方一卷服雲母諸石藥消化三十六水法一卷服草木雜藥法一卷斷穀祕方一卷靈方祕奧一卷消除三尸諸要法一卷撰集服炁導引法一卷集人間諸却災患法一卷此九種所撰集道書自先生凡所撰集皆卷多細書大卷負易提錄若大書皆得數四又有圖象雜記甚多未得一二盡知盡見也又作渾天象高三尺許地居中央天轉而地不動二十八宿度數七曜行道昏明中星見伏早晚以機轉之悉與天相會云此脩道所須非但史官家用又欲因流水作自然漏刻使十二時輪轉循環不須守視而患山澗水易生苔垢參差不定是故未立先生形細身長七尺二寸腰止圍二尺六寸薄皮膚露筋骨青白色長頭面疎肩目鼻小而平

直長額聳耳左耳內輪有大黑痣如豆耳兩孔裏各有十餘大毛出外二三寸方頤禿鬢露頸少鬚髮右肩上有一紫痣如兩錢大右股內有數十細黑子多作七星形起正方如鐵鎗脚眼中常見有異光象左右各類未嘗言其狀聞人說小來本神儀端潔十五已上彌爲美茂每出路人多嘆羨雖冬月行常執扇自障年二十九時於石頭城忽得病不知人事而不服藥不飲食經七日乃豁然自差說多有所覩見彌從此容色瘦瘁言音亦跌宕闊緩遂至今不得復常音聲本清正大小稱形言詞率易無姿製行步舉動翩翩輕利顏儀和明不嚴毅小大見之皆樂悅附而自令人畏服門徒胥附承奉祇肅有如宮庭小來與人有隔數歲便不與人共甌飭飲食及長遊處宿息常自然安置性不嘲調世中戲謔一切不爲爲人强精魂夜行獨宿無所疑畏一生不識魘入山以來山禍未嘗離體

按神仙感遇傳貞白先生陶君諱弘景字通明吳荊州牧濬七世孫丹陽人也母初娠夢青龍出懷并二天人降手執香爐覺語左右言當孕男子非凡人多恐無後及生標異幼而聰識長而博達因讀神仙傳有乘雲馭龍之志年十七與江斅褚炫劉俊爲宋朝昇明四友仕齊歷諸王侍讀年二十餘稍服食後就興世觀主孫先生咨稟經法精行道要殆通幽洞微傳泰朝請乃拜表解職

答詔優歎賜與甚厚公卿祖之於征虜亭供帳甚盛咸云宋齊以來未有斯事遂入茅山又得楊許眞書遂發嚴告靜自稱華陽隱居書疏亦以此代姓名至明年時議欲迎往蔣山懇辭得止然勅命餉賚恆爲繁極乃造三層樓棲止身居其上弟子居中接賓於下令一小豎傳應而已淨光隱翳內修祕密深誠所詣遠屬靈人可謂感而遂通矣身長七尺八寸爲性圓通謙謹心如明鏡遇物便了深慕張良之爲人率性輕虛飄飄然頗有雲間興其所通者皆得於心非傍識所能及長於詮正謬僞地理曆算亥不容發成郎爲體造渾天儀轉之與天相會其撰眞誥隱訣注老子等書二百餘卷至永平三年深藏向晦及梁武帝革命議國號未定先生乃引諸讖記定梁應運之符又擇交禪日靈驗昭著勅使入山宣旨酬謝帝既早與之交遊自此後動靜必報先生既得祕旨妙訣以爲神丹可成恆苦無藥帝給之又手勅咨迓先生因畫二牛一散放於水間一著金籠一人執繩以杖驅之帝笑曰此人無所不作欲効曳尾龜豈可致邪其時每有大事無不已前陳奏時人謂之山中宰相以大同初獻二刀一名善勝一名成勝爲佳寶梁武初未知道教先生漸悟之後詣張天師道裕建立元壇三百所皆先生之資也梁武帝金樓子云予于隱士重陶貞白士大夫重周弘正其於義理

按武進縣志蕭子雲性沉靜不樂仕進晚更好仙道師杜曇永頗得其祕忽有神人降言郁木坑可以久居移家寓焉久之上帝玉冊封爲元洲長史後人入洞往往有見之者　按江西通志蕭子雲仕梁爲黃門侍郎棄官修道於郁木庭道成天詔爲元洲長史遂昇仙去玉笥實錄亦云子雲遊至玉笥師事杜元君成仙

白鶴道人

按霍山縣志白鶴道人梁武帝時方士愛霍山奇絕時浮屠寶誌者亦欲其地武帝命二人各以物識其地得者居之道人以鶴止處爲記寶誌以錫卓處爲記已而鶴先飛去忽聞空中飛錫聲遂卓於山麓而止鶴止他處遂各於所識之地築室

雙師

按道州志雙師梁武帝時人自南嶽來止黃庭觀白馬巖一日浴畢輕舉留月帔於松林間

按寧遠縣志雙師於黃庭觀修煉後宿白馬巖脫月帔而去千年不壞　按衡嶽志雙襲祖字仲遠梁時吳人也始居南嶽潛心於道以求度世嘗謂誠素所至高眞必通遂刻志誦黃庭玉篇因作

黄庭觀使弟子居之自棲於白馬巖後往來九嶷山一日歸觀沐浴閉室而坐凡七日不出弟子驚異開际之忽然輕舉遺仙帔於木杪巖中卧席經百年不壞時唐太宗貞觀元年夏四月也

王靈輿

按衡嶽志王靈輿九江道士勤志於道初居五老峯神人夜中謂之曰得道者若非其地如植五穀於砂石之間則不能成矣雖有飛升之骨當得福地靈墟然後可以變化雖累德以為土地積功以為羽翼苟非其所魔壞其功茲道無由成矣靈輿問何地可以棲止曰朱陵之上峯紫蓋之鄰岫可以冲天矣遂自廬阜遷居南嶽之中宮一十二年羣眞下迎以梁天監十一年壬辰七月十三就壇升舉

鄧郁

按衡嶽志鄧郁荊州建平人居衡山洞靈臺辟穀三十餘年惟飲澗水服雲母屑一夕遇魏夫人乘雲至謂郁曰君有仙分故來相尋遂傳以法行之而得道梁武帝建五嶽樓以居之天監十四年忽見二青鳥如鶴大皷翼鳴舞移晷方去謂弟子曰青鳥既來期會至矣乃乘之而去　按荊州府

精博無窮亦一時名士也先生嘗作詩云夷甫任散誕平叔坐譚空不信昭陽殿化作單于宮其時人皆談空理不習武事侯景之難亦如所言先生以大同二年丙辰歲三月壬寅朔十二日癸丑告化時年八十一顏色不變屈伸如常室中香氣積日不散以其月十四日窆於雷平山同軒轅之葬衣冠如子喬之藏劍竊比於茲日可得符爲詔追贈中散大夫諡貞白先生仍敕舍人監護馬樞得道傳云受蓬萊都水監弟子數百人有先得道者唯王遠知陸逸沖桓清遠嗣先生之德爲唐天寶元年追贈金紫光祿大夫太保梁邵陵王蕭綸爲碑銘焉　按香案牘弘景右膝有數十黑子作七星文少便鞍馬善射晚皆不爲唯聽吹笙借人書隨誤治定　按珍珠船陶弘景云仙障有九名居其一吾不白日昇天蓋三朝有浮名乎　按寧海縣志陶弘景字通明秣陵人號華陽隱居閬風里與張少霞鍊丹今鐵場側有東山猶存庵址嘗夢神告曰山在後海在前金箋玉笥居兩邊是中可以藏汝丹遂瘞丹爲其後漁人每夜望見火光紹興初邑人胡俊發地得磁盆大小三重內貯紫赤石如鐵邑人陸浞者取而藏之踰半載有一道流至號術山人與語大悅以丹示之道流嘆異夜深各就寢比曉人與物俱亾

張如珍

按衡嶽志梁張如珍南陽人居南嶽遇神仙降授明鏡之道使其修之曰夫照物理者天也照物形者鏡也天之道以清鏡之體以明人能存天清鏡明澄心靜神而內外洞朗則至道成矣若以內役其智外勞其形心不澄神不清去道遠矣吾昔受之於長桑公子云此道要祕於太微中天帝所得之能洞達元通遐照八極夫洞眞法中有四規之道依四時而行之亦與此同體爾古人所謂虛其室則白自生定其心則道自生信哉言乎如珍修之九年而成洞視千里無一物可隱以梁天監三年甲申十一月十三日於九仙宮白日昇舉

杜曇永

按江西通志杜曇永號元老有道術梁天監中攜門人司門員外郎錢文詠乘舟載家南上玉笥山初駐清虛館後復以居得勝地構清眞宮蕭子雲助錢百萬成之自爲記書之于碑梁武聞其風賜號金闕先生後于太白峯頂白日昇天

蕭子雲

志鄧郁字彥達荆州人也隱居衡山洞靈臺極峻之嶺立小板屋兩間足不下山斷穀三十餘年唯以澗水服雲母屑嘗合金石為丹梁武帝建五嶽樓駐之天監十四年有青鳥降於隱所語弟子曰求之甚勞得之甚逸吾當去矣遂無疾而逝武帝命周捨撰傳記

## 胡伯女

按安陸府志胡伯女年十四得道大通四年遊荆州登當陽圓臺山築室環列羣書獨居七十年後蛻解

## 廖沖

按廣東通志六朝廖沖字清虛連州人博學能文辭於經史無所不通飭身修行鄉閭稱之以儒術知名舉茂才仕梁為本郡主簿西曹祭酒時武帝好儒學招徠天下名士沖與焉嘗命賦詩稱上意嘉賞之湘東王之就國也聞沖有詞藻請以為王國常侍上許之王為人內猜忍而外浮華喜談老子而莫知其要沖嘗坐講進無欲自靜之說以諷之凡王所為多所規諫遂日見疎薄是時帝既耄荒諸子又頑嚚多不法沖私謂所親曰根本撥矣天下必不能久治吾當去且不去王將以赭衣衣

我郎浩然掛冠歸結廬靜福山在縣北五十里居焉時大同三年也託迹黃老以鍊丹服氣爲名幽棲自適不復知有塵俗事人往訪之見其吟眺水石間猛虎修蛇馴狎其側休休如也遂眞以爲得道矣陳光大二年卒壽九十有七世之好事者相傳沖白日上昇號其地爲仙翁壇唐刺史蔣防經所居爲作碑銘刻石山下有捫蘿撥雲瞻仰不足之嘆且謂沖籠名金閨晉身玉堂辭詞林學府之職以紅霞丹府爲家鶴骨松貌泉渟谷處寓形人間天地無累蓋扶桑公陶隱居之流也

## 桓闓

按神仙感遇傳桓闓者不知何許人也事華陽陶隱居爲執役之士辛勤十餘年性常謹默沈靜奉役之外無所營爲一旦有二青童白鶴自空而下集隱居庭中隱居欣然臨軒接之青童曰太上命求桓先生耳隱居默然心計門人無姓桓者命求之乃執役桓君耳問其所修何道而致此桓君曰修默朝之道積年親朝太帝九年矣乃有今日之召將昇天陶君欲師之桓固執謙卑不獲請陶君曰某行教修道勤亦至矣得非有過而淹延在世乎願爲訪之他日相告於是桓君服天衣駕白鶴昇天而去三日密降陶君之室言曰君之陰功著矣所修本草以虻蟲水蛭輩爲藥功雖及人而害

於物命以此一紀之後當解形去世署蓬萊都水監耳言訖乃去陶君復以草木之藥可代物命者
著別行本草三卷以贖其過焉後果解形得道

孫韜

按紹興府志孫韜剡人入山師潘四明叅受眞法陶隱居手爲題握中祕訣門人罕能見惟傳韜與
桓闓二人

錢眞人

按武進縣志錢眞人田家女姊妹依陶隱居茅山誦黃庭內外篇積功修行閱三十餘歲普通三年
七月其姊佩白練入燕洞而隱妹躡至扉已闔矣洞口至今有紫菖蒲碧桃在焉眞人一作妙眞毘
陵人

張老

按續元怪錄張老者揚州六合縣園叟也其鄰有韋恕者梁天監中自揚州曹掾秩滿而來有長女
既笄召里中媒媼令訪良壻張老聞之喜而候媒於韋門媼出張老固延入且備酒食酒闌謂媼曰

聞韋氏有女將適人求良才於媼有之乎曰然曰某誠衰邁灌園之業亦可衣食幸為求之事成厚謝媼大罵而去他日又邀媼媼曰叟何不自度豈有衣冠子女肯嫁園叟耶此家誠貧士大夫家之敵者不少顧叟非匹吾安能為叟一盃酒乃取辱於韋氏叟固曰強為吾一言之言不從即吾命也媼不得已冒責而入言之韋氏大怒曰媼以我貧輕我乃如是且韋家焉有此事況園叟何人敢發此議叟固不足責媼何無別之甚耶媼曰誠非所宜言為叟所逼不得不達其意韋怒曰為吾報之令日內得五百緡則可媼出以告張老乃曰諾未幾車載納於韋氏諸韋大驚曰前言戲之耳且此翁為園何以致此吾度其必無而言之今不移時而錢到當如之何乃使人潛候其女女亦不恨乃曰此固命乎遂許焉張老既娶韋氏園業不廢負穢钁地鬻蔬不輟其妻躬執爨濯了無怍色親戚惡之亦不能止數年中外之有識者責恕曰君家誠貧鄉里豈無貧子弟奈何以女妻園叟既棄之何不令遠去也他日恕致酒召女及張老酒酣微露其意張老起曰所以不即去者恐有留念今既相厭去亦何難某王屋山下有一小莊明旦且歸耳天將曙來別韋氏他歲相思可令大兄往天壇山南相訪遂令妻騎驢戴笠張老策杖相隨而去絕無消息後數年恕念其女以為蓬頭垢面不可

職也令大男義方訪之到天壇南適遇一崑崙奴駕黃牛耕田問曰此有張老家莊否崑崙投杖拜曰大郎子何久不來莊去此甚近某當前引遂與俱東去初上一山山下有水過水連綿凡十餘處景色漸異不與人間同忽下一山一水北朱戶甲第樓閣參差花木繁榮烟雲鮮媚鸞鶴孔雀徊翔其間歌管嘹亮耳目崑崙指曰此張家莊也韋驚駭不測俄而及門門有紫衣人吏拜引入廳中鋪陳之華目所未覩異香氤氳徧滿崖谷忽聞珠珮之聲漸近二青衣出曰阿郎來此次見十數青衣容色絕代相對而行若有所引俄見一人戴遠遊冠衣朱綃曳朱履徐出門一青衣引導前拜儀狀偉然容色芳嫩細視之乃張老也言曰人世勞苦若在火中身未清涼愁焰又熾而無斯須泰時兄久客寄何以自娛賢妹略梳頭卽當奉見因揖令坐未幾一青衣來曰娘子已梳頭畢遂引入見妹於堂前其堂沉香爲梁玳瑁帖門碧玉牕珍珠箔階砌皆冷滑碧色不辨其物其妹服飾之盛世間未見略敘寒暄問尊長而已意甚鹵莽有頃進饌精美芳馨不可名狀食訖館韋於內廳明日方曙張老與韋生坐忽有一青衣附耳而語張老笑曰宅中有客安得暮歸因曰小弟暫欲遊蓬萊山賢妹亦當去然未暮卽歸兄但憩此張老揖而入俄而五雲起於庭中鸞鳳飛翔絲竹並作張老及妹

各乘一鳳餘從乘鶴者十數人漸上空中正東而去望之已沒猶隱隱聞音樂之聲韋君在後小青衣供侍甚謹迫暮稍聞笙簧之音倏忽復到及下於庭張老與妻見韋曰獨居大寂寞然此地神仙之府非俗人得遊以兄宿命合得到此然亦不可久居明日當奉別耳及時妹復出別兄慇懃傳語父母而已張老曰人世遐遠不及作書奉金二十鎰并與一故席帽曰兄若無錢可於揚州北邸賣藥王老家取一千萬持此爲信遂別復令崑崙奴送出却到天壇崑崙奴拜別而去韋自荷金而歸其家驚訝問之或以爲神仙或以爲妖妄不知所謂五六年間金盡欲取王老錢復疑其妄或曰取爾許錢不持一字此帽安足信既而困極其家强逼之曰必不得錢亦何傷乃往揚州入北邸而王老者方當肆陳藥韋前曰叟何姓曰姓王韋曰張老令取錢一千萬持此帽爲信王曰錢卽實有席帽是乎韋曰叟可驗之豈不識耶王老未語有小女出青布幃中曰張老常過令縫帽頂其時無皂線以紅線縫之線色手蹤皆可自驗因取看之果是也遂得載錢而歸乃信眞神仙也其家又思女復遣義方往天壇南尋之到卽千山萬水不復有路時逢樵人亦無知張老莊者悲思浩然而歸舉家以爲仙俗路殊無相見期又尋王老亦去矣後數年義方偶遊揚州閒行北邸前忽見張家崑崙

奴前曰大郎家中何如娘子雖不得歸如日侍左右家中事無巨細莫不知之因出懷金十斤以奉曰娘子令送與大郎君阿郎與王老會飲於此酒家大郎且坐崑崙當入報義方坐於酒旗下日暮不見出乃入觀之飲者滿座坐上並無二老亦無崑崙取金視之乃眞金也驚歎而歸又以供數年之食後不復知張老所在

## 郗尊師

按鎮江府志梁郗尊師逸其名養道成功從以二虎歸茅山良常洞

## 李順興

按續文獻通考李順興杜陵人年十五佯愚作智言未來事多中常冠道士冠好飲酒蕭寶寅反召問曰朕王可幾年對曰爲天子有百年者有百日者及寶寅敗纔百日其黨乃棒殺順興置城隍中頃之起活如初又嘗臥太傅梁覽家以衣倒覆於身上及覽通使東魏事覺被誅以衣倒覆又嘗乞驪山下廢地於周文周文曰何用曰有用未幾至溫湯遇患卒於其地

## 女几

按女仙傳女几者陳市上酒婦也作酒常美仙人過其家飲酒即以素書五卷質酒錢几開視之乃仙方養性長生之術也几私寫其要訣依而修之三年顏色更少如二十許人數歲質酒仙人復來笑謂之曰盜道無師有翅不飛女几隨仙人去居山歷年人常見之其後不知所適今所居即女几山也

卷終

## 神仙部列傳十六

### 梁二　周子良

按周氏冥通記元人周子良字元和茅山陶隱居之弟子也本豫州汝南郡汝南縣都鄉吉遷里人寓居丹陽建康西鄉清化里世為胄族江左有閑晚葉彫流淪胥以瘁祖文朗舉秀才宋江夏王國左常侍所生父耀宗小名金剛文朗第五子郡五官掾別住餘姚天監二年亡年三十四仍假葬為所繼伯父耀旭本州主簿揚州議曹從事母永嘉徐淨光懷娠五月夢一切仙室中聖皆起行四面來繞己身乃以建武四年丁丑歲正月二日人定時生於餘姚明星里期歲為姨寶光所攝養同如母之義子良幼植端惠立性和雅家人未嘗見其慍色十歲隨其所養母還永嘉天監七年隱居東遊海嶽權住永寧清嶂山隱居入東本往餘姚乘舫取晉安霍山平晚下浙江而潮來奔騰洶湧非人力所能制因仍上東陽欲停此住忽值永嘉人談述彼山水甚美復相隨度嶠至郡投永寧令陸襄陸仍自送憩天師治堂而子良始已寄治內住於此相識今討覈緣由如神靈所召故其得來此

山不爾莫測其然於時子貞年十二仍求入山服節爲弟子始受仙靈籙老子五千文西嶽公禁虎豹符便專心於香燈之務凡好書畫人間雜伎經心則能後隨往南霍及反木溜旦夕承奉必盡恭勤十一年從還茅嶺此後進受五嶽圖三皇內文十二年秋其家中表親族來投山居乃出就西阿別廨住以十四年乙未歲五月二十三夏至日於廨忽未中寢臥𣺌淪良久乃起出姨母不解所以深加辯切乃頗說所見具如別記自爾於四五旬中大覺爲異恆垂簾掩扉斷人入室燒香獨住日中止進一升蜜餐周家本事俗神姨舅及道義咸恐是俗神所假或謂欲染邪氣亟相感問唯答云許終是夢寐無所知究自懷愁慮爲復斷隔耳於是衆人莫測可否相與縱置聽看趣向其七月中乃密受眞旨令外混世迹勿使疑異從此趨走執事乃過於常日其年十月從移朱陽師後別居東山便專住西館掌理外任應接道俗莫不愛敬本性君子訥言敏行所可云爲默而能濟清修公正纖毫無私去冬欲潛依冥旨逆須別宇託以方便覓求構立雖建三間麤屋經時未畢入此年十月便密自成辦窗戶牀簾至十九乃竟親屬道義爾其上果要往看之覺其潛形惻容並莫知所以至二十六日密封題東西館諸戶閤廨處灑洗以文簿器物料付何文幸爾夕自攜衾枕出所住廨

云當暫齋或云暫行二十七日獨往住家廨及還館中言色平然了無一異更香湯沐浴著諸淨衣

與文幸棊博讃誦而屢瞻晷景至日昳後便起云時至矣卽束帶燒香往師經堂中遍禮道衆徑出

還所住廨衆人正言應就齋去日晡間其弟名子平往看正見子良燒香出還住戶問子平何以來

答云姨孃氣發喚兒還合藥煮湯語云我體亦小惡卽時欲服藥竟當還若未卽還汝可更來仍見

鐺中温半升酒子平馳還說此姨母驚怪亟令走往已正見偃臥子平不敢便進俄頃所生母及姨

母續至見便悲叫問何意何意唯閉眼舉手三彈指云莫聲叫莫聲叫誤人事其母欲捧頭起而蹴

巾轉猶舉手再過正巾須臾氣絶時用香爐燒一片薰陸如貍豆大烟猶未息計此正當半食頃耳

時年二十先已裝束內衣止著眠衣加以法服並堅結其帶脫屐襦卷辟之容質鮮淨不異於生一

切聞見莫不歎駭以二十九日日昳後殯仍造磚塚於東岡十一月三日丙寅日昳後窆卽捧土成

墳此後音影寂寥未適寤寐將同人神之隔爲機會俟時乎其得道原由品號自具顯所受計中今

略疏在世事迹共所聞見如此故載之記前又爾日於書案上得四函書並封題上皆濕一函與師

一函與後廨姨母等一函與舅徐普明一大函有四紙與南館東山諸道士並是告別同云二十七

日計此當時是從朱陽還仍作書作書竟便燒香也又檢溫鑑中猶如常酒氣瓦盆中已被水湯無氣都不見蹤蹤跡竟不測何所因託師既惋慨此事追恨不早研究亟令人委曲料檢諸篋蘊庶覩遺記而永無一札文幸云二十六日燒兩束書可百餘紙不聽人見意疑此必皆已焚毀懊惜彌切心猶未彌十一月旦甲子試自往燕口山洞尋看果見封投一大函參崎嶔銜取拜請將還開視即是從來受旨五月唯有夏至日後四事六月七月並具足從八月後至今年七月末止疏目錄略舉事端稱云而已未測亦並有事如六七月而不存錄為當不復備記止經略如此邪今以意求恐是不復疏之何知爾尋初降數句中已得閑靜後既混糅恆親紛務不展避人題之紙墨直止錄條領耳想此十餘月中訓諭何限惜乎弗問此師之咎矣又從今年八月至十月都不復見一條又尋所燒者定當非此例無容一封一焚故也又從來有命師及姨母知者止有數條一者初夏至日晝眠內外怪責不得不說二者斷不食脯肉亦被怪不得不說三者與師共辭請爾眞旨令改朱用墨此不得不說四者師得停召眞旨令告知此 右周傳

五月夏至日未中少許 注天監十四年乙未歲五月二十三日乙丑也

在所住戶南牀眠始覺仍令善生下簾　於時住在西阿姨母廨中善生是兩姨弟本姓朱七歲時

在永嘉病十餘日正爾就盡隱居若爲救治仍捨給爲道子

又眠未熟忽見一人長可七尺面小口鼻猛眉多少有鬚青白色年可四十許著朱衣赤幘上戴蟬垂纓極長紫革帶廣七寸許帶鞶囊鞶囊作龍頭足著兩頭鳥鳥紫色行時有聲索索然從者十二人二人提裾作兩髻髻如永嘉老姥髻紫衫青袴履縛袴極緩三人著紫袴褶平巾幘手各執簡簡上有字不可識又七人並白布袴褶自履牀悉有所執一人挾坐席一人把如意五色毛扇一人把大卷書一人持紙筆大硯硯黑色筆猶如世上筆一人捉纖纖狀如毛羽又似綵帛斑駮可愛纖形圓深柄黑色極長入屋後倚簷前其二人並持囊囊大如小柱似有文書挾席人舒置書牀上席白色有光明草纓如苐子但纓織尤大耳侍者六人入戶並倚子良牀前此人始入戶便皺面云居太近後仍就座以臂隱書案於時筆及約尺悉在案上便自捉內格中移格置北頭問左右那不將几來答云官近行不將來乃謂子良曰我是此山府丞嘉卿無從故來相造子良乃起整衫未答云

予時自覺起對分明而人見身猶臥恍惚不自解

仍問曰今日吉日日已欲中卿齋不答依常朝拜中食耳未曉齋法又曰中食亦足但夏月眠不益人莫恆貪眠又答體羸有小事竟覺倦倦如欲眠不能自禁曰小小消息無苦因風起吹繖欲倒仍令左右看繖赤豆在庭中戲走來垂至繖邊左右以手格去郎善又來架子上取塸觸此左右善便倒地此左右以手接之此人問那得此小兒子子良答家在錢塘姓俞權寄此住又曰勿令裸身善神見之　小男兒名赤豆年五歲是俞僧夏兒云多災厄暫寄道士夏月裸身出戲

又問郎善何人子良答家在永嘉依滕陶先生又曰陶有美志爲人所歸投　郎善姓徐樂成縣人年十六七許先依隨隱居還山今已去

又語子良曰卿父昔不無小過釋來已三年今處無事地自云墳塚在越雖自羈迴亦不願移之南頭有一坎宜塞去其今欲同來有文書事未了不果明年春當生王家以其前過未盡故復出世　子良本欲以甲午年迎父柩出西事不果周事角家過此未申酉歲乃更議當是其父不許移故因此告郎往驗果有坎已塞竟

卿前身有福得值正法今生又不失人神之心按錄籍卿大命乃猶餘四十六年夫生爲人實依依

於世上死為神則戀戀於幽冥實而論之幽冥為勝今府中闕一任欲以卿補之事目將定莫復多言來年十月當相召可逆營辦具故來相告若不從此命者則三官符至可不慎之子良便有懼色此人曰卿趣欲住世種罪何為得補吾洞中之職面對天眞遊行聖府自計天下無勝此處子良乃曰唯仰由耳又曰卿自幼至今不無小愆可自思悔謝若不爾者亦為身累凡修道者皆不裸身露髻任濫無辜起止飲食悉應依科聊復相告言盡於此今還所任方事猶疑冀非遠耳卿勖吾言勿示世中悠悠之人山中同志知之無嫌便下床未出戶見門上有令春劉白等 令春是姨母間婢子劉白是白從子

乃又曰勿令小兒輩遏壇靜靜中有眞經前失火處大屋基今猶有吏兵防護莫輕洿慢其輩無知事延家主 門是前中隔閤靜屋及壇在閤外經堂被燒移經出安靜中堂屋四間東二間作齋堂西二間姨母住始其年四月二十三日遭燒四間都盡姨母修黃庭三一供養魏傳蘇傳及五嶽三皇五符等所云眞經當指在此但未解空基處云何猶有防守之

卿姨病源乃重雖不能致斃亦難除子良因問不濟若為治療腹中又有結病何當得除答曰不可

郎除歲月之間不知若為耳腹中亦有卒可差別當向卿言　前云事延家主家主郎姨母所以因說病事不由於請問也姨母年四十七素患風冷恆上氣腹左邊有氣結如杯大從來醫藥所不能愈也

令春等去便下堦而滅　韓神明出入無方乃並牀不疑而亦有避人時蓋是過穢賤者不可觸冒

右一條是夏至日書所受記書四孅白紙　此丞依別自是趙於保命四丞居火者名威伯河東人主記仙籍幷風雨水領五芝今玉草事出眞誥

又別夢見懸巖峙壁鬱然若似青嶂中某在山下望見山上有二人一人著遠遊冠錦繡之衣其意言是保命君一人猶是向高座上老子也相對而談某不解其語須臾便覺竟不知此二人後何所適　右一條二十八日晝寢夢記書兩孅小白紙

六月一日夜　凡此端皆題紙背作乙未年

復見前丞來乃著進賢冠猶如前侍七白衣人所執持亦不異舒坐席坐南牀復有二人年並十五六許形服鮮麗皆作兩髻著衣似單衣復如袴似繡而非丞言曰一日有期差不為疑仍指東邊一

人曰此華陽之玉童定錄保命二君令來相諭又指西邊人曰此紫陽之侍童二君昨詣紫陽陳卿事源紫陽乃戲言大族貞虛其中淩雲者理非一人定錄曰此蓋見由耳紫陽笑曰東華紫薇當焚錄邪丞曰吾想此言實是賞讚卿也華陽童乃言曰夫騰龍駕霄之才理非涉世之用榮華籌略之心豈會神真之想爾情無滯念胸臆蕭豁是以果而速之若無此虛豁之心者則一志而不及一向而不迴此為能得道爾既無才學可稱又乏至德之美特是採緣訪命加以迹少筵累心無沈滯故得耳勿區區於世間流連於親識眷眄富貴希想味欲此並積罪之山川煮身之鼎鑊善思此辭勿足為樂若必窮此則仙道諧矣又問曰陶氏才識何如答曰德操淵深世無其比又曰然恐緣業不及如何紫陽童仍言曰君言君言是稱紫陽語也神仙易致而人德難全是故二象雖分其間猶混真道可闕而不可見人道可見而其行難闕夫為人者皆負虛誕欲恣情任美所以三惡不離其心五情不節於體皆由先世種罪多故耳若生在中國知有道德人身完備才明行篤者皆宿命有福德也君述言訖

此爾宿世已生周家君之餘嗣也今生又在周家雖出庸俗先功未弭故得受學仙宮任奏神府君昨歎云一與其別已數百年矣誠子之辭訖勸子之言盡可善勖之方當往來不為久別又仍曰君

已改子名字因人相告二童便出戶丞曰二人言盡此皆眞君授其語今相諭吾不得停尋更來夜席便滅　右一條一日夜所授記書兩小度殘白紙　丞猶是趙丞華陽童依後記云姓贏名上期紫陽童云姓鳳名靈芝按此云已改子名字別因人告而後八日來說所改名字卽猶是此童也當是其今未敢言耳

六月四日夜華陽童來授曰爾既挺思合神必不會世心中人惟欲求利爾不能益則有不悅爾今事人尊者若罵詈爾得罵時當存念身神耳可得閉而心勿受爾莫口應若罵畜生禽獸之屬皆當卽沐浴此爲賊身之大穢穢則眞神不降邪氣侵人昔有劉文長師李少連少連苦酷不道鞭打罵詈無有時節文長受而口對積十一年山神遂使試之後成邪注病今在保命丞閒爲散使緣前身有忠朴之心故得爲正神所使少連今猶在河閒晝夜辛苦不可得見譬如此事可不慎之言此而去

右一條四日夜所授記書一白牋紙　去歲閒其家說姨母常修服諸符恆令爲書其既始有通感於書符失時兼亦不謹姨母責罵甚苦乃云人家養犬亦須守吠逐鼠養汝已不得供養止書符寫書而不用意用汝何爲伊於時意色極不好今由此告當由斯源也姨母以其年少伏事人

恐過失每課厲非一從此後得罵便喜笑悅覓輒沐浴大小咸怪如此至於師長之間實未嘗加以言色今則文長少連為譬當以在三之義均耳

六月六日夜見一人來儀服甚整著丹衣青帔芙蓉冠冠上又有小平蓋蓋青色紫緣邊背上佩三青色鈴年可二十餘面甚白微有鬚侍者四人二男二女至良久乃言曰我是桐柏仙人鄧靈期聞子合道故來相慰子良曰凡庸下賤少樂正法幸藉緣會得在山澤何期真聖曲垂啟降自顧腐穢無地自安若前緣可採願賜開度仙人曰善哉辭也子千生已來種福多矣自然而會何待開授度子者當自有人吾特蘄子緣德來結交耳幸無謙辭桐柏當復有來者當授相待吾今去矣下旬間更相過方事遊適兩念相存執手而去　右一條六日夜所授記畢一青紙　依後別記鄧始得為桐柏帝晨執蓋御史領華陽學仙禁真誥中所無云桐柏復有來者當謂後徐元真也

六月八日夜紫陽童來裝服如前言曰欲知我姓字不子良曰願聞之童曰我本姓王字子遷太原人宿命時父為陳留太守仍移居丹陽我年十五化前身有福德生為人復修功德死為神補紫陽內宮玉童賜姓鳳字雲芝君今改子名為太原字虛靈　童凡所稱君者皆紫陽也不改姓仍取周

也

此名字中皆有旨趣今略爲述之太者元始之極而質象含眞元者謂應虛無之炁挺分所至非修身立功所得處者謂形同乎假志無苟滯蕭條而應眞靈者謂在世而感神棄世而爲靈此表裏成功纍流後裔也略陳其綱紀如此別有幽奥處未可便及此名不施於世且莫顯示子良字元龢此乃施之善名亦不勝於世直是施於冥中耳言訖便去　右一條八日夜所授記書一白籐紙　其羣從兄弟皆以子字爲名子良是其本爻作生便名以無別小名也字元和者是癸巳年十七於華陽東嶺冠師爲作此字燒香啟告以授之按後記云所改名卽是青錄玉文者當周名仍取以名之

六月九日夜夢聞人語不見人形聲氣高厲謂子良曰若披實紫蓋遊適偃房者神仙之漸也　惟言此而已意所言是定錄神君隱告也

須臾覺便見前丞丞曰向來者爾識之不答曰不識丞曰是眞君爾未宜見之故遙相告爾　按此前華陽中惟丞帥及童來耳眞君都未降今此方爲其始也

又曰爾聞血臭不答不聞丞曰爾體血流釋那不自知答曰自謂無血唯汗耳丞曰汗之與血一何異乎汗者血之精華人血猶如水寒則上凝夏則上清清則流泄易凝則決冰而血出是爾陂塘處微故不能止於流耳人血如淵水不厭其溢但患其竭吾有築塘之術當為爾治之今但俟景抱華亦能微微為效吾今且去外已有人來下席而滅卽見一人入侍者三人來至牀前而言曰我是張孝字子安滎陽梨井人也　直言此而滅見年可三十許巾紫方冠著繡衣當是高仙人　右一條九日夜一夢聞一受記書一白簾紙　依別記張子安是華陽中蕭閑堂主上眞誥所無

六月十一日夜有一女人來嶺姿形貌姸麗作大髻通青衣言曰今夕易遷中有四人欲來爾所住處今既在此當不果至十九日只當來耳子良言侍從師還此不知今夕有垂降者欲還住處仰俟可得爾不女曰既已在此已夜不須復還恐人相疑亦不須道今夕來此意子良問不審氏字可得示不女曰姓李字飛華淮陰人來易遷中已九十四年既始受學未能超進今者之來乃趙夫人見使便別曰十九日期君於西阿子良斂手而別　此女年可二十三四許有兩人同來惟此女言耳一人當是侍者也　右一條十一日夜所受記書一白簾紙　此日師出冰館仍上山日沒後

還東嶺周送入至住處已黃昏仍留其停宿於時在冰口屋尋嶺內清淨神女不集西廨混雜反欲相從未違此趣以爲於邑

六月十二日有五人來乃三更中一人年可三十餘黃華冠雲錦毛衣　侍者四人執紫毛節持流金鈴此馮眞人也眞誥有

一人芙蓉冠絳繡衣　侍者二人無所執則張子安也眞誥見

一人芙蓉元冠綠繡衣　侍者二人則中山人洪先生也眞誥無

一人赦幘朱衣紫草帶　侍者六人皆公服悉有所執持則樂丞眞誥有

一人兩髻亦繡衣　此華陽童　右五人前三人列坐南牀丞及童坐書牀子

丞前進曰今夕有高眞來可起可起子良因起拜前者前者曰可坐子良還坐又曰周生修功積德可謂不負其志乎張君曰明鑒鏡察理當照其衿懷耳答曰如來辭洪君曰見周生不中路怠廢乎答曰不怠廢雖怠亦不能毀其金簡丞曰周生可謂保仙之人前者乃問子良曰今日諸人來暢爾懷抱不子良答曰枉蒙上眞賜降腐穢欣懼交心無以自厝乃笑而不言華陽童子曰此諸眞人君

當不盡識今將相告上者嵩高眞人馮先生第二郎蕭閑仙卿張君第三郎中嶽仙人洪先生第四乃保命府丞樂道士第五則我華陽之天司農玉童故令君悉知姓位此中諸位任何如世上侍中公卿邪子良答曰眞仙高靈豈得以此於塵俗丞曰能察幽測冥者周生是也今者旣曲紆眞降願各爲其述一文眞人曰卿是其明證可前作答曰敢不開旨但恐卑人居前非禮耳丞乃令子良襞紙染筆口授曰華景輝瓊林淸風散紫霄仰攜高眞士凌空馭綠軿放彼朱霞館造此塵中傑有緣自然會不待心翹翹馮眞人授曰太霞鬱紫蓋景風飄羽輪直造塵滓際萬穢澆我身自非保仙子安見今日人過此未申歲控景朝太眞冥緣雖有契執德故須勤張仙卿授曰寫我蕭閑館遊彼塵喧際騁景蓋飛霄轄此人間契周生一何奇能感元人轍無使凌雲幹中隨嚴霜折洪先生授曰靈風扇紫霞景雲散丹暉八素不爲迥九垓何足巍志業雖右少一字習之亦成微勛此今日事金闕方共歸華陽童授曰懸臺凌紫漢峻階登絳雲華景飛形燭七曜亦殊分寫此步塵穢適彼超世君勛哉二祀內無令邪世鬨方爲去來會短辭何用紛詩畢馮眞人曰諸人所述足以相勸戒可自思緣運尅厲丹心當復有來者若能用思入微飛龍轅於霞路奏鳳響於雲衢神童啟節玉女侍軒豈待

彌劫乎得道悉在方寸之內耳不必形勞神損也世人惟知服食吞符苟非其分亦爲徒勤更不及專營功德善積功滿道亦可議但於後生得之不施於今身矣此言亦可告家人令知之子艮唯唯奉從張曰眞君此言可謂至教若更能超踰往此則二府希之不難矣蕭閑堂將爲周子之遊館乎洪君曰仁功苟積則選爲眞人府中小丞其亦未必止此丞曰其功已定亦何必須勤勤童曰二君亦適人所爲不必相遏若能積業更深則成眞人功夫若怠猶當不失此丞言畢同辭別徘徊戶內而滅　右一條十二日所受記書四白紙　此中五人三人已經來馮眞人樂丞今降案眞誥有西嶽眞人馮延壽疑此應猶是也樂丞字長治咸陽人主災害四丞中之一也夫仙眞詩詠才辭通皆相類眞誥中有此甚多亦無相越者尋此降集所受辭意如似略示東華保晨之舉也

乙未年六月十三日夜見前師來言曰比者眞仙遊降足致欣暢乎我比恆有事遂成冥隔子艮答曰近來乾坤澄淨七景齊明仰降高靈稍蒙已數但滓穢無以克承耳師曰是卿千秋之功無嗟以滓穢爲辭但卿六世祖眉爲譙郡時尤好射獵殺傷無數賴其中時復營功德罪已得釋卿不宜復食肉食肉恐先源逮卿幸可慎之仙藥草自足何急噉此恐卿不悟故因暇來相報爾子艮唯承受

師便去　右一條十三日所受記書一小碧紙　未檢汝南周家譜不知周眉晉何帝時為譙郡殺戮之咎誠為莫大但身尙以蒙釋方慮殃延苗裔小為難解亦當如立善功身旣荷福慶流子孫邪此師一僕一我亦未領

至六月十五日夜中山人去後　依別記目有六月十五日中嶽洪先生授洞房經云云而檢函中不見此受恐當自修事與祕重不題文迹亦可以別投藏計此正應是臥卒法事與前二星相涉所以猶是洪先生授之關其在西廨及移朱陽所眠一牀絕惡人近身少遊雜夕輒別牀臥如此必是修方諸臥斗之法此法是上清中品經理非下仙之品

又一人來甚華少白衣傳范帥語云前故相告食肉事遂不能斷耶今旦何意往他人處食脯從今去勿復爾望採前言副今日懷子良答曰早至師閒師賜食謂是甘果不以為欺又奉今旨敢復近肉此人應爾而去　右一條十五日所受記一白篠紙其好全似楊君體　其十四年巳向姨母云不得食肉晚入嶺亦見向說如范帥語於時卽然許之十五日旦又入因進往潘淵文閒潘與共醮仍逼勸令其專志夜便得此信十六日旦卽復見向說之從此都斷惡其今答語云師賜此亦

復方便說以解責也其去歲十月至其今年三月恆菜食既辛苦疲瘦姨母更勸令漸進裁少少而已尋又造罪尤非推拘於先殃所及既呑噉衆生理乖慈育之氣涉乎仁心者必宜斷之以成性是以仙聖爲體一向絕之

六月十九日有五女人來　此則是前十一夕李飛華於嶺裏所告十九日期於西阿者

第一易遷領學仙妃趙夫人　字素臺年三十許綠繡衣也眞誥有此女

第二易遷左嬪王夫人　改字太英年二十許紫衣也眞誥有王進賢恐是改名卽是

第三易遷右嬪劉夫人　字元微年二十許綠衣眞誥有劉春龍而此不同若云改名恐先

第四易遷都司學陶夫人　改字智安年四十許上綠下紫衣科斗恐許此改卽是許掾母

第五易遷受學李飛華　年可二十許前已經來者上綠下碧眞誥無此前云入易遷始九十四年

右五人字位並李飛華所說說竟四人齊坐李猶倚

又有八侍女　一人捧巾箱箱上有題一人腰各帶大符符方一尺許黑書靑素上一人執一函以蓋致函下合執之函中有㲲㲲有黃題應是經書四人各執一牙板板上字極細不可識並皆襟

綾衣紫絳爲腰帶也

衆仙是共女眞久似論子眞事不正了其旨趙夫人乃言告曰子冥契久著故能招感眞仙眞助欣然子眞笑曰不以猥俗少便依道籍以緣幸能棲林谷豈期一旦眞仙敢降喜懼交心無以自安若前因可採願賜神仙要訣以見成就夫人曰子名書紫簡何憂不仙而求於我我猶仙人耳劉夫人曰周生爾知積業樹因從何而來得如今日乎子眞答曰微塵下俗實所不究夫人曰今略爲說之爾周生遠家時已應得道爲貪濁彌多遂不致獲次生劉偉家乃得學道精勤之福方流今身爾已經三過上仙籍其中或犯非法而復落去今日之會上錄來已七十餘年故經生死乃遂吾今以此事諮受錄君君見告如此故爲宣說命知源由耳王夫人曰劉右嬪之言備說幽顯宿命爾可心自知之勿示凡俗悠悠之人陶夫人曰周年十九丁丑生水命人因謂趙曰此比何似趙曰亦無定總眞王君丁丑生水命人位爲高眞張酸亦丁丑生乃沈淪三官此不可爲定但論功業何如耳陶曰實如來告劉夫人又告子眞曰夫神仙雖通元感徹則易但凡情虛微不能招其感耳我等今來直尋有道者耳非浮遊無著泛濫而行也幸勿令人知知亦未碍然此事或生疑誚以迴爾心我乃無

怪於彼但恐自招其罪耳子良曰已蒙神降豈敢自有疑但欲時呈師母耳不敢以告悠悠者又曰亦勿甲乙告之趙夫人又告曰仙道有幽虛之趣今粗爲說之夫爲眞仙之位者偃息元宮遊行紫漢動則二景舒明靜則風雲息氣服則翠羽飛裳乘則飈輪靈軫浮海歷嶽游眄八方進無水火之患退無木石之變豈不足稱高貴乎人唯見軒冕之榮嬪房之樂便爲極矣所以眞道不交乎世神仙罕遊人間正爲此耳縱有知者亦不能窮而修之或修而不久或久而不精諸如此事良亦可悲周生爾勿效此凡庸之儔也王夫人告曰夫一志直往無迴環之慮瀟灑任理無累著之心者此乃保仙之子也儻有窮幽測遠遠求師友晝夜辛勤積以歲月或直坐一山修經用法吞符餐景處七元者亦皆能致道終不及積業用功果之快耳爾可以此事告於來子令勸之也修此不止不患身後徒空爾自已定無煩於其間矣陶夫人曰若能守道不動服氣吞景以鎭五藏者亦能得地仙長生不死若無金丹五芝終不能飛遊太極動靜無方也吾今猶是仙之中者未及上仙下眞也前服氣諸事往亦爲之而得如今日耳周生爾當之乎言語粗悉入四更中趙曰星已疎矣行當應曙相與去和諸人曰應去趙又曰方當去來不爲久別王曰趙夫人來當無不相隨劉曰來月三日當往

東華呈學簿當約陶夫人相過子良問何學簿曰是易遷中教仙人學業有進退之簿二月日多一呈呈東華大司命八月三是此二月之最至九月復呈如此周而復始陶曰且作十餘日別李曰其間勤靜趙夫人當見使來去不復辭別便恐下牀而去侍女隨次而滅　右一條十九日夜所受記書六小青牋紙　尋此諸夫人所說並無義旨非必止在周生亦以兼戒學者明智功德之義過於專修觀夫議理亦閑則其理可見也

六月二十一日夜夢一人年可三十許白布袴褶平上幘執手版版黑色形容乃端雅見敬自稱趙丞使下官相聞而言曰昨所與陶隱居共有辭欲須兩事國主髮民乃至但時運應爾比諸處屢有章辭皆不與報陶既有功行周方來於此當為驗二人之德不煩謙謙恐悒望故遣報子良曰比風月赫烈塘湖熇竭五穀焦枯草木彫落方慮饑乏故冒共投辭希垂沾潤此人曰當不慮不雨恐不得洪溢耳前辭言語乃好但請雨應墨書請晴應朱書並青紙上人唯言神重丹青不知丹青有不會處諸如此者世間非一但無人報其此意其既不自知反云神而無靈願更作墨書辭勿同前語子良答輒從要有又問聖靈何姓可得聞不此人曰問下官耶答曰姓黃字元平東海人猶散在保

命趙丞間無位任仍曰不得久停或當更來斂手而去　右一條二十一日夜所受記書一白麻紙
按此年夏旱不雨積旬諸道士恆章奏永無雲氣隱居是與周共作辭依常朱書青紙二十日晴
後共周於靜中奏之故二十一日夜得此夢周二十二日夜乃作墨辭於其廨庭壇自奏二十三云
旦周向家云昨夕有人報云今日中當雨爾旦天清赤熱了無雨意至禺中周來入簷至上便見
東邊風雲卒起未達隱居間於路便雨地得好溜唯在一山周廻左右耳此一事卽共宣顯只疏
云夢不知定夢定覺耶華陽隱居陶甲道士周子良辭竊尋下民之命粒食為本農功所資在於
潤澤頃亢旱積旬苗稼焦涸遠近嗷嗷瞻天雀息百姓祈請永無感降伏聞水雨之任有所司存
願哀愍黔首霈垂霑渥呼風召雲膚寸而合使洪潦溢川水陸咸濟則白鶴之詠復興於今共申
至誠稽顙辭請謹辭　天監十四年太歲乙未六月二十一日辭詣句曲華陽金壇洞天張理禁
趙丞前　此是前所朱書辭者隱居製周書始檢得後近寫又尋覓周所易本未見
六月二十四日晝臥南牀夢一人年可六十許著飄風冠披毛帔紫羅裳手執玉鈴腰帶大符以丹書黃
上不似筆蹟當是織成未嘗來也侍者兩人皆絳衣進坐乃言曰德秀之美感乎幽冥吾久欲來礙以諸務遂

不即果鄧生前亦應爲說我來子良曰鄧仙人備述神靈應垂降意比恆洗心潔念仰候眞仙乃笑曰鄧亦尋應來良久許乃自悲歎曰昔爲孤棲獨往賢莫過焉我嘗學道於嵩高積八十餘年蒙得神芝服之而化雖得神涉仙階而尸宅無寄今猶在嵩高南石室中顧之眷戀心未能豁子當不憂此事人言得道不復念形我念形之切裂於肝心可得無棺槨乎吾今乃桐柏金庭琳宮之師領蒼梧仙人鎮朱臺之內姓徐字元眞故令知位字有在耳尋當與鄧生俱來別更委曲不爲遠別便不復見須臾復夢見二人乃趙丞前所使黃元平者云昨雨恨不多來月中當更作昨往泰山見尊府君送人夕來乃始得除君死錄更記生名如此輩六人尊府君言今還北宮君儻至子良處道我今來此今故來爲宣之如此便去　右一條二十四日晝寢夢所受記書兩青紙　按鄧是此月六日來徐與鄧同在桐柏故相稱引後二十九日仍共來也唯如徐說雖得仙化猶戀於委形況在餘神鬼中乎棺槨之事便弗無矣此徐君眞誥所無而不知何處人何時得道云周爻還北宮則是隸酆都所使去五月趙丞云明年春當生王家今則已去一得受生便速遠絕也又按前劉夫人云爾名上仙籙已七十餘年而今方云太山始除死記生名尋此則仙簡鬼簿各各有名仙簡雖

有而鬼簿不除猶為未定是故得上仙名函有落除或仙鬼兩名俱正便無復黜斥還民間或充鬼役若是則周生今日之化永保品矣

乙未年六月二十九日夕桐柏有二人來一則桐柏金庭宮上師蒼梧仙人徐元真一則桐柏仙人鄧靈期鄧先言曰久欲相詣礙以此二十七日蒙受書為帝晨執蓋御史治桐柏山南青中館領華陽學仙禁四宮中事以此故致乖爽徐君前來營得接賞耳子良答曰蒙徐君垂顧歎仰無已復蒙今降慶莫過此徐君曰向過茅定錄處云始授子元真經甚助欣然子良答曰謬荷靈啟垂授真法但肉人頑疎修行多替又曰聞子名已入東宮青簡尚未審其事比當與鄧生往為參之答曰賜與參訪實是所希徐仍指鄧曰此君學道來已數百年今始得任子乃坐地獲之故知功夫久有在鄧笑曰周生緣業果始韓侯所說當可言乎徐曰周子雖稟仙緣未得便知前身之事子良因曰鄙塞塵陋豈得知此不韓侯是誰鄧曰是東華仙侯韓惠期領東宮諸簡籙治方丈第八元宮中向云欲參子事者正詣此人耳徐曰今日匆匆不得久停尋當得與鄧生俱來不為遠別下席同出戶侍者隨從而滅　右一條二十九夕所受記書一大度白麻紙　按徐云定錄授子元經檢別目云六月

二十七日華陽童宣定錄君旨授太霄隱書元眞內訣云云而今函中亦無此事恐與同房俱別封也論桐柏中仙乃不應相關當鄧領華陽四宮仙禁故得往來四宮者當爲男則童初蕭閑女則易遷含眞也參簡之事別在七月中　右起六月一日至二十九日凡有十三條事書青白大小合二十三紙

乙未年七月二日夜七人來一人姓周著元華冠服綠毛帔丹霄飛裳佩流金鈴年可五十許侍者四人執黃毛節一人姓王衣服似周服紫羽帔佩流金鈴年可四十許侍者四人執綠毛節一人姓茅著遠遊冠元毛帔紫錦衣佩流金鈴年可六十許侍者三人執元毛節又捧一白牙箱一人亦姓茅著芙蓉冠丹毛帔元繡衣佩玉鈴年可六十許侍者二人無所執一人姓周著華蓋冠服雲錦衣佩玉鈴年四十餘名太賓侍者五人執紫毛節一人姓司馬著芙蓉冠服素羽帔紫錦衣佩玉鈴年四十許侍者二人執青毛節一人則樂丞公服如前侍者五人丞曰今眞人來向六拜子良即起再拜頓首稽顙乞神仙訣茅定錄君曰功名已著無煩苦名並錄我所關周紫陽曰一與爾別便數百年我當知如一日爾縈之經生死一何苦哉司馬括蒼曰學道不勤而得道者乃周生平茅保命曰

勤苦之弊何可勝言所謂先苦後樂王紫陽曰歲月易積功業難顯昔聞周生之名今見周生之德
宿昔猶聞良可嘉矣周大夫曰周生年稚而德與識淺而智深已三生如此我昔微遊於世數經詣
之乃能傾襟抒誠而施仁也我因欲示之要言而其未堪受法故不授之今得相見良亦為欣周紫
陽曰卿知其根由不乃吾之弟孫也昔與其於南海相遇便別別來已二百餘年矣丞曰將告卿眾
眞之位第一紫陽左眞人治葛衍山周君第二紫陽右眞人治嶓冢山王君　周君傳乃云紫陽有
左右眞人亦不顯右是王君不知何名字
第三定錄茅中君第四保命茅小君第五蓬萊右大夫周君第六括蒼眞人司馬先生第七吾也此
前六等並眞人前後來者皆仙人唯馮君是黃庭眞人治中嶽耳保命問曰粗悉此位不子良答蒙
承垂告已解定錄君曰前遣景上期授子元眞內訣遂未修之邪子良曰蒙賜元眞經即應修用但
洪君前授洞房欲且營之成業故未暇耳又告曰洞房乃好得益遲修元眞專勤者五年中便得太
元玉女侍猶勸先營之併修亦不相妨子良應爾王君曰子勤勵之名籍雖定中間縱怠亦未必得
前此功爾勿輕示人今夕來事周大夫曰得仙者年年月月皆有但人不知耳爾中年當得上拜太

極不耆則酉年也此期未遠而亦復為遙子勤此中間也司馬君曰子保舉既强得業亦美道必可諧但其流行之必不怠也子良受旨一一謹依丞曰陶隱居事近亦不無此議卿姨歷有貺請二君乃無異但恐餘處不必允耳定錄曰陶某名錄多闕穿處不的由縱見由我我亦不得自任中旬閒當與思和此保命字也往諸司命閒論之意此必無若勿卒憂悒仍云吾今去或復尋更來其閒有信書疏亦可相通因以相隨而去　右一條七月二日夜受記書四小青牋又一片續後　按紫陽兩眞句曲二君此日若始自降前六月唯遣侍童耳眞誥曰周太賓善鼓一絃琴是教孫登者為蓬萊右大夫卽應是也司馬括蒼內外書傳都不見又不應是季主乃可季主兒法育耳唯見此一來自後無復所出隱居此年四月自得夢應被召云宮府已整唯作印未成意甚惻惻徑向周說周登向其姨母道如此姨母乃密營貺信告潘淵文為條疏作辭牒令周共奏請後天窗洞隱居都不知後方聞有此亦不復問周可否至七月十三日事訣十四日旦周疏受見示方具耳止聞此一過而去歷有貺請是所未究

乙未年七月三日夜有九女人來齊著青衣絳緣衣下紫為腰帶佩金鈴鈴下有大符黑為文書青

上手並執板板白色似玉見衣縫縫皆有如織文綴之每縫際並有小鈴子著之行輒有聲其一女則劉元微一則陶智安餘者皆不識亦不見與語劉夫人曰此修學稍得新業邪吾且往東華今始還文書事粗得了見爾名已度上東華青簡甚助為慶陶夫人曰聞近齋而俟北斗大不可言評爾標心乃至於此是亦未可卒見積以歲月所不論耳劉夫人因喚諸女曰此周生有淩雲之秀將可與共語一人應曰下仙未敢與高人語劉曰高下未必可定伊猶沈滯塵喧共啟悟之耳何高之有此女笑曰別當相造今未容言陶曰此段易遷中有柳妙姬孫芳華阮惠香此三子學有功夫得度方諸第八朱臺中受書並為仙妃故令知之劉曰周生爾欲之乎答曰凡蟲鳥非所敢希曰爾得希之所以相告陶曰夜已深宜去便欲去諸女曰待儂因相隨而滅　右一條三日夜所受記書兩小青紙　按此卽是前月所云送學齋是東華還過而下見趙日乃更有餘人兼中嘲謔欲希之辭

夫以涵育兩儀照臨日月山澤通氣陰陽離會莫不皆須匹偶共相映協自高眞以下咸同斯義既已久表昔記於今差非嫌惑但長幼貴賤年月賒促各有終運不必可均耳如其道超域外心凝化表者時或迹應作非復體諧接文殊之感現淨名之室作賓友稱寄對扶桑諒別有旨矣

七月九日夜見紫陽周王二眞人定錄君三人衣服並如前侍者共可有十許人紫陽童亦在中自共語良久定錄君乃語子良曰比勞用心吾天事頻煩以疲我神此六日往東華見爾名已上青簡乃位爲保晨司始吾徒也不亦巍巍乎此乃冥符宿契雖非此間之職要應先當成就周紫陽仍曰爾自應得此位諸局司故不以明德相顯直奏功夫事致使移時夫涉眞境便多有試好固心力勿弱於其間王紫陽曰得如此甚好但恐以試爲難耳子良因請問不審幾試試若大小恐肉人邪僻能不憂懼王曰當兩小試或爲虎狼或爲殊聲異形以怖於人爾見此時但整心建意勿憧惶也若不過者壞人功夫俄頃耳　周少來神膽氣正小兒時獨宿空屋夜行林草了無忌憚云嘗歷鷩及來茅山至移朱陽晨夜闇路去來恆獨行耳近始聞人說從今八九月以來館廨往返必須一兩人相伴小僮闇則便執刀杖人問何忽爾亦爲作咲嗚相答此當是去期近密防諸試只二十大夕移東廨宿亦從一道士窗下伴眠道士覺其不得眠數起坐誦諸呪說此復是臨時猶慮有異於平日致鷩怖耳而遂得免過當由功力强

定錄又曰昨東華集諸司命及土地神靈與司之徒檢課簡錄見天下民人爲善者五十分無一而

況於神仙萬萬之不過兩三耳其中功夫已成而復落除者亦不少吾將髮仙籍無復人也兼運度已逼災世益難見東華上簿紫錄內格中有上上眞錄者五人已落二人補地解無復進補者上中眞者二十八人已落七人二人補下仙五人復還人中唯上一人補耳上下眞者三百人已落二十六人十一人補地解十五人還民中都復上八人耳上上仙者二百十一人已落四十二人十二人補三官中職六人成尸解二十四人成賤民都成五十人耳上中仙者二百九十三人已落七十人十人退成下仙八人得尸解五十一人還生民中復上十一人耳上下仙者四百三人已落七十八人二十人爲酆都所引四人被著三官五十四人還民間復上十九人耳如今月標落此諸人須至分節當上言太極更記死錄於太山見此輩直爲可悲並皆修法不勤或先亡引遠所行乖道或先勤後怠失此功夫一何苦哉亦有垂登雲天者日月不空並下教眞人降授之其或處在深山或學道歷年人並不知此吾等亦時時教授如爾今日人誰知邪　周君曰茅定錄說此者是戒爾之深矣勿怠惰於其間爾乃近在下品仙人耳爾乃當登中仙之上得遊行太極控禦龍麟不亦快乎王君曰茅定錄及周紫陽所誡實爲深矣足爲子之實錄也此句曲山中亦有三四人入下仙品欲

知之乎子良因問家師陶公何如答曰假令爾如師者則期眞不難也陶久入下仙之上乃范幼沖等也 一本作中仙之中後濮墨點作下仙之上未解所以既云久入今當由忿替致降二堦邪范幼沖爲童初監出眞誥中未知眞仙品與郗水監何如耳已說句曲有四人欲知之乎而竟不得問是誰甚爲可恨今以耳眼所聞見者在男人中有蔣薛女人中有蔣朱並久就修學其長少男女南北亦復數人或有德行或有信識但於學功未深耳許蟲眞雖先聖之裔而有家累亦未得涉學楊超遠今雖在林屋先是舊句曲道士甚有才意今未知誰當會此三人之數者但應各加精勤庶充此限耳

子良又問子良姨何如答曰乃得無大過但令勤之後身或取耳今生且未可言 其姨母本錢塘人姓張三歲失父隨母重適永嘉徐家仍冒徐姓十歲便出家隨師學道在餘姚立精舍性至眞正唯攝妹兒子良一人至年三十五公制所過諸道議觀令其作方便出適上虞朱家而遂陷世法以此恥慨致結氣病涉四年育一男便攜還永嘉從此離絕至今十有一年乃自小來手未嘗殺蟲蟻妄折花草唯日中一食而恨性過嚴治於目下刻急如今所言乃得無大過獨是不無小

失當以不能遂固節取命兼挫辱於神鬼故也學業既淺豈望今身有果但爾三生得以爲幸矣周君更問子良爾姓何等子良倉卒不得道前賜名字直云姓周名子良君勃然曰何以謬濫汝乃道士周太元字虛靈而比於世中周子良邪汝名書玉簡皆作周太元勿復稱子良唯於世上名子良耳勿以隱名示於俗人天下人應得道者何限而偏依依於爾非直以擬命感眞亦如以親遠故耳昔有楊許者楊恆有神眞往來而許永不得見所以爾者許心徒勤謙猶欲想未除故不得見楊位亦不大於許其神凝志安萬邪不能干其正華綺不能亂其心故受語於楊令以示許也爾今得見吾等亦如楊之用行耳凡此事莫輕示人吾昔與裴清靈去來華僑處授其言語令以示許僑宿本俗民性氣虛疎不能隱祕告其一法迴而加增逢人不問愚賢輒敢便說之如此既多便迴受於楊耳僑乃流洗河水身沒異方得脫以來始十四年耳今猶在鬼伍晝夜辛勤諸如此事可不慎乎爾勿示人此事也　楊許及華僑事皆出眞誥中也

定錄云昨見楊在東華語我要來其云欲來礙以諸事別當看之耳王君曰此月初耳見許侯與紫微夫人及右英共轡龍車往涉南眞紫微問我見有周太元已刻紫錄將應得道比欲覲其德業君

見之不吾因答巳經詣之乃有藹然之德甚可啟悟紫微言別往看之今得去　紫微夫人主下教
者
定錄曰言語粗恐足爲周生保試今且去天務繁多明日當定因相隨而去此二更中來入四更乃
去言語多亦不能盡得記憶也　右一條九日夜所受記書五白官紙　此條中多說上落及宣漏
諸事全是欲嚴相誡防恐脫言說便致譴黜既如此併何由敢顯雖復王威加逼金帛滿堂亦當
杜口道義等故自息求而此中引楊許之論亦何必不別有所指追恨不知早相共理令闕佚漸
加鑽訪必不徒然往矣如何猶冀於冥途之中既更通感耳
七月十一日夜見桐柏徐鄧二人來衣服皆如前徐至便言曰名已果上東華定爲保晨司甚助欣
慶鄧曰昨已應有說此事者子良答爾諸眞亦粗說其事但子良肅陋豈敢仰希恃蒙神眞提拂不
論耳徐曰近見趙威伯作事上保命曰周子良字元龢右一人改名太元字虛靈以其生周遠家已
上紫錄次生劉偉家復書玉編既經歷辛勤今謹依上科報以下僊爲保籍丞羽儀衣服如故法保
命仍將往共定錄省察良久乃作讚上東華曰周元秀德心志虛清謹按紫格可刻僊名東華乃更

命以七月七日會僊官檢名簿因得爾品目位合中僊更奏上僊爲保晨司韓侯仍作事曰周太元字虛靈右一人昔標懷道之志今見蕩然之德上合乾綱下應地紀依如罨格合中品之上伏見保晨司年限欲滿請選太元以補之謹上靑君命云如牒仍作簡文曰惟周太元因業樹茲刻名僊簡爲保晨司此韓侯刻紫玉之簡赤金爲文以上言太上也吾問此位幸滿不出一二年中應相召也子更問不審此位若爲羽儀徐答曰亦不可爲定更由功業之高下理有丹龍綠車元羽之蓋素毛之節青衣玉女五人朱衣玉童七人執鴻翮之扇建扶靈之冠服紫羽之帔絳霄之衣帶寶玉之鈴六丁爲使萬神受保知天下神僊功夫之軿教學之方非役人間保籍丞也故指來相報未可示人身之遺迹乃後人之所效耳鄧曰桐柏眞君乃欲來須見太虛司險二眞　既累去後與兩小兒竟夕栟檔恐明日人來見蹤迹於是內外無知者以至於今唯密以啟聞耳幸此便是前緣所招或咎譴應至定錄趙丞灼然知見而不可較也幸既未知應爲此位那言不大欲爲恐是懸照此意自發上道心稟老君誠解其性理習忘相懷於一切有爲無復執著與時求道之志便有濃淡故以推心知當不大欲爲耳今既忘言於取捨便亦不辭此任但令得在能利益衆生處雖卑雖苦甘心爲之後云雖欲蕩

情散慮亦未能多去此實神察六七往道中猶煩惱未盡沉此信忍望都隆耶五年十年非但未定朝聞夕殯亦是所願周生既已見捨便欲促往尋之從別記目錄比月十五日保命授三天龍文并令且混人勿異迹行來動靜但意云此一條不顯出恐是與龍文別封也　右一條十一日夜所受記書三白官紙　此條中便是定位即云待前人滿則未便到職但未知猶且領丞住俟期而去為不成稱丞直遊散住邪此非可意求須有通感髣髴乃可知耳計今心應猶在洞中也十三日夜定錄趙丞俱來定錄曰昨與思和至太元府仍詣南夫人論陶某事乃得由少時子良問中幾時又曰未測幾時或五年十年事雖關我亦由上府繼東華隷司命未敢為定趙丞仍曰且已被東宮命令宜住召陶某事子良問召為何職仙官鬼官丞答蓬萊都水監高光坐治水事被責似欲以陶代之既且停召當更選耳此是仙官隷司陰府掌水事以陶有勞故得補之如陶意似不大欲樂此位既仙陶當不知卿可以事白陶也少許時又曰夫人生禍延福湊皆有因而至非神明之所加陶今夕心意豈復憶此雖云欲蕩情散慮恐亦未能都去如何復言合丹事又言青童大君月末當來華陽檢選仙壻　右一條十三日夜所受記書一小白紙　按此告即符前二日所云中旬

問去爲論也周以十四清旦來入齋止疏前停召事見示卽問周何意有今夕心意語答云亦不解所以見意色甚不好子良亦不敢問於時旣密解此意便止不更重論籍褰以十三夕一更忽被密假有六七人皆執杖在堂階前一人喚言在御伏中蒙假還更昨等數人乏資糧故來就先生乞於時已閉戶未眠聞此便開戶當對呼進隨意所須衣服物器一皆捨與別屋兩小兒並被錄錯旣從來未嘗見此不能不懼而猶向其道但各取重擕徐去必無告訐正恐君劫道士罪重我當作好意相與也

十八日夜見定錄曰陶乃答吾前語乍限猶未定別更報爾所云欲住雷平山後此亦不勝今居論災厲刀兵水火之弊乃爲好耳此地本非可隱居寂處直可以避災害住與不住無勝否也又論方託形何處此由人心心旣未發吾寧得知方將而言唯句曲可住吳越名山乃不少未見有大勝地猶勸陶居此山　右一條十八日夜所受記書一白藤紙　陶隱居旣得周所宣事以十五日疏作辭語與周令接覲之日爲申陳如此卽是酬之告周竟不以此見向道當是無正可否以宣也於是至舒垂恩爲置宋長沙道士二廨並左右空地於此廨西復爲起觀前左右卽是許長史舊基

竊恐側近眞蹤或以致譴故二三因鬧耳追恨不得作方畐通辭方畐通辭則亦應方畐酬答也二十五日夜夢見唐趙二丞來趙曰近何意恆勞苦損人精神惛人耳眼今去勿復遇辛苦子良問不審住此廨中好否比者恆憂與盜事趙回頭曰此事關唐丞唐丞仍曰雖見關亦不得自由夫災禍亦非鬼神所知此廨自不須多憂疲人心慮子良言刼盜事深以仰憑答曰自保勛不須過憂便去君論期運事竟應相造也我等且去尋復相過子良起送相隨而滅　右一條二十五日夜夢所受記書一白官紙　此夏旱人情惡山有爭長但慮驚怖畐故以此祈訪也唐丞名公房亦四丞之一主死生計刼盜事正應由樂由樂丞不知關唐也記中從未見唐來事今若始遂應有始相識語恐前已有不必存記耳

八月一日范監來告云此日諸眞相就論說勸已畢自今已後欲令自來處處遊觀　此云來則非夢

八月五日夢從一朱門崇闕入見司命君見授夜光芝　夜光芝是句曲五種芝限

八月七日夢入華陽中先經保命府後至定錄閤次往蕭閑採龍仙芝　此則從北入而向南也龍

仙芝亦見五種芝限

八月九日夢至定錄間見問云乃同人齋邪　爾日在中堂王法名爲皇家塗炭齋

八月十二日夢與定錄君於華陽內共乘車侍玉女三十人奏天樂造南眞於丹城南眞見告太元

太元示以僊籍　二眞府並在大霍也

八月十五日夢與定錄保命共往紫微夫人處　紫微治元龍宮應在北方

八月十六日夢至方諸往青君府不見青君乃見韓太華丹青館朱夫人見告神仙之要委形之術

韓太華始以今年度東宮受書朱宮玉妃之賓友韓出眞誥也

八月十九日又夢造方諸正見青君出遊楊君九華及許仙侯皆從因造韓侯見簿籍事　韓即前

所云東宮典錄籍者名惠期也

八月二十一日夢與保命至蓬萊見周大夫又至一朱臺巨闕青軒紫房云是司陰府陶某近正應

治此東南一元宮中因復行見一人面金色長短中形人著飛霄衣冠見告道法之事保命曰此是

小天奉法人周大夫仍告道業因緣甚多　周大夫即大賓眞誥亦云在蓬萊司陰君主天下水事

出馬君傳前不知那治在蓬萊小方諸多聞道事亦出眞誥

八月二十五日夢與色監趙丞至大衡山見南陵薛大夫中黃杜大夫見授隱變方因爾又行見一草屋甚高大絕有甘泉雜生衆華范監云此是遊仙之處因共入坐屋下談神仙事　薛杜二大夫眞誥中無也

八月二十五日夢入華陽造定錄諮來年十月可保得申延不答云可爾　此其猶欲留世意所以發此請雖初云可爾恐後復相詰却潛得中則不應十月果去也

八月二十六日夜夢定錄保命來見告云明當復往東華過司命間既是天事不復得同當更爲訪韓侯論爾更不迴異不　此前及後屢道明衜事此則不可爲定進退皆復由功過故也

八月二十九日見上期來宣定錄旨云韓侯甚有懷於爾衜錄猶因　此云見來則非夢也上期是華陽童姓景名上期也　右十三條八月中事二條是來十一條是夢往

九月二日夢至華陽中見二君九月五日夢又至蓬萊先過司命司命見告服神丹應先須名上仙籍乃得服之乃至蓬萊見周大夫食一草狀如桃香而紫色見告云子未得食此得食此便如吾耳

及火棗交梨事　火棗交梨出眞誥中亦竟不知此果是何神奇

九月八日夢與趙丞共遊易遷童初二宮二宮相去可五六里　易遷女仙宮童初男仙宮而未知東西引爲南北列耳

九月十日夢與保命到一山山形平闊異於人間山名爲丹龍云中有洞多僊眞　丹龍云在陽洛之南是南眞所治之宮也

九月十五日夢獨往桐柏山見金庭館珠寶煥麗宮室行列殊多亦有靑黃盡相似復云有金庭洞宮自所見者非其限乃衆仙之遊憩典司之所治耳非王眞人所居東方大君來時別復有宮雖云有而自不見　桐柏右弼王所治之處亦云山內外並有宮府

九月二十三日夢定錄來於朱陽見攜到司命府道逢元清紫微二夫人乘雲軿從二十餘玉女語定錄云司命紫陽正相遲陸生今來亦是其冥　意言見笑爲陸生不言是陳生定錄答語當爾時亦不知在何所但覺飄然而行耳到司命門卽見紫陽其見告大有所言非可具記　此應有奇事也

九月二十五日忽夢見張理禁令誦道德　道德二篇實道書之宗極太極眞人亦云誦之萬過白日昇天　右從前來至此並墨書大度西廂凡七百紙

九月二十九日夢見天西北有一物長數十丈青赤色首尾等大狀似虹因到張理禁處問此爲何物答云名元霞之獸或呼爲水母乃可愁矣夫有中之無未若無中之無空無之理難可思議此九六之災顯矣人誰知之　張爲保命祉禁伯主請雨水過以問之事出眞誥張旣善談虛無每語輒入斯境隱居謂有中之無自性空也無中之無畢竟空也但未解說此何指耳　右八條九月中事並記云夢

十月二日夢見洪先生見令誦太素祝　未詳此出何經

十月五日夢見定錄君云比來多諸進御善自禁節勿縱志也　似應作恣字旣忝有上落實宜恆加精勤也

十月十一日見紫陽定錄保命桐栢來及移朱陽事　不知論此可否云何

十月十八日見定錄云朱陽非爾所居處若不能違去只朱陽左側好頁常爲勝恐爾不能處之耳

此月十九日隱居始移朱陽住周亦同來旣是公館當慮有目之事以為妨礙故也

十月二十日夢見南眞紫微二十七日夢見趙丞洪先生及星事　猶應是司二星事耳

十月二十九日夢至一處名為陰城之宮大有仙人而自不識　未見陰城宮所出處　右七條

十月中事二條云見五條云夢

十一月三日夢見洪君及唐丞言曰雲閣星沒唯宜嘯南山坐耳此雖可瞻而非求眞之體　三日應伺二星旣雲闇亦不宜便眠耳

十一月八日夢見定錄因自陳欲寄朱陽東為小屋未審可爾不答云東好所恨下葬為不便耳夫居當作四合舍不者不可不作堂東西廂若不爾名為孤凶宅但以意作之爾其去矣以遺來者吾見陶某此意大欲相試爾但浮此跡勿使人不信得不信乃為吾之快矣　東岡有兩大窠皆可營墓初本欲於西窠作廨恨廣大更令就西窠立廨近朱陽為好周令定葬東窠正南向

十三日夢見周君言曰陶其或信不信多好試人但爾比亦喧然多諸雜相可自節十五日夢見洪君來告曰爾卽欲所居西北面有故氣吾今共汝看之便往至彼處見一人形極醜陋君曰此卽是

大都昃人居之定無苦　朱陽館及彼廨以後乃有二三墩狀似古塚既林草榛蕪亦可經人埋瘞不見有巫塲處所云故氣正當魂爽暫耳既曰無苦便不爲害也

二十日見一女人形容殊麗上下青衣侍二女至戶內立而無言二十六日夢見周蓬萊云北斗已復不見而祝於二星　當是二十七應伺二星今夕已陰晦必不見也

二十九日夢見茅二君周二君並有控乘遊於雷平直取伏龍定錄幷舉手見向如謝去狀　雷平在館東南伏龍在西北便昇空從館十度故得相望也　右七條十一月中事一條云見六條云夢

十二月三日見徐鄧二君言去二十九日桐柏府校籍頓誤上罪人典籍三人被責七日夢往司命處告玉清清元事十一日夢見韓夫人云比者情志落落彌入眞相　應事韓太華始以七月度東宮爲妃

十九日見一人駕大車形容甚壯從者十人直見拜溫涼而出二十一日定錄告云前來拜者酆都執法君蔡子遷也爾方綜其上官故來通報耳　保命府職僚皆總治酆岱丞位彌相關涉上官當

保籍任也

二十五見趙丞直云僊籍空矣爾勿憂矣　故七月中定錄所歎亦云方憂僊籍無人

二十八日夕見定錄趙丞范帥三人子良問所通辭仰呈君未君云適得君仍語丞云可速因直爾而已更別餘語　此中似別有事旨不容備言亦應是爲帥見有辭存　右七條十二月中事五條云見二條云夢

閏月三日夢見韓夫人云世上方無復縱如何　韓猶應是太華

六日見洪先生云子勸之助之前後事事也　此亦勵息耳

十五日見保命云爾屋事勿以在懷傷人神氣其人尋來就上　其正月欲戴屋而所顧師永不來乃云欲作辭告縣攝之師定尋自來當由此故有今告也

十八日夢大司命君問曰子欲仙不答實願仙云願仙何不學仙二十三日見洪先生云此所問泛舟者乃中嶽仙人于朴也其前生經識陶某耳非今生相識也豈復來於此邪　去冬有人姓顧名道度從外江還云于大雷忽逢一人乘小小鹿頸船子劣容一人從浪中來直呼顧姓名云下都

去欲寄書與茅山陶隱居隱居已與我欲助其功夫以獻主主正爾見作書垂當授與忽云罷君會不往山我辤自下云此人自稱姓彭顧至都匆匆往廣陵欲宣此消息而無方於華監閒過嗣眞館道士馮文敬因疏寄其還如此隱居唯聽其下亦不以問周周當是問馮說自私訪其中既如此告便當不復自下

二十五日見定錄保命二君保命曰年內多勞屬例鬼神三官中奏爾云多非吾已卻之不宜三過如此　伊蒙神眞扶獎如此不死三官所奏況庸庸之徒邪唯各宜如履薄冰耳

二十六日見周君云蔣衍之東水已加八十一丈南衡山西邊頓崩爲淵二十八日見徐君云韓衆已復有事今與鄧生往看之　此詎非衆字惡期邪衆亦云作霍林司命

歲夕夢見司命南眞南眞見授一子大如鷄卵令噉之司命云道未成不得九轉之華且食此亦足明爾　右八條閏月中事六條云見二條云夢　右從八月初至閏月末凡六月中合五十一條事十六條云見三十五條云夢

丙申年正月二日夢造小有天見王君爾云何遑遑於人間名已定勿惱頓於世路　此王屋三清

處上君爲下教二十四眞人之首也

十日見洪君范帥云明是戊寅上元治建可藏屋云但宅不得其所洪云大象尙復無常人生有何定邪只此亦好又及洞經事　其本欲取此日藏屋而師不來又小雨遂不果至丁亥日方得藏耳

十一日見定錄保命桐柏周君周君云爾不復既眞道邪吾將去爾子良未得答定錄乃云其心不然正是身廢耳紫陽試之邪保命云爾何意頓取人三百斛穀子良答不取又云見取何云不取已爾別自語所不能當埤之餘別了　其此數何中爲起屋事惛憧惶不作恐身既廢心亦是急定錄謂之耳取穀之事了不聞有此音迹計三百斛穀是百三十斛米平人六年食恐以爲食師以此米者其從來爲師使本是衣食弟子不應以此爲責伊云不取神謐云取雨不應又云別當埤之

思此答所不解

十四夕夢見許仙侯等五人自共語許云自宅此宇未足久便已近二百許年又問一人答兆劫尙復僕爾此何足爲遠　不知是誰許長史立山宅應是晉穆帝永和中至今一百六十七年耳

十七夕見定錄唐丞來中君云許侯近所言亦深哉唐丞論北臺事極多非可書銘　北臺酆都北

帝臺

二十四夕見定錄君云念眞不密織氣無辮自云研瑩之二十七夕見保命及洪君洪君云勿輕說人事　此當有所試不知是何耳　右七條起丙申年正月中事四條云見三條云夢

二月三日夢見洪先生云北斗事　此復是何二星也洪是授云故屢屢言之

七日夢見定錄云臨海燒山中有仙人遊在人間自號彭先生實是鄭元字子陰陸渾仙人也朱交甫令其覩世人情及修道者其幸或當來先昨已往建安臨海人書與道士鄒堯云其人彭公在此不堯得而插靜檽故人得見之其人亟乘小船而歌曰太霄何冥冥靈眞時下遊命我躡塗際採察雲中儔世路多淫濁眞誠不可搜促楫還陸嶺人間能與酬步行亦永此其若來可不接之其人形中人面左邊有紫誌著黃絹幘多髯而前齒缺是也　書此一條獨委曲者當是或欲示後人也燒山郎赤水山今亦屬永寧樂成二縣共界未知鄒堯是何處人顯昭形服如此便是可察正恐伊知人識更復改容耳

九日見丞云比者情志何甚索索十四日見定錄云司命來月中旬當來西宮東宮人亦並來故遊

示　此當是云三月十八事見其此日亦有辭本存　右四條二月中事二條云見二條云夢

三月見周紫陽說九眞玉瀝丹方九蒸紫菌琅蔦芝一斤丹朱玉漿二斗　右二物細切芝竟仍以玉漿一斗漬之一宿埋陰垣之陽去垣三寸入土一尺以白瓦器容四斗許盛仍以瓦盤蓋之蠟蜜封之上土令厚二寸以今日午時埋至明日午時出之持之南行取己所住戶十二步乃置眠牀頭按上至明日午時又以銅器盛煎之令火齊器底勿令火燄出器邊也得三沸見又玉丙漿一斗又加火高

二十九日見保命云勿犯霧露　右二條三月中事並云見

四月九日見定錄云前疏文辭殊雅但恐心不必然耳十五日見三丞及洪君來云却下都邪勿不復反山諸人自共語多不了　其於時欲出都定不果六月只去耳　右二條四月中事並云見

五月九日夢見司命定錄保命及衆眞並見試以緣業事　色不悅又及應憂盜事云當時相救

十五日夢到東宮拜青君見韓侯等雖不面見青君而傳譯意氣大見憐愍韓侯接對如常耳　如此說者前韓衆便非惠期也

二十九日夢司命三君云前事遣赤城外衛軍十人相助遂不能邪亦得可可耳　不解此何若是

前所云燮盜相救助者則不應言亦得可可也於時實都得寂然也　右三條五月中事並云

夢

六月十日於道中眠夢見范帥云惡魅横行不可卒禁勿輕慢之雖無如人何交爾不好　周暫出

都以此月九日曉出山就埭宿十日早發爾夕應在湖熟方山間此月中遠近多瘟病

十九日於第中夢斷肉乃食鵝脅未可解也　追檢此日王法明文子在館宿延陵稽茂无亦入其

多責郭邑殺果食中必有鵝脅煎煮之也

二十八日夢見紫微遊行　右三條六月中事並云夢

七月一日見洪先生云八霞之表已陳爾居處東莱可不裝束大都不可復載　此中當說去留文

會

八日復夢見韓侯紫微楊君定錄等多爲論性命之致因緣罪福之源若疏此可三四紙許　不聞

此亦爲殊恨也

十七日見保命趙丞多論天地災橫之事亦甚多不可記　此事理當難說

二十三日見衆眞凡三十人多論人治身之術謝殃之法甚多亦復論作九轉事　此條不顯爲恨最深

二十四日夢見司命君君見令取靑　此一字草漫不可識也以呈司命司命云此可耳心未眞也當更研營見某上期來云二君令往龜山聊過令知如此所見意氣欲動前與人戲過致使時魅相侵賴得高監相爲不爾幾致變　閒周在第中忽輒病恐是此意高監不知誰洞中不見此人也

又曰婁屋人自稱木道士者是北星鬼官所使勿信之以邪情亟惑人壞人眞氣可急詣許嶲去已遠不得久停便去　周在都仍就王法明同往南㕓第道士館中在外屋宿當是欲進諸木問事故得此告其還多有問木者而都不說此事實能愼密也

二十五日見唐趙二丞來云還於舊居便共覺翩然多論九轉事并二君令告　其是二十三日還至由意殊不許遊行人間九轉事無闕一何可嘆也　右六條七月中事四條云見二條云夢

## 神仙部列傳十七

### 北魏　寇謙之

按魏書釋老志世祖時道士寇謙之字輔眞南雍州刺史讚之弟自云寇恂之十三世孫早好仙道有絕俗之心少修張魯之術服食餌藥歷年無效幽誠上達有仙人成公興不知何許人至謙之從母家傭賃謙之常覩其姨見興形貌甚強力作不倦請回賃興代己使役乃將還令其開舍南棘田謙之樹下坐算興墾一發致勤時來看算謙之謂曰汝但力作何爲看此二三日後復來看之如此不已後謙之算七曜有所不了惘然自失興謂謙之曰先生何爲不懌謙之曰我學算累年而近算周髀不合以此自愧且非汝所知何勞問也興曰先生試隨興語布之俄然便決謙之歎服不測興之淺深請師事之興固辭不肯但求爲謙之弟子未幾謂謙之曰先生有意學道豈能與興隱遁謙之欣然從之興乃令謙之潔齋三日共入華山令謙之居一石室自出採藥還與謙之食藥不復飢乃將謙之入嵩山有三重石室令謙之住第二重歷年興謂謙之曰興出後當有人將藥來得但食

之莫爲疑怪尋有人將藥而至皆是毒蟲臭惡之物謙之大懼出走興還問狀謙之具對興歎息曰先生未便得仙政可爲帝王師耳興事謙之七年而謂之曰興不得久留明日中應去興亡後先生幸爲沐浴自當有人見迎興乃入第三重石室而卒謙之躬自沐浴明日中有叩石室者謙之出覘見兩童子一持法服一持鉢及錫杖謙之引入至興尸所興欻然而起著衣持鉢執杖而去先是有京兆灞城人王胡兒其叔父亡頗有靈異曾將胡兒至嵩高別嶺同行觀望見金室玉堂有一館尤珍麗空而無人題曰成公興之館胡兒怪而問之其叔父曰此是仙人成公興館坐失火燒七間屋被謫爲寇謙之作弟子七年始知謙之精誠遠通興乃仙者謫滿而去謙之守志嵩嶽精專不懈以神瑞二年十月乙卯忽遇大神乘雲駕龍導從百靈仙人玉女左右侍衛集止山頂稱太上老君謂謙之曰往辛亥年嵩岳鎭靈集仙宮主表天曹稱自天師張陵去世已來地上曠職修善之人無所師授嵩岳道士上谷寇謙之立身直理行合自然才任軌範首處師位吾故來觀汝授汝天師之位賜汝雲中音誦新科之誡二十卷號曰並進言吾此經誡自天地開闢以來不傳於世今運數應出汝宣吾新科清整道教除去三張僞法租米錢稅及男女合氣之術大道清虛豈有斯事專以禮度

爲首而加之以服食閉練使主九疑人長客之等十二人授謙之服氣導引口訣之法遂得辟穀氣盛體輕顏色殊麗弟子十餘人皆得其術泰常八年十月戊戌有牧土上師李譜文來臨嵩岳云老君之元孫昔居代郡桑乾以漢武之世得道爲牧土宮主領治三十六土人鬼之政地方十八萬里有奇蓋歷術一章之數也其中爲方萬里者有三百六十萬遣弟子宣教云嵩岳所統廣漢平土方萬里以授謙之作誥曰吾處天宮敷演眞法處汝道年二十二歲除十年爲竟蒙其餘十二年教化雖無大功且有百授之勞今賜汝遷入內宮太眞太寶九州眞師治鬼師治民師繼天師四錄修勤不懈依勞復遷賜汝天中三眞太文錄劾召百神以授弟子文錄有五等一曰陰陽太官二曰正府眞官三曰正房眞官四曰宿宮散官五曰並進錄主壇位禮拜衣冠儀式各有差品凡六十餘卷號曰錄圖眞經付汝奉持轉佐北方泰平眞君出天宮靜輪之法能興造克就則起眞仙矣又地上生民末劫垂及其中行教甚難但令男女立壇宇朝夕禮拜若家有嚴君功及上世其中能修身服藥學長生之術卽爲眞君種民藥別授方鎖鍊金丹雲英八石玉漿之法皆有訣要上師李君手筆有數篇其餘皆正眞書曹趙道覆所書古文鳥迹篆隸雜體辭義約辯婉而成章大自與世禮相準擇

賢推德信者爲先勤者次之又言二儀之間有三十六天中有三十宮宮有一主最高者無極至尊次曰大至眞尊次天覆地載陰陽眞尊次洪正眞尊姓趙名道隱以殷時得道牧土之師也牧土之來赤松王喬之倫及韓終張安世劉根張陵近世仙者並爲翼從牧土命謙之爲子與羣仙結爲徒友幽冥之事世所不了謙之具問一一告焉經云佛者昔於西胡得道在四十二天爲延眞宮主勇猛苦教故其弟子皆髡形染衣斷絕人道諸天衣服悉然始光初奉其書而獻之世祖乃令謙之止於張曜之所供其食物時朝野聞之若存若亡未全信也崔浩獨異其言因師事之受其法術於是上疏讚明其事曰臣聞聖王受命則有天應而河圖洛書皆寄言於蟲獸之文未若今日人神接對手筆燦然辭旨深妙自古無比昔漢高雖復英聖四皓猶或恥之不爲屈節今清德隱仙不召自至斯誠陛下侔蹤軒黃應天之符也豈可以世俗常談而忽上靈之命臣竊懼之世祖欣然乃使謁者奉玉帛牲牢祭嵩岳迎致其餘弟子在山中者於是崇奉天師顯揚新法宣布天下道業大行浩事天師禮拜甚謹人或譏之浩聞之曰昔張釋之爲王生結襪吾雖才非賢哲今奉天師足以不愧於古人矣及嵩高道士四十餘人至遂起天師道場於京城之東南重壇五層遵其新經之制給道士

百二十人衣食齋肅祈請六時禮拜月設廚會數千人世祖將討赫連昌太尉長孫嵩難之世祖乃問幽徵於謙之謙之對曰必克陛下神武應期天經下治當以兵定九州後文先武以成太平眞君眞君三年謙之奏曰今陛下以眞君御世建靜輪天宮之法開古以來未之有也應登受符書以彰聖德世祖從之於是親至道壇受符籙備法駕旗幟盡青以從道家之色也自後諸帝每即位皆如之恭宗見謙之奏造靜輪宮必令其高不聞鷄鳴狗吠之聲欲上與天神交接功役萬計經年不成乃言於世祖曰人天道殊卑高定分今謙之欲要以無成之期說以不然之事財力費損百姓疲勞無乃不可乎必如其言未若因東山萬仞之上爲功差易世祖深然恭宗之言但以崔浩贊成難違其意沈吟者久之乃曰吾亦知其無成事既爾何惜五三百功九年謙之卒葬以道士之禮先於未亡謂諸弟子曰及謙之在汝曹可求遷錄吾去之後天宮眞難就復遇設會之日更布二席於上師坐前弟子問其故謙之曰仙官來是夜卒前一日忽言吾氣息不接腹中大痛而行止如常至明旦便終須臾口中氣狀若烟雲上出窗中至天半乃消屍體引長弟子量之八尺三寸三日已後稍縮至斂量之長六寸於是諸弟子以爲尸解變化而去不死也　按宋賈善翔寇天師傳天師寇謙

之字輔眞上谷平昌人後魏刺史讚之弟子也遠祖仁漢成帝時隱王屋山白日昇天號明眞先生仁之孫曰儁亦乘龍而去父馮翊公爲河東太守以建元乙丑歲七月七日生天師年十六八尺有餘至十八歲迺傾心慕道幽感上達有仙人成公興與之遊華山嘗採藥食謙之自此不復饑及興羽化謙之遂守志嵩陽不復出神瑞二年夏四月一日有太上降靈之異太常二年正月十五日太上又降始光中朝廷遣洛州刺史梁率官僚千餘人詣山迎師至闕時司徒崔浩師事之上賜師宮館禮遇益恭至庚辰歲師請爲帝祈福于中嶽精誠通感太上冥授帝以太平眞君之號并冠服符錄師還具奏是歲改爲太平眞君元年九年正月七日謂弟子曰吾昨夢成公興召我於中嶽仙宮五月二十五日果羽化有清氣若烟出口中至天半乃消其體漸縮識者謂之尸解降年八十四至七月十五日東都沈猷採藥於嵩嶽頂見天師身作銀色光明如日由是知爲仙人

務勿塵

按魏書釋老志初文帝入賓於晉從者務勿塵姿神奇偉登仙於伊闕之山寺識者咸云魏祚之將太

按萊州府志魏鄭文公金昌明間劉國樞記云大基道士谷鄭文公得道之處文公由此仙蛻丹竈碁局印石宛然大基掖山

## 北齊 陸法和

按北齊書本傳陸法和不知何許人也隱於江陵百里洲衣食居處一與苦行沙門同耆老自幼見之容色常不定人莫能測也或謂自出嵩高遍遊遐邇既入荊州汶陽郡高要縣之紫石山無故捨所居山俄有蠻賊文道期之亂時人以爲預見萌兆及侯景始告降於梁法和謂南郡朱元英曰貧道共檀越擊侯景去元英曰侯景爲國立效師云擊之何也法和曰正是如此及景渡江法和時在青谿山元英往問曰景今圍城其事云何法和曰凡人取果宜待熟時不撩自落檀越但待侯景熟何勞問也固問之乃曰亦剋亦不剋景遣將任約擊梁湘東王於江陵法和乃詣湘東乞征約召諸蠻弟子八百人在江津二日便發湘東遣胡僧祐領千餘人與同行法和登艦大笑曰無量兵馬江陵多神祠人俗恆所祈禱自法和軍出無復一驗人以爲神皆從行故也至赤沙湖與約相對法和

乘輕船不介胄沿流而下去約軍一里乃還謂將士曰聊觀彼龍睡不動吾軍之龍甚自踊躍卽攻之若得待明日當不損客主一人而破賊然有惡處遂縱火舫於前而逆風不便法和執白羽麾風風勢卽返約衆皆見梁兵步於水上於是大潰皆投水而死約逃竄不知所之法和曰明日午時當得及期而未得人問之法和曰吾前於此洲水乾時建一刹語檀越等此雖爲刹實是賊標今何不向標下求賊也如其言果於水中見約抱刹仰頭裁出鼻遂擒之約言求就師目前死法和曰檀越有相必不兵死且於王有緣決無他慮王於後當得檀越力耳湘東果釋用爲郡守及魏圍江陵約以兵赴救力戰爲法和既平約往進見王僧辯於巴陵謂曰貧道已斷侯景一臂其更何能爲檀越宜卽遂取乃請還謂湘東王曰侯景自然平矣無足可慮蜀賊將至法和請守巫峽待之乃搃諸軍而往親運石以塡江三日水遂不流橫之以鐵鏁武陵王紀果遣蜀兵來渡峽口勢蹙進退不可王琳與法和經略一戰而殄之軍次白帝謂人曰諸葛孔明可謂名將吾自見之此城旁有其埋弩箭鏃一斛許因插表令掘之如其言又嘗至襄陽城北大樹下畫地方二尺令弟子掘之得一龜長尺半以杖叩之曰汝欲出不能得已數百歲不逢我者豈見天日乎爲受三歸龜乃入草初八疊山多

惡疾人法和為采藥療之不過三服皆差仰求為弟子山中毒蟲猛獸法和授其禁戒不復噬螫所泊江湖必於峯側結表云此處放生漁者皆無所得才有少獲輒有大風雷船人懼而放之風雨乃定晚雖將兵猶禁諸軍漁捕有竊違者中夜猛獸必來欲噬之或亡其船纜有小弟子戲截虵頭來詣法和法和曰汝何意殺虵因指以示之弟子乃見虵頭齚袴襠而不落法和使懺悔為虵作功德又有人以牛試刀一下而頭斷來詣法和法和曰有一斷頭牛就卿徵命殊急若不為作功德一月內報至其人弗信少日果死法和又為人置宅圖墓以避禍求福嘗謂人曰勿繫馬於碓其人行過鄉曲門側有碓因繫馬於其柱入門中憶法和戒走出將解之馬已斃矣梁元帝以法和為都督郢州刺史封江業縣公法和不稱臣其啟文朱印名上自稱司徒梁元帝謂其僕射王褒曰我未嘗有意用陸為三公而自稱何也褒曰彼既以道術自命容是先知梁元帝以法和功業稍重遂就加司徒都督刺史如故部曲數千人通呼為弟子唯以道術為化不以法獄加人又列肆之內不立市丞牧佐之法無人領受但以空檻籥在道間上開一孔以受錢賈客店人隨貨多少計其估限自委檻中行掌之司夕方開取條其孔目輸之於庫又法和平常言若不出口時有所論則雄辯無敵然猶

帶蠻音善爲攻戰具在江夏大聚兵艦欲襲襄陽而入武關梁元帝使止之法和曰法和是求佛之人尙不希釋梵天王坐處豈規王位但於空王佛所與主上有香火因緣見主人應有報至故求援耳今既被疑是業定不可改也於是設供食具大䭔薄餅及魏舉兵法和自郢入漢口將赴江陵梁元帝使人逆之曰此自能破賊但鎭郢州不須動也法和乃還州堊其城門著粗白布衫布袴野巾大繩束腰坐葦席終日乃脫之及聞梁元帝敗滅復取前凶服著之哭泣受弔梁人入魏果見䭔餅焉法和始於百里洲造壽王寺既架佛殿更截梁柱曰後四十許年佛法當遭雷雹此寺幽僻可以免難及魏平荆州宮室焚燼總管欲發取壽王佛殿嫌其材短乃停後周氏滅佛法此寺隔在陳境故不及難天保六年春清河王岳進軍臨江法和舉州入齊文宣以法和爲大都督十州諸軍事太尉公西南大都督五州諸軍事荆州刺史安湘郡公宋莅爲郢州刺史官爵如故莅弟遵爲散騎常侍儀同三司湘州刺史義興縣公梁將侯瑱來逼江夏齊軍棄城而退法和與宋莅兄弟入朝文宣聞其奇術虛心相見備三公鹵簿於城南十二里供帳以待之法和遙見鄴城下馬禹步辛術謂曰公既萬里歸誠主上虛心相待何爲作此術法和手持香爐步從路車至於館明日引見給通幰油

絡網車伏身百人詣闕通名不稱官爵不稱臣但云荆山居士文宣宴法和及其徒屬於昭陽殿賜法和錢百萬物千段甲第一區田一百頃奴婢二百人生資什物稱是宋莅千段其餘儀同刺史以下各有差法和所得奴婢盡免之曰各隨緣去錢帛散施一日便盡以官所賜宅營佛寺自居一房與凡人無異三年間再爲太尉世猶謂之居士無疾而告弟子死期至時燒香禮佛坐繩牀而終浴訖將斂屍小縮止三尺許文宣令開棺視之空棺而已法和書其所居壁而塗之及剝落有文曰十年天子爲尙可百日天子急如火周年天子遞代坐又曰一母生三天兩天共五年說者以爲婁太后生三天子自孝昭卽位至武成傳位後主共五年焉

由吾道榮

按北齊書方伎傳由吾道榮瑯邪人也好道法與其同類相求入長白太山潛隱具聞道術仍遊鄒魯之間習儒業晉陽人某大明法術乃尋是人爲其家傭力無識之者久乃訪知其人道家符水禁咒陰陽曆數天文藥性無不通解以道榮好尙乃悉授之是人謂道榮云我本恆岳仙人有少罪過爲天官所謫今限滿將歸卿宜送吾至汾水及河值水暴長橋壞船渡艱難是人乃臨水禹步以一

符投水中流便絕俄頃水積將至天是人徐自沙石上渡唯道榮見其如是傍人咸云水如此長此人遂能浮過共驚異之道榮仍歸本部隱於瑯邪山辟穀餌松朮茯苓求長生之祕尋為顯祖追往晉陽至遼陽山中有猛獸去馬十步所追人驚怖將走道榮以杖畫地成火坑猛獸遽走俄值國廢道榮歸周隋初乃卒

北周　焦道廣

按陝西通志焦道廣周武帝時獨居雲臺峯辟粒餐霞有三青鳥報未然事帝親詣為置觀忽乘鱗去往而不返

王延

按雲笈七籤王延字子元扶風始平人也九歲從師西魏大統三年丁巳入道依貞懿先生陳君寶熾時年十八居於樓觀與真人李順興特相友善又師華山真人焦曠共止石室中餐松飲泉絕粒幽處後周武帝欽其高道遣使訪之焦君謂曰世道陵夷佇師拯援可應詔出以弘大法吾自此逝矣延來至都下久之請還西嶽居雲臺觀周武詔修所居觀宇以山高無土運取為勞延默告元真

願有靈既忽於觀側巖間涌土取之不竭又山上無油延置一甕為貯燈油之器一夕自滿累歲然燈用之不減既居山頂杜絕人寰每有人來賓客將至即有二青鳥先來報之其鳥如烏常飛左右延每登仙掌蓮峯攝衣前行如履平地常有猛獸馴衛所止其三洞元奧貝經玉書皆焦君所留俾後傳於世周武以沙門邪濫大革其訛元教之中亦令澄汰而素重於延仰其道德又召至京採其道要乃詔雲臺觀精選道士八人與延共弘元旨又勅置通道觀令延校三洞經圖緘藏於觀內延作珠囊七卷凡經傳疏論八百三十卷奏貯於通道觀藏由是元教光興朝廷以大象紀號至隋文禪位置元都觀以延為觀主又以開皇為號六年丙午詔以寶車迎延於大興殿帝潔齋請益受智慧大戒於時丹鳳來儀飛止壇殿詔以延為道門威儀之制自延始也蘇威楊素皆北面執弟子之禮仁壽四年告門人曰吾欲歸止西嶽但恐帝未悉爾是年九月委化於元都觀體柔香潔儼然如生白鶴翠飛彩霞迴合異香之氣聞於遠近煬帝初即寶位聞之尤加歎異賜物百段錢二十萬設三千人齋送還西嶽所至之處奇香異雲連屬不散入壙之日但空棺而已得解化之妙焉

周皐節

按續文獻通考周韋節杜陵人後魏時棄官謁趙法師入華山因號華陽子餌黃精撰三洞儀序老子易論周武帝賜號精思法師有白鶴臨壇大和四年忽彩雲如蓋覆其處上節曰吾當乘此而去遂化昇

隋　雲臺峯道士

按續元怪錄杜子春者蓋周隋間人少落拓不事家產然以志氣閑曠縱酒閒遊資產蕩盡投於親故皆以不事事見棄方冬衣破腹空徒行長安中日晚未食彷徨不知所往於東市西門饑寒之色可掬仰天長吁有一老人策杖於前問曰君子何歎春言其心且憤其親戚之疎薄也感激之氣發於顏色老人曰幾緡則豐用子春曰三五萬則可以活矣老人曰未也更言之十萬曰未也乃言百萬亦曰未也曰三百萬乃曰可矣於是袖出一緡曰給子今夕明日午時候子於西市波斯邸慎無後期及時子春往老人果與錢三百萬不告姓名而去子春既富蕩心復熾自以為終身不復羇旅也乘肥衣輕會酒徒徵絲管歌舞于倡樓不復以治生為意一二年間稍稍而盡衣服車馬易貴從賤去馬而驢去驢而徒倏忽如初既而復無計自歎於市門發聲而老人到握其手曰君復如此奇

哉吾將復濟子幾緡方可子春慙不應老人因逼之子春愧謝而已老人曰明日午時來前期處子春忍愧而往得錢一千萬未受之初發憤以爲從此謀身治生石季倫猗頓小豎耳錢既入手心又翻然縱適之情又却如故不一二年間貧過舊日復遇老人於故處子春不勝其愧掩面而走老人牽裾止之又曰嗟乎拙謀也因與三千萬曰此而不痊則子貧在膏肓矣子春曰吾落拓邪遊生涯罄盡親戚豪族無相顧者獨此叟三給我我何以當之因謂老人曰吾得此人間之事可以立孤孀可以衣食於名教復圓矣感叟深惠立事之後唯叟所使老人曰吾心也子治生畢來歲中元見我於老君雙檜下子春以孤孀多寓淮南遂轉資揚州買良田百頃郭中起甲第要路置邸百餘間悉召孤孀分居第中婚嫁甥姪遷祔族親恩者煦之讎者復之既畢事及期而往老人者方嘯於二檜之陰遂與登華山雲臺峯入四十里餘見一處室屋嚴潔非常人居彩雲遙覆鸞鶴飛翔其上有正堂中有藥爐高九尺餘紫焰光發灼煥窗戶玉女九人環爐而立青龍白虎分據前後其時日將暮老人者不復俗衣乃黃冠縫帔士也持白石三丸酒一巵遺子春令速食之訖取一虎皮鋪於內西壁東向而坐戒曰愼勿語雖尊神惡鬼夜叉猛獸地獄及君之親屬爲所困縛萬苦皆非眞實但當

不動不語宜安心莫懼終無所苦當一心念吾所言言訖而去子春視庭唯一巨甕滿中貯水而已道士適去旌旗戈甲千乘萬騎徧滿崖谷呵叱之聲震動天地有一人稱大將軍身長丈餘人馬皆著金甲光芒射人親衛數百人皆仗劍張弓直入堂前呵曰汝是何人敢不避大將軍左右竦劍而前逼問姓名又問作何物皆不對問者大怒摧斬爭射之聲如雷竟不應將軍者極怒而去俄而猛虎毒龍狻猊獅子蝮蝎萬計哮吼拏攫而爭前欲搏噬或跳過其上子春神色不動有頃而散既而大雨滂澍雷電晦暝火輪走其左右電光掣其前後目不得開須臾庭際水深丈餘流電吼雷勢若山川開破不可制止瞬息之間波及坐下子春端坐不顧未頃而將軍者復來引牛頭獄卒奇貌鬼神將大鑊湯而置子春前長鎗兩叉四面週匝傳命曰肯言姓名即放不肯言即當心取叉置之鑊中又不應因執其妻來捽於階下指曰言姓名免之又不應及鞭捶流血或射或斫或煮或燒苦不可忍其妻號哭曰誠為陋拙有辱君子然幸得執巾櫛奉事十餘年矣今為尊鬼所執不勝其苦不敢望君匍匐拜乞但得公一言即全性命矣人誰無情君乃忍惜一言雨淚庭中且呪且罵春終不顧將軍且曰吾不能毒汝妻耶令取剉碓從腳寸寸剉之妻叫哭愈急竟不顧之將軍曰此賊妖術

已成不可使久在世間敕左右斬之斬訖魂魄被領見閻羅王曰此乃雲臺峯妖民乎捉付獄中於是鎔銅鐵杖碓擣磑磨火坑鑊湯刀山劍樹之苦無不備嘗然心念道士之言亦似可忍竟不呻吟獄卒告受罪畢王曰此人陰賊不合得作男宜令作女人配生宋州單父縣丞王勸家生而多病針灸藥醫略無停日亦嘗墜火墮牀痛苦不齊終不失聲俄而長大容色絕代而口無聲其家目爲啞女親戚狎者侮之萬端終不能對同鄉有進士盧珪者聞其容而慕之因媒氏求焉其家以啞辭之盧曰苟爲妻而賢何用言矣亦足以戒長舌之婦乃許之盧生備六禮親迎爲妻數年恩情甚篤生一男僅二歲聰慧無敵盧抱兒與之言不應多方引之終無辭盧大怒曰昔賈大夫之妻鄙其夫纔不笑然觀其射雉尙釋其憾今吾陋不及賈而文藝非徒射雉也而竟不言大丈夫爲妻所鄙安用其子乃持兩足以頭撲於石上應手而碎血濺數步子春愛生於心忽忘其約不覺失聲云噫噫聲未息身坐故處道士者亦在其前初五更矣見其紫焰穿屋上大火起四合屋室俱焚道士歎曰錯大悞余乃如是因提其髮投水甕中未頃火息道士前曰吾子之心喜怒哀懼惡慾皆忘矣所未臻者愛而已向使子無噫聲吾之藥成子亦上仙矣嗟乎仙才之難得也吾藥可重煉而子之身猶爲

世界所容矣勉之哉遂指路使歸子春强登基觀爲其爐已壞中有鐵柱大如臂長數尺道士脫衣以刀子劃之子春旣歸愧其忘誓復自効以謝其過行至雲臺峯絕無人跡嘆恨而歸

蘇元朗

按羅浮山志元朗不知何許人也嘗學道于句曲得司命眞祕遂成地仙生于晉太康時隋開皇中來居羅浮年已三百餘歲矣居青霞谷修煉大丹自號青霞子作太清石壁記及所授茅君歌又發明太易丹道爲寶藏論弟子從遊者聞朱眞人服芝得仙競論靈芝春青夏赤秋白冬黑惟黃芝獨產于嵩高遠不可得元朗笑曰靈芝在汝八景中盍向黃房求諸諺云天地之先無根靈草一意制度產成至寶此之謂也乃著旨道篇示之自此道徒始知內丹矣又以古文龍虎經周易參同契金碧潛通祕訣三書文繁義隱乃纂爲龍虎金液還丹通元論歸神丹于心煉其言曰天地久大聖人象之精華在乎日月進退運乎水火是故性命雙修內外一道龍虎寶鼎卽身心也身爲爐鼎心爲神室津爲華池五金之中惟用天鉛陰中有陽是爲嬰兒卽身中坎也八石之中惟用砂汞陽中有陰是爲姹女卽身中離也鉛結金體乃能生汞之白汞受金炁然後審砂之方中央戊己是爲黃婆

即心中意也火之居木水之處金皆本心神脾土猶黃芽也修治內外兩弦均平惟存乎眞土之動靜而已眞土者藥物之主斗柄者火候之樞白虎者鉛中之精華青龍者砂中之元氣鵲橋河車百刻上運華池神水四時逆流有物之時無爲爲本自形中之神入神中之性此謂歸根復命猶金歸性初而稱還丹也內視九年道成沖舉而去谷中有伏虎石存焉嘉靖中土人耕治其地猶得銅盂一古劍一竟毀之

萬寶常

按仙傳拾遺萬寶常不知何許人也生而聰穎妙達鐘律徧工八音常於野中遇十許人車服鮮麗麾幢森列如有所待寶常趨避之此人使人召至前曰上帝以子天授音律之性將傳八音於季末之世救將壞之樂然正始之聲子未備知也使鈞天之官以示子元微之要命坐而教以歷代之樂理亂之音靡不周逃寶常畢記之良久羣仙淩空而去寶常還家已五日矣自此人間之樂無不精究嘗與人同食之際言及聲律時無樂器寶常以食器雜物以節扣之品其高下宮商畢備絲竹諧作大爲時人所賞歷周洎隋落拓不仕開皇初沛國公鄭譯定樂成奏之文帝召寶常問其可否常

曰此亡國之音哀怨浮散非正雅之聲極言其不可詔令寶常創造樂器而其聲率下不與舊同又云世有周禮旋宮之義自漢魏以來知音者皆不能通之寶常創之人皆哂笑於是試令爲之應手成曲衆咸嗟異由是損益樂器不可勝紀然其聲雅澹不合於俗人皆不好之竟寢而不行寶常聽太常之樂泣謂人曰淫厲而哀天下不久相殺盡當時海內晏安天下全盛人聞其言大爲不爾及大業之末卒驗其事是時鄭譯何妥盧賁蘇道蕭吉王令言皆能於雅樂安馬駒曹妙達王長通郭金樂等能作新聲皆心服寶常言寶常無子嘗謂其友曰吾不堪病則孤矣因病妻竊其財物而逃幾至餓殞忽一夕先所遇神仙來降其家曰汝捨九天之高逸念下土之塵愛淪沒於茲限將畢矣須記得雲亭宮之會乎寶常懵然良久乃悟他日謂鄰人曰吾偶自仙宮謫於人世卽將去矣旬日不知所之

楊伯醜

按仙傳拾遺楊伯醜馮翊武鄉人好讀易隱於華山隋開皇初文帝搜訪隱逸聞其有道徵至京師見公卿不爲禮人無貴賤皆汝之人不能測帝賜衣著至朝堂捨之而去常披髮徉狂遊行市里形

體垢穢未嘗櫛沐亦開肆賣卜卦無不中有人失馬詣伯醜卜之伯醜方爲太子所召在途遇之立爲作卦曰可於西市東壁南第三店爲我買魚作鱠如其言詣所指店中果有人牽所失馬而至遂擒之何妥嘗與論易聞妥之言笑曰何用鄭元王弼之言乎於是測理辨答思理元妙大異先儒之旨論者謂其有元機因問其所學曰太華之下金天洞中我曾受羲皇所教之易與大道元同理窮衆妙豈可以世儒常談而測神仙之旨乎數年復歸華山上後世世有人見之

潛翁

按續文獻通考潛翁開皇中煉形於漳州石壁山養白蝦蟆自隨後不知所終

劉珍

按四川總志隋劉珍什邡人隋開皇中居安樂山忽取所藏經鐘磬封於石室曰後六十年當有聖君取之且曰吾功行已成四月之望上昇是日珍見隋文帝帝遣使訪其事建三觀後唐高宗遣使取經鐘磬以進果符其言有續嚴中詔書李淑爲傳三觀偶治平中賜額延眞

吳涵虛

按衡岳志隋吳涵虛開皇中道士也字合靈居雲蓋院風狂未嘗下山終日沈湎亦無烟火之具俗呼為吳猻好吟經句不食嘗言若要開卽須嬾如勸卽不開也素不攻文忽作上昇歌云玉皇有詔登仙職龍吐雲兮鳳著力眼前蓦地見樓臺異草奇花不可識我向大羅觀世界世界只如指掌大當時不為上昇忙一時提向瀛洲賣後以清泰二年白日昇天而去

徐則

按隋書本傳徐則東海郯人也幼沈靜寡嗜欲受業於周弘正善三玄精於議論聲擅都邑則歎曰名者實之賓吾其為賓乎遂懷棲隱之操杖策入縉雲山後學數百人苦請教授則謝而遣之不娶妻常服巾褐陳太建時應召來憩於至真觀期月又辭入天台山因絕穀養性所資唯松水而已雖隆冬沍寒不服綿絮太傅徐陵為之刊山立頌初在縉雲山太極真人徐君降之曰汝年出八十當為王者師然後得道也晉王廣鎮揚州知其名手書召之曰夫道得衆妙法體自然包涵二儀混成萬物人能弘道道不虛行先生履德養空宗元齊物深明義味曉達法門悅性沖元怡神虛白餐松餌朮棲息烟霞望赤城而待風雲遊玉堂而駕龍鳳雖復藏名台岳猶且騰實江淮藉甚嘉猷有勞

寤寐欽承素道久積虛襟側席幽人夢想巖穴霜風已冷海氣將寒偃息茂林道體休愈昔商山四皓輕舉漢庭淮南八公來儀藩邸古今雖異山谷不殊市朝之隱前賢已說導凡述聖非先生而誰故遣使人往彼延請想無勞束帛賁然來思不待蒲輪去彼空谷希能屈己佇望披雲則謂門人曰吾今年八十一王來召我徐君之旨信而有徵於是遂詣揚州晉王將請受道法則辭以時日不便其後夕中命侍者取香火如平常朝禮之儀至於五更而死支體柔弱如生停留數旬顏色無變晉王下書曰天台眞隱東海徐先生虛確居宗沖元成德齊物處外檢行安身草褐蒲衣餐松餌朮棲隱靈岳五十餘年卓矣仙才飄然勝氣千尋萬頃莫測其涯寡人欽承道風久餐德素頻遣使乎遠此延屈冀得虔受上法式建良緣至止甫爾未淹旬日厭塵羽化反眞靈府身體柔軟顏色不變經方所謂屍解地仙者哉誠復師禮未申而心許有在雖忘怛化猶愴于懷喪事所資隨須供給霓裳羽蓋既且騰雲空槨餘衣詎藉墳壟但杖舄猶存示同俗法宜遣使人送還天台定葬是時自江都至於天台在道多見則徒步云得放還至其舊居取經書道法分遣弟子仍令淨掃一房曰若有客至宜延之於此然後跨石梁而去不知所之須臾屍柩至方知其靈化時年八十二晉王聞而益異

之暉物千段遺畫工圖其狀貌令柳公權爲之讚曰可道非道常道無名上德不德至德無盈元風扇矣而有先生夙鍊金液怡神玉清石髓方輭雲丹欲成言追喬稚將侶茅嬴我王遂屬爰感靈誠桂下瞥啟河上沉精留符告信化杖飛聲永思靈迹爰用攄情時披素繪如臨赤城時有建安宋玉泉會稽孔道茂丹陽王遠知等亦行辟穀以松水自給皆爲煬帝所重

尹眞人

按處州府志尹眞人隋大業中煉丹成舉家上昇今勝因院其故宅也迨宋龔侍郎原作勝因院記頗詳其事後原守揚州時有道人謁原題疏欲得錢萬貫原如數與之道人至和州創宅買田置器具交易標記悉作龔侍郎名字後原謫和州道人來請入宅云田土器具皆公揚州捨錢所置或云道人即尹眞人也報其爲勝因院作記耳

周隱遙

按仙傳拾遺周隱遙洞庭山道士自云冉里先生之孫山上有其祖冉里廟冉里村言其數世得道嘗居焦山中學太陰鍊形之道死於崖窟中囑其弟子曰檢視我屍勿令他物所犯六年後若再生

當以衣裳衣我弟子視之初則臭穢蟲壞唯五臟不變依言閉護之至六年往看乃身全却生弟子備湯沐以新衣衣之髮鬒而黑鬚粗而直若獸鬣焉十六年又死如前更七年復生如此三度已四十年餘近八十歲狀貌如三十許人隋煬帝聞之徵至東都頒賜豐厚恩禮隆異而懇乞歸山尋還本郡眞觀中召至長安於內殿安置問脩習之道對曰臣所脩者匹夫之志功不及物利唯一身帝王脩道一言之利萬國蒙福得道之效速於人臣區區所學非九重萬乘之所脩也懇求歸山尋亦遂其所適

李鐵拐

按續文獻通考李鐵拐或云隋時峽人名洪水小字拐兒又名鐵拐常行丐於市人皆賤之後以鐵杖擲空化爲龍乘龍而去一說李本偉丈夫常遇老君得道後出神往朝老君與其徒約以七日不返焚其尸後六日其徒以母疾遽焚而去李迴附一丐者尸起故足跛而貌更醜惡　按幽怪錄

張居士者宋朝都吏也與妻馮氏俱好道施輔眞道院於湖墅家住脩文坊扇子巷內設輔眞道院藥局濟人一日設齋百分先期散俵子至日齋此赴齋臨期止收九十九俵子齋訖此心終不滿後

因往輔眞道院見所塑鐵拐仙上有一俵子題云特來赴齋見我不采空腹而歸俵縛我拐　按濟南府志明千半仙居淄川城西冶頭店性質樸無僞家有鐵拐仙人畫像于日具香紙齋奉閱數歲嘗蚤起趨縣役天尚昧中途見一人宛然所供畫像曰非吾李仙師邀隨挽衣求度曰汝隨我行愼勿開目須臾至一處開目視之則波濤拍天茫無畔岸乃東海也驚怖不敢進苦告歸因探囊中金與之于何日方抵家稍稍言其事後年至九十無疾而終人稱之爲千半仙　按貴州通志謂守眞本衛冠帶總旗幼慕高風悟眞修息習先天道教逐魅驅邪屢有靈驗然性甚孤介不屑爲黃白之術一日遇跛乞願從服役未幾病且痔臭穢不可近守眞賑養數年略無憎意及死棺斂之葬於衛之西郊是日有過於偏橋道中者自言姓李且曰爲我致聲主人吾有遺於棺以酬數年之養守眞驚訝啟棺視之則符籙一帙令牌一具始悟其姓知爲鐵拐仙也追悔無及嗣後亢旱禱祈無不立應傳五世皆然當事以道彰天澤旌表其門符籙旋被有力者攫奪令牌亦失術遂不傳

瞿夫人

按南昌郡乘夫人洪州黃元仙妻也隋末兄瞿君爲辰州刺史以夫人妻元仙因薦以自代後元仙

棄官與夫人隱於舟西之羅山貧甚爲人傭織以養其姑如此者十年一日忽謂元仙曰昨聞帝命當與汝別俄頃化爲青氣數丈騰空而去

裴諶

按續元怪錄裴諶與王敬伯梁芳約爲方外之友隋大業中相與入白鹿山學道謂黃白可成不死之藥可致雲飛羽化無非積學辛勤採鍊手足胼胝十數年間無何梁芳死敬伯謂諶曰吾所以去國忘家耳絶絲竹口厭肥豢目棄奇色去華屋而樂蓽廡賤歡娛而貴寂寞者豈非覬乘雲駕鶴游戲蓬壺縱其不成亦望長生壽畢天地耳今仙海無涯長生未致辛勤於雲山之外不免就死敬伯所樂將下山乘肥衣輕聽歌翫色遊於京洛意足然後求達建功立事以榮耀人寰縱不能憩三山飲瑤池驂龍衣霞歌鸞舞鳳與仙官爲侶且腰金拖紫圖形凌煙厠卿大夫之間何如哉子盍歸乎無空死深山諶曰吾乃夢醒者不復低迷敬伯遂歸諶留之不得時唐貞觀初以舊籍調授左武衛騎曹參軍大將軍趙朏妻之以女數年間遷大理廷評衣緋奉使淮南舟行過高郵制使之行呵叱風生舟船不敢動時天微雨忽有一漁舟突過中有老人衣蓑戴笠鼓棹而去其疾如風敬伯以爲

吾乃制使威振遠近此漁父敢送過試視之乃諶也遂令追之因請維舟延之坐內握手慰之曰兄

久居深山拋擲名宦而無成到此極也夫風不可繫影不可捕古人倦夜長尚秉燭遊況少年白晝

而擲之乎敬伯自出山數年今廷尉評事矣昨者推獄平允乃天錫命服淮南疑獄今讞於有司上

擇詳明吏覆訊之敬伯預其選故有是行雖未可言宦達比之山叟自謂差勝兄甘勞苦竟如曩日

奇哉奇哉今何所須當以奉給諶曰吾儕野人心近雲鶴未可以腐鼠嚇也吾沉子浮魚鳥各適何

必矜炫也夫人世之所須者吾當給爾子何以贈我吾與山中之友市藥於廣陵亦有息肩之地青

園橋東有數里櫻桃園園北車門即吾宅也子公事少隙當尋我於此遂翛然而去敬伯到廣陵十

餘日畢少閒思諶言因出尋之果有車門試問之乃裴宅也人引以入初尚荒涼移步愈佳行數百

步方及大門樓閣重複花木鮮秀似非人境煙翠葱蘢景色妍媚不可形狀香氣颯來神清氣爽飄

飄然有淩雲之意不復以使車為重視其身若腐鼠視其徒若螻蟻既而稍聞劍佩之聲二青衣出

曰裴郎來俄有一人衣冠偉然儀貌奇麗敬伯前拜視之乃諶也裴慰之曰塵界仕宦久食腥羶愁

慾之火焰於心中負之而行固甚勞困遂揖以入座於中堂窗戶棟梁飾以異寶屏帳皆畫雲鶴有

頃四青衣捧碧玉臺盤而至器物珍異皆非人世所有香醪嘉饌目所未窺既而日將暮命其促席燃九光之燈光華滿座女樂二十人皆絕代之色列坐其前裴顧小黃頭曰王評事者吾山中之友道情不固棄吾下山別近十年纔為廷尉屬今俗心已就須俗妓以樂之顧伶家女無足召者當召士大夫之女已適人者如近無姝麗五千里內皆可擇之小黃頭唯唯而去諸妓調碧玉箏調未諧而黃頭已復命引一妓自西階登拜裴席前裴指曰參評事敬伯答拜細視之乃敬伯妻趙氏而敬伯驚訝不敢言妻亦甚駭目之不已遂令坐玉階下一青衣捧玳瑁箏授之趙素所善也因令與坐妓合曲以送酒敬伯坐閒取一殷色朱李投之趙顧敬伯潛係於衣帶妓奏之曲趙皆不能逐裴乃令隨趙所奏時時停之以呈其曲其歌雖非雲韶九奏之樂而清亮宛轉酬獻極歡天將曙裴召前黃頭曰送趙夫人且謂曰此堂乃九天畫堂常人不到吾昔與王為方外之交憐其為俗所迷自投湯火以智自燒以明自賊將沉浮於生死海中求岸不得故命於此以醒之今日之會誠再難得亦夫人宿命乃得暫遊雲山萬里復往勞苦無辭也趙拜而去裴謂敬伯曰評公使車留此一宿得無驚郡將乎宜且就館未赴闕間時訪我可也塵路遐遠萬愁攻人努力自愛敬伯拜謝而去復五日

將還潛詣取別其門不復有宅乃荒涼之地煙草極目惆悵而返及京奏事畢將歸私第諸趙競怒曰女子誠陋不足以奉事君子然已辱厚禮亦宜敬之夫上以承先祖下以繼後事豈苟而已哉柰何以妖術致之萬里而娛人之視聽乎朱李尙在其言足徵何諱乎敬伯盡言之且曰當此之時敬伯亦自不測此蓋裴之道成矣以此相炫也其妻亦記得裴言遂不復責吁神仙之變化誠如此乎將幻者鬻術以致惑乎固非常智之所及且夫雀爲蛤雉爲蜃人爲虎腐草爲螢蜣蜋爲蟬鯤爲鵬萬物之變化書傳之記者不可以智達況耳目之外乎

子英

按武進縣志子英者舒鄉人善入水捕魚嘗于芙蓉湖得赤鯉愛其色好持歸畜之池中期年長丈餘鱗然有角夾兩翼子英怪之魚輒言吾來迎君耳君跨吾背當與君白日昇青天且有靈雨以表異子英果跨之霍然上昇後每返復與妻子同飲食數日魚復來迎之歲以爲常如是者凡七十載後失所在今暨陽有魚子英祠

卷終

## 神仙部列傳十八

### 唐一　朱桃椎

按唐書本傳朱桃椎益州成都人澹泊絕俗披裘曳索人莫能測其爲長史竇軌見之遺以衣服鹿幘麂鞾逼署鄉正委之地不肯服更結廬山中夏則贏冬緝木皮葉以自蔽贈遺無所受嘗織十芒屩置道上見者曰居士屩也爲鬻米茗易之置其處輒取去終不與人接其爲屩草柔細環結促密人爭躡之高士廉爲長史備禮以請降階與之語不答瞪視而出士廉拜曰祭酒其使我以無事治蜀邪乃簡條目薄賦斂州大治屢遣人存問見輒走林草自匿云　按錄異記隱士朱君記鹽池縣圖經云朱桃椎者隱士也以武德元年於蜀縣白女毛村居焉草服素冠晦名匿位織屨自給口無二價後居棲平山白馬溪大盤石山石色如冰素平易如砥可坐十人石側有一樹垂陰布濩于其上當暑熾之月茲焉如秋桃椎休偃於是焉有好古之士多於茲遊朱公或斲輪以爲資前長史李厚德後長史高士廉或招以弓旌或遺以尺牘並笑傲不答太子少保河東薛公稷初爲彭山令

聞其風而說之乃作茆茨賦以贈焉洎解印還京假途就謁其室已虛矣但遺蹤宛然訪於鄉里云
朱公或出或處或隱或顯蓋得道者薛公題讚於其壁而還長安後數年鄉人時見朱公而竟不知
所在其所隱之石今亦不見巨木之下惟石洞存焉近年石洞常亦閉塞後宰邑好事者刻賦爲碣
立於洞門官道之側然鄉邑祈請焚香禱祝者頗有靈應自非得道真品孰能與於此乎　按續
文獻通考朱桃椎初成都譜師姓許善傳神有人敝衣憔悴求傳神許笑之其人以手摩面則童顏
矣引其鬚應手而黑乃一美丈夫也許驚曰不知神仙臨降道人曰君傳吾神置肆中有求售止取
十千後有識者曰此神仙朱桃椎也求者輻湊

陳大素

按江西通志陳大素字靜甫與蜀人羅太冲同見華陰道士王能得煉白石法去渡湘水又遇何仙
娥教隱浮田大素曰此僕故里於是還浮田十二載忽清泉迸湧其旁取以煮石石化爲霜既食之
飄然若生羽翼云唐武德二年秋八月也鄉人築壇於煉石之地號曰石觀有茅草向飛五里而墜
三日復生又於其地立仙茅觀

胡慧超

按江西通志胡慧超不知何許人遇日月二君授以淨明忠孝之道唐初隱西山洪井偶過城隅見有舉家悲泣者問之曰廟神歲擇女為配吾女明日當行是以悲耳慧超卽驅風雷焚擊妖廟并投巨樟擲於江中逆流而上今樟樹鎮是也後化去謚曰洞眞祀之元妙觀

劉玉

按江西通志劉玉字頤眞自鄱陽徙居洪州少遇胡洞眞張洪崖授以祕術後許旌陽親降其家授以中黃大道八極眞詮五十有二化去三年啟窆視之為空亟人稱為劉玉眞

李元基

按南昌郡乘李元基唐武德初隱建昌葛山有道術能坐在立亾人莫之測時時經行以符藥救人採虎骨針鵲影活魚鼈甚衆夜露宿草野中代宗末插松柏滿身飛去後有人採藥葛山見元基跨青鹿行若飛問之不應莫知所之

凡八兒 附楊德祖

按仙傳拾遺凡八兄者不知仙籍之中何品位也隋太子勇之孫名德祖仕唐為尙輦奉御性頗好道以金丹延生為務鑪鼎所費家無餘財官散俸薄往往闕於饘粥稍有百金即輸於炭藥之直矣凡八兄忽詣其家談元虛論方術以為金丹之制不足為勞黃白變化咳唾可致德祖愈加尊敬而凡之剛躁諠雜嗜酒貪饕殊不可耐晝出夜還不畏街禁肥鮮醇酎非時即須德祖了諳其性委曲預備必副所求由是淹留數月一日令德祖取鼎釜鎗鏊羅陳於藥房中凡自擊碎之壘鐵加炭烈火以煅焉投散藥寸匕於其上反扃其室背燈壁隅乃與德祖庭中步月中夜謂德祖曰我太極仙人也以子棲心至道抗節不回故來相教耳明月良夜能遠遊乎德祖諾遂相與出門及反顧扃鑰如舊徐行若二三十里路頗平憩一山頂德祖覺倦八兄曰此去長安千里矣當甚勞乎德祖驚其且遠亦以行倦為對八兄長嘯一聲逡巡有白獸至焉命德祖乘之其行迅疾漸覺彌遠因問長安里數八兄曰此八萬里矣德祖悄然忽念未別家小白獸屹然不行八兄笑曰果有塵俗之念去世未得如何遽命白獸送德祖詣雲宮謁解空法師俄頃而至法師延坐使青童以金丹飼之德祖捧接但見毒螫之物不可取食又以玉液飲之復聞其臭亦不可飲法師令白獸送德祖還其家凡八

兒不復見矣至其家燈燭宛然夜未央矣明晨視其所化黃白燦然雖貲貨有餘而八兒仙儀杳不可覩一日忽見凡八兒之僕擔簦笥而過其門曰凡君所止在仙府矣使我暫至人寰若見奉御亦令同來可也自是德祖隨凡君仙僕而去不復還矣

孫思邈附白水院童子

按唐書本傳思邈京兆華原人通百家說善言老子莊周周洛州總管獨孤信見其少異之曰聖童也顧器大難為用耳及長居太白山隋文帝輔政以國子博士召不拜密語人曰後五十年有聖人出吾且助之太宗初召詣京師年已老而聽視聰瞭帝歎曰有道者欲官之不受顯慶中復召見拜諫議大夫固辭上元元年稱疾還山高宗賜良馬假鄱陽公主邑司以居之思邈於陰陽推步醫藥無不善孟詵盧照鄰等師事之照鄰有惡疾不可為感而問曰高醫愈疾柰何答曰天有四時五行寒暑迭居和為雨怒為風凝為雪霜張為虹蜺天常數也人之四支五藏一覺一寐吐納往來流為榮衛章為氣色發為音聲人常數也陽用其形陰用其精天人所同也失則烝生熱否生寒結為瘤贅陷為癰疽奔則喘乏竭則燋槁發乎面動乎形天地亦然五緯縮贏孛彗飛流其危診也寒暑不

時其烝否也石立土踊是其瘤贅山崩土陷是其癰疽奔風暴雨其喘乏川瀆竭涸其燋槁高醫導以藥石救以砭劑聖人和以至德輔以人事故體有可愈之疾天有可振之災照鄰曰人事奈何曰心爲之君君尙恭故欲小詩曰如臨深淵如履薄氷小之謂也膽爲之將以果決爲務故欲大詩曰赳赳武夫公侯干城大之謂也仁者靜地之象故欲方傳曰不爲利回不爲義疚方之謂也智者動天之象故欲圓易曰見機而作不俟終日圓之謂也復問養性之要答曰天有盈虛人有屯危不自愼不能濟也故養性必先知自愼也愼以畏爲本故士無畏則簡仁義農無畏則墮稼穡工無畏則慢規矩商無畏則貨不殖子無畏則忘孝父無畏則廢慈臣無畏則勳不立君無畏則亂不治是以太上畏道其次畏天其次畏物其次畏人其次畏身憂於身者不拘於人畏於己者不制於彼愼於小者不懼於大戒於近者不侮於遠知此則人事畢矣初魏徵等修齊梁周隋等五家史屢咨所遺其傳最詳永淳初卒年百餘歲遺令薄葬不藏冥器祭去牲牢孫處約常以諸子見思邈曰俊先顯侑晚貴佺禍在執兵後皆驗太子詹事盧齊卿之少也思邈曰後五十年位方伯吾孫爲屬吏願自愛時思邈之孫溥尙未生及溥爲蕭丞而齊卿徐州刺史　按太平廣記孫思邈於永淳元年卒

遺令薄葬不藏冥器不奠牲牢經月餘顏貌不改舉尸就木空衣而已時人異之自注老子莊子撰千金方三十卷福祿論三十卷攝生眞籙枕中素書會三教論各一卷開元中復有人見隱於終南山與宣律師相接每來往參請宗旨時大旱西域僧請於昆明池結壇祈雨詔有司備香燈凡七日縮水數尺忽有老人夜詣宣律師求救曰弟子昆明池龍也無雨時久匪由弟子胡僧利弟子腦將爲藥欺天子言祈雨命在旦夕乞和尙法力救護宣公辭曰貧道持律而已可求孫先生老人因至思邈謂曰我知昆明龍宮有仙方三十首若能示予予將救汝老人曰此方上帝不許妄傳今急矣固無所悋有頃捧方而至思邈曰爾但還無慮胡僧也自是池水忽漲數日溢岸胡僧羞恚而死又嘗有神仙降謂思邈曰爾所著千金方濟人之功亦已廣矣而以物命爲藥害物亦多必爲尸解之仙不得白日輕舉矣昔眞人桓闓謂陶貞白事亦如之固吾子所知也其後思邈取草木之藥以代蝱蟲水蛭之命作千金方翼三十篇每篇有龍宮仙方一首行之於世及元宗避羯胡之亂西幸蜀既至蜀夢一叟鬚鬢盡白衣黃襦再拜於前已而奏曰臣孫思邈也廬於峨嵋山有年矣今聞鑾駕幸成都臣故候謁元宗曰我熟識先生名久矣今先生不遠而至亦將有所求乎思邈對曰臣隱居

雲泉好餌金石藥聞此地出雄黃願以八十兩爲賜脫遂臣請幸降使齎至峨嵋山元宗諾之悖然而寤卽詔寺臣陳忠盛挈雄黃八十兩往峨嵋宣賜思邈忠盛既奉詔入峨嵋至屏風嶺見一叟貌甚俊古衣黃襦立於嶺上謂忠盛曰汝非天子使乎我卽孫思邈也忠盛曰上命以雄黃賜先生其叟傴僂而受既而曰吾蒙天子賜雄黃今有表謝屬山居無翰墨天使命筆札傳寫以進也忠盛卽召吏執牘染翰叟指一石曰表本在石上君可錄焉忠盛目其石果有硃字百餘寫表本也遂謄寫其字寫畢視其叟與石俱亾見矣於是具以其事聞於元宗元宗因問忠盛叟之貌與夢者果同由是益奇之自是或隱或見咸通末山下民家有兒十餘歲不食葷血父母以其好善使於白水僧院爲童子忽有遊客稱孫處士周遊院中訖袖中出湯末以授童子曰爲我如茶法煎來處士呷少許以餘湯與之覺湯極美願賜一椀處士曰此湯爲汝來耳卽以末方寸匕更令煎喫因與同侶話之出門處士已去矣童子亦乘空而飛衆方驚異顧視煎湯銚子已成金矣其後亦時有人見思邈者

按湘山野錄成都無名高僧者誦法華經有功雖王均李順兩亂於蜀亦不敢害一旦忽一山童至寺言先生來晨請師誦經在藥市候奉至則已在引入溪嶺數重烟嵐中構一跨溪山閣乃其居也

僕傳其語曰先生請師且誦經老病起晚誦至見寶塔品願見報欲一聽至此品報之果出野服杖藜兩眉垂肩但默揖爇香側聽聽罷遂入不復出將齋以藤盤竹箸秫飯一盂杞菊數甌不調鹽酪美若甘露食訖僕持䞋一鏹敬施之曰先生寄語上人遠到山舍不及攀道僕留送出路口因中途問僕曰先生何姓曰姓孫曰何名僕於僧掌中書思邈二字僧因大駭欲再往僕遽失之凡山中尋三日竟迷舊路歸䞋貲視乃金錢一百皆真金也中五六金一半尚鐵由茲一膳身輕無疾天禧中已一五十歲長遊都市後隱不見

王遠智

按唐書方技傳王遠智系本瑯琊後為揚州人父曇選為陳揚州刺史母晝寢夢鳳集其身因有娠浮屠寶誌謂曇選曰生子當為世方士遠智少警敏多通書傳事陶弘景傳其術為道士又從臧兢游陳後主聞其名召入重陽殿辯論超詣甚見咨挹隋煬帝為晉王鎮揚州使人介以邀見少選鬢白俄復鬒帝懼遣之後幸涿郡詔遠智見臨朔宮帝執弟子禮咨仙事詔京師作玉清元壇以處之及幸揚州遠智謂帝不宜遠京國不省高祖尚微遠智密語天命武德中平王世充秦王與房元

齡微服過之遠智未識迎語曰中有聖人非王乎乃諭以實遠智曰方爲太平天子願自愛太宗立欲官之苦辭貞觀九年詔潤州即茅山爲觀俾居之璽詔曰省所奏願還舊山已別詔不違雅素并勅立祠觀以伸至懷未知先生早晚至江外祠舍何當就功令太史令薛頤等往宣朕意遠智多怪言詫其弟子潘師正曰吾少也有累不得上天今署少室伯吾將行即沐浴加冠衣若寢者遂卒或言壽蓋百二十六歲云遺命子紹業曰爾年六十五見天子七十見女君調露中紹業表其言高宗召見嗟賞追贈遠智太中大夫謚升眞先生武后時復召見皆如其言又贈金紫光祿大夫天授中改謚升元　按雲笈七籤瑯琊王遠智陳揚州刺史曇選之子外祖丁超梁駕部郎中其母因夢靈鳳有娠又聞腹中啼聲誌曰生子當爲神仙宗伯也年七歲日覽萬言博綜羣書心冥至道年十五入華陽事貞白先生授三洞法又從宗道先生臧矜傳諸祕訣陳主召入重陽殿特加禮敬賞賚資送還茅山先生乃於洞西北嶺上結靜室以居研味元祕大建末靜室中忽有一神人醉臥嘔吐先生然香禮候神人曰卿是得道之人張法本亦甚有心吾欲並將遊天台山石橋廣闊可過得彼多散仙人又常降甘露以器盛之服一升可壽得五百歲卿能去否先生便隨出上東嶺就法本至

山半忽思未別二三弟子付囑經書背行三十步廻望神人化爲鶴飛去陪晉王廣鎭揚州王子相柳顧言相續奏請先生旣至斯須而鬚髮變白王懼而歸之少選復舊王踐祚敕崖鳳舉詣逕帝親執弟子禮敕成都起玉清元壇以處之仍令代王越師爲高祖龍潛時先生嘗密告符命秦王與房元齡微服就謁先生迎謂曰此中有聖人秦王因以實告先生曰方作太平天子願自愛也秦王詣先生受三洞法及登極將加重位固請歸山至貞觀九年勅潤州於茅山置太平觀幷度七人降璽書曰朕昔在藩朝早獲問道眷言風範無忘寤寐近覽來奏請歸舊山已有別勅不違高志所立道觀用表宿心先生浩氣虛懷語默一致洞照如鏡應物無私時有竇德元先經揚州遇司命使者言其有重祿以九九數當終命德元求哀於使者云眞人王法主是少室仙伯檢錄人鬼之任關奏天曹無不卽應德元遂懇祈於先生先生不得已因與請命使者報曰更延十三年至高宗朝德元爲左相捐館舍之日言皆如之故舉世呼先生爲法主又知已授仙職後謂潘師正曰吾昨見仙格以小時誤損一童子吻不得白日昇天署少室仙伯將行在近翌日沐浴加冠衣焚香而寢告化時年一百二十六歲潘師正徐道邈同得祕訣爲入室弟子陳羽王軌次之其餘各棲洞府終身無替高

宗調露二年贈太中大夫謚曰昇眞先生乃敕置太平觀度滿四十九人天后嗣聖初又贈金紫光祿大夫改謚昇元先生明皇天寶中敕李含光於太平觀造影堂寫眞像用旌仙跡焉　按龍城錄上元中台州一道士王遠知善易於觀感間曲盡微妙善知人死生禍福作易總十五卷世祕其本一日因曝書雷雨忽至陰雲騰沓直入臥內雷殷殷然赤電遶室暝霧中一老人下身所衣服但認青翠莫識其制作也遠知焚香再拜伏地若有所待老人叱起怒曰所泄者書何在上帝命吾攝六丁雷電追取遠知方惶懼據地起旁有六人青衣已捧書立矣老人責曰上方禁文自有飛天保衛玉笈金科祕藏元都汝是何者輒混藏緗帙據其所得實以告我遠知戰悸對曰青丘元老以臣不逮故傳授爲老人頤頷頃曰上帝敕下汝仙品已及於授度期展二十四年二紀數也遠知拜命次旋風颸起拆帷裂幙時已二鼓明月在東星斗燦然俱無影響所取將書乃易總耳遠知志頗自失後閉戶不出經歲不食人因窺闞中但聞勸酬交歡竟不知爲誰也光宅中召至京玉清觀安泊間或逃去如此者數次天后封金紫光祿大夫但笑而不謝一日告殂遺言屍赴東流湍水中天后不允其語敕葬開明原上後長壽中台州有人過海阻風飄蕩船欲坼妄行不知所止忽見青船一

葉渺自天末來驚視之乃遠知也漸相近台人拜而呼之遠知曰君涉險何至於此告台人此洋海之東十萬里也台人問歸計奈何遠知曰借子迅風正西一夕可到登州爲傳語天壇觀張光道士台人旣辭去舟回如飛羽但覺風聲颯颯而過明日至登州方知遠知死久矣訪天壇道士其徒云死兩日矣方驗其仙去

匡智 附大郎

按吉安府志匡智長安人唐貞觀間棄妻子與姪大郎往廬山修煉居七日忽一老人謂曰此山陰地仙不可得南有名山陽地也盍往居之二人去至吉州義山忽有樵夫引二人登山祝之曰此山安穩勉力精修語畢去不知所在遂於送龍洞尾建第二壇朝夕禮斗旣數年中元節上帝降仙衣智服之足下雲生上昇而去大郎遂立第三壇一所朝夕禮斗次年七月七日尸解事聞於朝勑命鄉人塑像立祠祀爲今匡郎廟祟元觀其存詳見胡濬庵輔順廟碑記

張公弼

按續元怪錄唐貞觀中華陰雲臺觀有劉法師者練氣絕粒迨二十年每三元設齋則見一人衣縫

掖而黧瘦來居末坐齋畢而去如此者十餘年而衣服顏色不改法師異而問之對曰余姓張名公弼住蓮花峯東隅法師意此處無人之境請同往公弼怡然許之曰此中甚樂師能便住亦當無悶法師遂隨公弼行三二十里捫蘿攀葛纔有鳥徑其崖谷險絕雖猿狖不能過也而公弼履之若夷途法師從行亦無難遂至一石壁側成高直千餘仞下臨無底之谷一逕闊數寸法師與公弼側足而立公弼乃以指扣石壁中有人問曰為誰對曰某遂劃然開一門門中有天地日月公弼將入法師隨公弼亦入其人乃怒謂公弼曰何故引外人來其人因闔門則又成石壁矣公弼曰此非他人乃雲臺劉法師也與余久故故請此來何見拒之深也又開門納公弼及法師公弼曰法師此來甚饑君可豐食遺之其人遂問法師便住否法師請以後期其人遂取一盂水以肘後青囊中刀圭粉和之以飲法師其味甚甘香飲畢而饑渴之想頓除矣公弼曰余昨云山中甚樂君盍為戲令法師觀之其人乃以水噀東谷中俄有蒼龍白象各一對舞舞甚妙威鳳彩鸞各一對歌歌甚清頃之公弼送法師廻師卻顧唯見青崖丹壑向之歌舞一無所覩矣及去觀將近公弼乃辭法師至觀處置事畢卻尋公弼則步步險阻杳不可階法師痛恨前者不住號天叫地遂成腰疾公弼更不復至矣

魏隆

按鎮江府志魏隆字道眞唐貞觀初居京口之仁靜觀修正乙法道行高郡守李崇德薦之朝太宗與語悅之賜號法師無何歸京口卒葬馬跡山踰數月人有遇之者啟其棺一鶴飛入雲中獨冠劍存焉咸以爲尸解而去

苗龍

按紹興府志唐苗龍不知何許人居會稽失其名能馴龍人以苗龍呼之貞觀中得道仙去今龍瑞宮東南一峯崛起上平如砥相傳爲苗龍上昇處

姚泓

按逸史唐太宗時有禪師道行精高居於南嶽忽一日見一物人行而來直至僧前綠毛覆體禪師懼謂爲魅之屬也細視面目即如人也僧乃問曰檀越爲山神邪野獸邪復乃何事而特至此貧道禪居此地不擾生靈神有知無相惱也良久其物合掌而言曰今是何代僧曰大唐也又曰和尚知晉宋乎自爾至是復幾載僧曰從晉及今四百年矣其物乃曰和尚博古知今盍不知有姚泓乎僧

曰知之物曰我即泓也僧曰吾覽晉史言姚泓爲劉裕所執還姚宗於江南而斬泓於建康市據其所記泓則死矣何至今日子復稱爲姚泓邪泓曰當爾之時我國實爲劉裕所滅送我於建康市以徇天下奈何未及肆刑我乃脫身逃匿裕既求我不得遂假一人貌類我者斬之以立威聲示其後耳我則實泓之本身也僧因留坐語之曰史之說豈虛言哉泓笑曰和尚豈不聞漢有淮南王劉安乎其實昇仙而還囚狀以叛逆伏誅漢史之妄豈復逾於後史耶斯則史氏妄言之證也我自逃竄山野肆意遊行福地靜廬無不探討既絕火食達陟此峯樂道逍遙唯餐松柏之葉年深代久遍身生此綠毛已得長生不死之道矣僧又曰食松柏之葉何至生毛若是乎泓曰昔秦宮人遭亂避世入太華之峯餌其松柏歲祀寖久體生翠毛尺餘或逢世人人自驚異至今謂之毛女峯且上人頗信古豈不詳信之乎僧因問請須所食泓曰吾不食世間之味久矣唯飲茶一甌仍爲僧陳晉宋歷代之事如指諸掌更有史氏闕而不書者泓悉備言之既而辭僧告去竟不復見耳

岑道願

按荊州府志岑道願江陵人隋初避難泝三峽至萬州江南山下修煉食黃精百餘歲而逝唐貞觀

十八年常爇香於商人命往所隱處下爇之商人不往濤怒舟不能上乃返爇香波遂平

羅通微

按續文獻通考羅通微臨晉人少時采薪山中遇閻使君寀謂曰子骨相巉峭可學長生遂避跡五老山學步虛絕粒貞觀中忽一日謂人曰我歸明日大會士庶萬人俄雷震地下青龍躍出通微遂跨而登仙

杜子華

按陝西通志李虔與楊稜遊華山至一小洞有紫衣人乘小馬四五人從之引二人至署多竹堂屋甚潔因自言曰予杜子華避亂遇仙居此已數百年李楊因止宿飲食精異內有羊其狀如牛留數日遣使者導之返

杜懷謙

按陝西通志杜懷謙貞觀中道士居石室斷穀不食好吹長笛令人多買笛一吹即投於巖下笛盡更棲息巖中累月不動自號長春先生今石室巋然笛聲不絕

張惠明

按續文獻通考張惠明趙郡人結廬中條山遇混元子授高上之道行之道學超群太宗詔入內殿致醮有感封妙濟大師詩至南嶽尸解　按衡岳志張惠明貞觀末修道入山遇南岳石英夫人傳道行抱一三五混合之法而後尸解

李清

按集異記李清北海人也代傳染業清少學道多延齊魯之術士道流必誠敬接奉之終無所起而勤求之意彌切家富於財素爲州里之豪甿子孫及內外姻族近百數家皆能游手射利於益都每清生日則爭先餽遺凡積百餘萬清性仁儉來則不拒納亦不散如此相因填累藏舍年六十九生日前一旬忽召姻族大陳酒食已而謂曰吾賴爾輩勤力無過各能生活以是吾獲優贍然吾布衣疏食逾三十年矣豈復有意於華侈哉爾輩以吾老長行每餽吾生日衣裝玩具侈亦至矣然吾自以久所得緘之一室曾未闚視徒損爾之給用資吾之糞土竟何爲哉幸天未錄吾魂氣行將又及吾之生辰吾固知爾輩又營續壽之禮吾所以先期而會蓋止爾之常態耳子孫皆曰續壽自遠有

之非此將何以展卑下孝敬之心願無止絕俾姻故之不安也清曰苟爾輩志不可奪則從吾所欲而致之可乎皆曰願聞尊旨清曰各能遺吾洪纖麻縻百尺總而計之是吾獲數千百丈矣以此爲紹續吾壽豈不延長哉皆曰謹奉教然尊旨必有所以卑小敢問清笑謂曰終亦須令爾輩知之吾下界俗人妄意求道精神心力夙夜勤勞於今六十載矣而曾無影響吾年已老耄朽蠹殆盡自期筋骸不過二三年耳欲乘視聽步履之尙能將行早志爾輩幸無吾阻先是青州南十里有高山俯壓郡城峯頂中裂谽谺爲闕崖州人家家坐對嵐岫歸雲過鳥歷歷盡見按圖經云雲門山俗亦謂之劈山而清搭意多時及是謂姻族曰雲門山神仙之窟宅也吾將往焉吾生日坐大竹籃以轆轤自縋而下以纖縻爲媒爲脫不可前吾當急引其媒爾則出吾於媒未設有所遇而能肆吾志亦當復來歸子孫姻族泣諫曰冥寞深遠不測紀極況山精木魅蛇虺怪物何類不儲忍以千金之身自投於斯豈久視永年之階乎清曰吾志也汝輩必阻則吾私行矣是不獲竹籃洪縻之安也衆知不可廻則共治其事及期而姻族鄉里凡千百人競齎酒饌遲明大會於山椒清乃揮手辭謝而入焉良久及地其中極暗仰視天纔如手掌捫四壁止容兩席許東南有穴可俯僂而入乃棄籃遊焉初甚

狹細前往則可伸腰如此約行三十里見頭微明俄及洞口山川景象雲煙草樹宛非人世曠望久之惟東南十數里隱映若有居人焉因徐步詣之至則陡絕一壑基級極峻而南向可以登陟遂虔誠而上頗懷恐懼及至窺其堂宇甚嚴中有道士四五人清於是扣門俄有青童應門問焉答曰青州染工李清青童如詞以報清聞中堂曰李清伊來也乃令前清惶怖趨拜當軒一人遙語曰未宜來何卽遽至因令遍拜諸賢其時日已午忽有白髮翁自門而入禮謁啟曰蓬萊霞明師丁翁師新到衆聖令邀諸眞登上清赴會於是列眞偕行謂清曰汝且居此臨出顧曰愼無開北扉清巡視院宇兼啟東西門情意飄飄然自謂永棲眞境因至堂北見北戶斜掩偶出顧望下爲青州宛然在目離思歸心頃久方已悔恨思返諸眞則已還矣其中相謂曰令其勿犯北門竟爾自惑信知仙界不可妄至也因與瓶中酒一甌其色濃白既而謂曰汝可且歸清則叩頭求哀又云無路却返衆謂清曰會當至此但時限未耳汝無苦無途但閉目足至地則到鄉也清不得已流涕辭行或相謂曰既道其歸須令有以爲生清心恃豪富訝此語爲不知己一人顧清曰汝於堂內閣上取一軸書去清既得謂清曰脫歸無倚可以此書自給清遂閉目覺身如飛鳥但聞風水之聲相激須臾履地開目

即青州之南門其時總中未城隍阡陌髣髴如舊至於屋室樹木人民服用已盡變改獨行盡日更無一人相識者即詣故居朝來之大宅宏門改張新舊曾無倣像左側有業染者因投詣與之語其人稱姓李自云我本北海富家因指前後閭閈此皆我祖先之故業曾聞先祖於隋開皇四年生日自總南山不知所終因是家道淪破清悒怏久之乃換姓氏寓遊城邑因取所得書閱之則療小兒諸疾方也其年青州小兒癘疫清之所醫無不立愈不旬月財產復振時高宗永徽元年天下富庶而北海往往有知清者因是齊魯人從而學道術者凡百千輩至五年乃辭門徒云吾往泰山觀封禪自此莫知所往

康希仙

按嚴州府志唐康希仙一名希銑永徽中為睦州刺史自州白日昇仙

採藥民

按原化記唐高宗顯慶中有蜀郡青城民不詳姓名嘗採藥於青城山下遇一大薯藥劚之深數丈其根漸大如甕此人劚之不已漸深五六丈而地陷不止至十丈餘此人墮中無由而出仰視穴口

大如星爲分必死矣忽傍見一穴旣入稍大漸漸䦨闊可數十步前視如有明狀尋之而行一里餘此穴漸高纔穴行可一里許乃出一洞口洞上有水闊數十步岸上見有數十人家村落桑柘花物草木如二三月中有人男女衣服不似今人耕夫釣童往往相遇一人驚問得來之由遂告所以乃將小舠子渡之民告之曰不食已經三日矣遂食以胡麻飯柏子湯諸菹止可數日此民覺身漸輕問其主人此是何所兼求還蜀之路其人相與笑曰汝世人不知此仙境汝得至此當是合有仙分可且留此吾當引汝謁玉皇又其中相呼云明日上巳也可往朝謁遂將此人往其人或乘雲氣或駕龍鶴此人亦在雲中徒步須臾至一城皆金玉爲飾其中宮闕皆是金寶諸人皆以次入謁獨留此人於宮門外門側有一大牛赤色形狀甚奇閉目吐涎沫主人令此民禮拜其牛求乞仙道如牛吐寶物卽便吞之此民如言拜乞少頃此牛吐一赤珠大踰徑寸民方欲捧接忽有一赤衣童子拾之而去民再求得青珠又爲青衣童子所取又有黃者白者皆有童子奪之民遂急以手捧牛口須臾得黑珠遽自吞之黑衣童子至無所見而空去主人遂引謁玉皇玉皇居殿如王者之像侍者七人冠劍列左右玉女數百侍衛殿庭奇異花果馨香非世所有玉皇遂問民具以實對而民貪顧左

右玉女玉皇曰汝既悅此侍衛之美乎民俯伏請罪玉皇曰汝但勤心妙道自有此等但汝修行未到須有功用不可輕致敕左右以玉盤盛仙果示民曰恣汝以手拱之所得之數也其果紺赤絕大如拳狀若世之林檎而芳香無比自手拱之所得之數即侍女之數也自度盡拱可得十餘遂以手捧之唯得三枚而已玉皇曰此汝分也初至未有位次且令前主人領往彼處敕令三女充侍別給一屋居之令諸道侶導以修行此人遂却至前處諸道流傳授眞經服藥用氣洗滌塵念而三侍女亦授以道術後數朝謁每見玉皇必勉其至意其地草木常如三月中無榮落寒暑之變度如人間可一歲餘民自謂仙道已成忽中夜而嘆左右問曰吾今雖得道本偶來此耳來時妻產一女纔經數日家貧不知復如何思往一省之玉女曰君離世已久妻子等已當亡豈可復尋蓋爲塵念未祛至此誤想民曰今可一歲矣妻亦當無恙要明其事耳玉女遂以告諸鄰諸鄰共嗟嘆之復白玉皇玉皇命道歸諸仙等於水上作歌樂飲饌以送之其三玉女又與之別各遺以黃金一鋌曰恐至人世歸求無得以此爲費耳中女曰君至彼倘無所見思歸吾有藥在金鋌中取而吞之可以歸矣小女謂曰恐君爲塵念侵不復有仙舍中有藥恐有誤耳吾知君家已無處尋唯舍東一擣練石倘在

吾已將藥置石下如金中無但取此服可矣言訖見一羣鴻鵠天際飛過衆謂民曰汝見此否但從之而去衆捧民舉之民亦騰身而上便至鵠群鵠亦不相驚擾與飛空回顧猶見岸上人揮手相送可百來人乃至一城中人物甚衆問其地乃臨海縣也去蜀已甚遠矣遂鬻其金爲資糧經歲乃至蜀時開元末年問其家無人知者有一人年九十餘云吾祖父往年因採藥不知所之至今九十年矣乃民之孫也相持而泣云姑叔父皆已亡矣時所生女適人身死其孫已年五十餘矣相尋故居皆爲瓦礫荒榛唯故礎尚在民乃毀金求藥將吞之忽失藥所在遂舉石得一玉合有金丹在焉卽吞之而心中明了却記去路此民雖仙洞得道而本庸人都不能詳問其事時羅天師在蜀見民說其去處乃云是第五洞寶仙九室之天玉皇卽天皇也大牛乃馱龍也所吐珠赤者吞之壽與天地齊青者五萬歲黃者三萬歲白者一萬歲黑者五千歲此民吞黑者雖不能學道但於人世上亦得五千歲耳玉皇前立七人北斗七星也民得藥服却入山不知所之蓋去歸洞天矣

李震

按寶慶府志李震字三衢別號洞明先生唐顯慶間修眞高霞山白晝沖舉尙書郎周源過訪留詩

勒碑於新甲山仙家今存

何懷寶

按永明縣志何懷寶號仲涓世居層山巖下出爲黃冠師遊廬山遇異人授辟穀術以歸嘗與房日茨參證祕異九嶷志載云何仲涓歸隱何侯仙室何侯宅在玉琯巖舜祠左何侯得道拔宅飛昇不之所之惟丹竈存焉後黃冠房日茨何仲涓居之亦皆仙去又云蔣之奇字穎叔有題名刻石於紫霞洞中贈黃冠何仲涓詩熙寧戊戌職方郎中知道州黃師道亦有詩贈仲涓刻於城西懷古亭石崖上見存由此觀之仲涓不但名注仙籍且一時士大夫願從遊者皆名人也屢見諸書但不知爲永明人公有耳孫何自新以家譜浸滅剝蝕對之與九嶷志符詳而收之邑乘中地固靈於人哉或曰何侯亦永明人余不敢收姑闕之以志疑

何志純

按永明縣志何志純即仲涓族人少從神僊周遊五嶺在永明嶺絕頂所遺仙蹤尚有跡羊牀鉢盂拭劍石石室石池至高宗龍朔中至南嶽作尊師開元中司馬承禎在祝融峯頂建息庵法從甚衆

太虛鄧虛中虛與志純號應虛爲四高士爲天寶三年有記見存　按衡岳志何尊師不知何許人唐龍朔中居衡岳顏如四十歲人行步如風常往來於楮五嶺間百餘年狀貌不改或問氏族但云何時人因號曰何尊師道士田虛應鄧中虛嘗詰曰尊師卒無言何以開悟學者則曰知不知上也不知知者下也誰能鑿混沌之竅悟自然之理也杖藜入林而去須臾羣虎隨之不復見矣開元中司馬承禎遊衡岳見尊師於林中致禮造問則據石而坐不見答而退天寶二年下元日雲鶴翔空異香芬郁謂弟子曰吾去後當舉於紫蓋峯南盤石上遂化顏色不變弟子環衛行遷神之法中夕聞雷震聲卽失其所在衡陽太守蘇務廉爲立碑焉

## 黃觀福

按墉城集仙錄黃觀福者雅州百丈縣民之女也幼不茹葷血好清靜家貧無香以柏葉柏子焚之每凝然靜坐無所營爲經日不倦或食柏葉飲水自給不嗜五穀父母憐之率任其意旣笄欲嫁之忽謂父母曰門前水中極有異物女常時多與父母說奇事先兆往往信驗聞之因以爲然隨往看之水果來洶湧乃自投水中良久不出漉之得一古木天尊像金彩已駁狀貌與女無異水卽澄靜

便以木像置路上號泣而歸其母時來視之憶念不已忽有彩雲仙樂引衛甚多與女子三人下其庭中謂父母曰女本上清仙人也有小過謫在人間年限既畢復歸天上無至憂念也同來三人一是玉皇侍女一是天帝侍辰女一是上清侍女此去不復來矣今年此地疾疫死者甚多以金遺父母使移家益州以避凶歲即留金數餅昇天而去父母如其言移家蜀郡其歲疫毒黎雅尤甚十喪三四即唐麟德年也今俗呼爲黃冠佛蓋以不識天尊道像仍是相傳語訛以黃觀福爲黃冠佛也

劉道合

按唐書潘師正傳有劉道合者與潘師正同居嵩山帝即所隱立太一觀使居之時將封泰山雨不止帝令道合禳祝俄而霽乃令馳傳先行泰山祈祓得賞賜輒散貧乏無所畜咸亨中爲帝作丹劑成而卒帝後營宮遷道合墓開其棺見骸坼若蟬蛻者帝聞恨曰爲我合丹而自服去然所餘丹無他異　按河南府志道合陳州宛丘人卒後弟子開棺將易衣改葬其尸惟空皮而背上開坼若蟬蛻者眾謂尸解

王仙柯

按續文獻通考王仙柯青城人儀鳳中拔宅上昇蜀僧中璐偶於龍岱相逢璐公曰飛昇之後胡爲來此仙柯曰吾昔得靈藥令能飛步今全家隱於後山更修道法上資之命吾何望焉　按四川總志唐王柯字野山青城人母丁氏夢大星照身生柯幼而穎悟長而仁慈見老弱孤貧者惻然哀之形於顏色每大雪時施粒食以濟禽鳥後遇至人傳以丹訣乃居洞中修煉歷年無成鼎忽破丹乃化爲金後上西峯遇道士煉丹柯乃助其薪炭奉事三年不怠道士嘉其誠授以訣丹成分遺柯服之身輕門側有柏騰身而躍已在樹杪及尸解乃高宗儀鳳三年五月也

韋善俊

按河南府志韋善俊京兆人母初娠每遇血食則達夕腹痛遂蔬食既生年十三長齋誦諸道經後詣嵩陽觀事黃元賾叅佩道法唐高宗調露初有劉文兒過山之西見神人長丈餘介甲而坐見善俊來起迓之文兒欽異遂從善俊歸嵩陽嗣聖中善俊嘗過壇墟店東遇黑駁犬繞旋不去因畜之呼爲烏龍如意中將遊少林寺以齋食食之僧曰人未食而食犬可乎謝曰吾過矣尋出寺而去望之愈遠而犬愈大長數丈化爲龍善俊乘之歸嵩陽絕跡不復出

傳隱遙

按溫州府志唐傳隱遙永嘉人吳末爱大若巖結庵以居辟穀修煉至調露元年上昇今有登仙石在焉

蕭靈護

按吉安府志蕭靈護字天佑廬陵人自少好道好賑人之急過遊嶽麓遇鄧眞人授以火鼎黃白之術遂精內學唐高宗弘道二年中秋忽語其徒曰吾將往矣是夕尸解

葉法善

按唐書方技傳葉法善者括州括蒼人世爲道士傳陰陽占繇符架之術能厭刻鬼怪帝聞之召詣京師欲寵以官不拜留內齋壇禮賜殊縟時帝悉召方士化黃金治丹法善上言丹不可遽就徒費財與日請覈眞僞帝許之凡百餘人皆罷嘗在東都凌空祠爲壇以祭都人悉往觀有數千人自奔火中衆大驚救而免法善笑曰此爲魅所馮吾以法攝之耳問而信病亦皆已其譎幻類若此歷高中二宗朝五十年往來山中時時召入禁內雅不喜浮屠法常力詆毀議者淺其好憎然以術高卒

叵之測睿宗立或言陰有助力先天中拜鴻臚卿員外封越國公舍景龍觀追贈其父歙州刺史寵映當世開元八年卒或言生隋大業丙子死庚子蓋百七歲云元宗下詔褒悼贈越州都督。按朝野僉載孝和帝令內道場僧與道士各述所能久而不決人都觀葉法善取胡桃二升幷殼食之並盡僧仍不伏法善燒一鐵鉢赫赤兩手欲合老僧頭上僧唱賊袈裟掩頭而走孝和撫掌大笑

按太平廣記葉法善字道元本出南陽葉邑今居處州松陽縣四代修道皆以陰功密行及劾召之術救物濟人母劉因晝寢夢流星入口吞之乃孕十五月而生年七歲溺於江中三年不還父母問其故曰青童引我飲以雲漿故少留耳亦言青童引朝太上太上頷而留之弱冠身長九尺額有二午性淳和潔白不茹葷辛常獨處幽室或遊林澤或訪雲泉自仙府歸還已有役使之術矣遂入居卯酉山其門近山巨石當路每環廻爲徑以避之師投符起石須臾飛去路乃平逕衆共驚異常遊括蒼白馬山石室內遇三神人皆錦衣寶冠謂師曰我奉太上命以密旨告子子本太極紫微左仙卿以校錄不勤謫於人世速宜立功濟人佐國功滿當復舊任以正一三五之法今授於子又勸行助化宜勉之焉言訖而去自是誅蕩精怪掃馘凶祆所在經行以救人爲志叔祖靜能頗有神術高

宗時入直翰林為國子祭酒武后監國南遷而終初高宗徵師至京拜上卿不就請度為道士出入禁內及欲告成中嶽扈從者多疾凡噀呪病皆愈二京受道籙者文武中外男女弟子千餘人所得金帛並修宮觀卹孤貧無愛惜久之辭歸松陽經過之地救人無數蜀川張尉之妻死而再生復為夫婦師識之曰尸媚之疾也不速除之張死矣師投符而化為黑氣焉相國姚崇已終之女鍾念彌深投符起之錢塘江常有巨蜃時為人害淪溺舟檝行旅苦之投符江中使神人斬之除害殄凶元功遐被各具本傳於四海六合名山洞天咸所周歷師年十五中毒殆死見青童曰天台茅君飛印相救於是獲蘇又師青城山趙元陽受遁甲與嵩陽韋善俊傳八史東入蒙山神人授書詣嵩山神仙授劍常行涉大水忽沉波中謂已溺死七日復出衣履不濡云暫與河伯遊蓬萊則天徵至神都請於諸名嶽投奠龍璧中宗復位武三思尚秉國權師以頻察祅祥保護中宗為三思所忌竄於南海廣州人庶夙仰其名北向候之師乘白鹿自海上而至止於龍興新觀遠近禮敬捨施豐多盡修觀宇焉歲餘入洪州西山養神修道景龍四年辛亥三月九日括蒼三神人又降傳太上之命汝當輔我睿宗及開元聖帝未可隱跡山巖以曠委任言訖而去時二帝未立而廟號年號皆已先知其

年八月果有詔徵入京追後平韋后立相王睿宗元宗承祚繼統師於上京佐佑聖主凡吉凶動靜必豫奏聞會吐蕃遣使進寶函封曰請陛下自開無令他人知機密朝廷默然唯法善曰此是凶函請陛下勿開宜令蕃使自開元宗從之及令蕃使自開函中弩發中蕃使死果如法善言俄授銀青光祿大夫鴻臚卿越國公景龍觀主祖重精於術數明於考召有功於江湖間謚有道先生自有傳父慧明贈歙州刺史師請以松陽宅為觀賜號淳和御製碑書額以榮鄉里明年正月二十七日忽有雲鶴數百行列北來翔集故山徘徊三日瑞雲五色覆其所居時歲庚申六月三日甲申告化於上都景龍觀弟子旣齊物尹愔覩眞仙下降之事祕而不言二十一日詔贈金紫光祿大夫越州都督春秋百有七歲所居院異香芬郁仙樂繽紛有青烟直上燭天竟日方滅師請歸葬故鄉敕度其姪潤州司馬仲容為道士與中使監護葬於松陽詔衢婺括三州助葬供給所須發引日敕百官縞衣祖送於國門之外開元初正月望夜元宗移仗於上陽宮以觀燈尚方匠毛順心結構彩樓三十餘間金翠珠玉間廁其內樓高百五十尺微風所觸鏘然成韻以燈為龍鳳螭豹騰躑之狀似非人力元宗見大悅促召師觀於樓下人莫知之師曰燈影之盛固無比矣然西涼府今夕之燈亦亞於

此元宗曰師頃嘗遊乎曰適自彼來便蒙急召元宗異其言曰今欲一往得乎曰此易耳於是令元宗閉目約曰必不得妄視若誤有所視必有非常驚駭如其言閉目距躍已在霄漢俄而足已及地曰可以觀矣既覩燈影連亘數十里車馬駢闐士女紛委元宗稱其盛者久之乃請回復閉目騰空而上頃之已在樓下而歌舞之曲未終元宗於涼州以鏤鐵如意質酒翌日命中使託以他事使於涼州因求如意以還驗之非謬又嘗因八月望夜師與元宗遊月宮聆月中天樂問其曲名曰紫雲曲元宗素曉音律默記其聲歸傳其音名之曰霓裳羽衣自月宮還過潞州城上俯視城郭悄然而月光如晝師因請元宗以玉笛奏曲時玉笛在寢殿中師命人取頃之而至奏曲既投金錢於城中而還旬日潞州奏八月望夜有天樂臨城兼獲金錢以進元宗累與近臣試師道術不可殫盡而所驗顯然皆非幻妄故特加禮敬其餘追攝神致風雨烹龍肉祛妖僞靈效之事具在本傳此不備錄

又燕國公張說嘗詣觀謁師命酒說曰既無他客師曰此有麴處士者久隱山林性謹而訥頗耽於酒鍾石可也說請召之斯須而至其形不及三尺而腰帶數圍使坐於下拜揖之禮頗亦齊樸酒至杯盂皆盡而神色不動燕公將去師忽奮劍叱麴生曰曾無高談廣論唯沈湎於酒亦何用哉因斬

之乃巨榼而已嘗謂門人曰百六十年後當有術過我者來居卯酉山矣初師居四明之下在天台之東數年忽於五月一日有老叟詣門號泣求救門人謂其有疾也師引而問之曰某東海龍也天帝所敕主八海之寶一千年一更其任無過者超證仙品某已九百六十年矣微績垂成有婆羅門逞其幻法住於海岑晝夜禁呪積三十年矣其法將成海水如雲卷在天半五月五日海將竭矣統天鎭海之寶上帝制靈之物必爲幻僧所取五日午時乞賜丹符垂救至期師敕丹符飛往救之海水復舊其僧愧恨赴海而死明日龍輦寶貨珍奇以來報師拒曰林野之中棲神之所不以珠璣寶貨爲用一無所受因謂龍曰此崖石之上去水且遠但致一清泉卽爲惠也是夕聞風雨之聲及明繞山麓四面成一道石渠泉水流注經冬不竭至今謂之天師渠又一說云顯慶中法善奉命修黃籙齋於天台山道由廣陵明晨將濟瓜州是日江干渡人艤舟而候時方春暮浦溆晴暖忽有黃白二叟相謂曰乘閒可以圍碁爲適乎卽觸空召冥兒俄有丱童穿波而出衣無沾濕一叟曰挈碁局與席偕來須臾丱童如命設席沙上對坐約曰賭勝者食明日北來道士因大笑而下子頃久白衣叟曰卿北矣幸無以味美見侵也矚望逡巡徐步淩波遠遠而沒舟人知其將害法善也惶惑不寍

及旦則有內官馳馬前至督備舟檝舟人則以昨日之所見具例爲內官驚駭不悅法善尋續而來內官復以舟人之辭以啟法善法善微哂曰有是乎幸無掛意時法善符術神驗賢愚共知然內官洎舟人從行之輩憂軫靡遑法善知之而促解纜發岸咫尺而暴風狂浪天日昏晦舟中之人相顧失色法善徐謂侍者曰取我黑符投之鷁首既投而波流靜謐有頃既濟法善顧舟人曰爾可廣召宗侶沿流十里之間或蘆洲葭渚有巨鱗在焉爾可取之當大獲其資矣舟人承教不數里果有白魚長百尺許周三十餘圍殭暴沙上就而視腦有穴嵌然流血舟人因臠割載歸左近村閭食魚累月

卷終

神異典第二百四十二卷

神仙部列傳十九

唐二　張惠感

按瑞州府志張惠感字智元高安崇元觀道士武后召爲國師齋於明堂感慶雲神龍黃鶴之應又奉詔往亳州太清宮祀九井時冰雪凝冱忽有聲如雷水湧溢二龍出戲后異之賜帛歸浮雲山煉丹天寶中丹成沖舉

吳自宣

按樂安縣志吳自宣唐垂拱時未創縣雲蓋鄉屬廬陵太平鄉吳由婺州來礪岡山結庵修煉有白龜負泉山神供果之異延載元年二月飛昇紫雲覆其山累日有司以聞遂改太平鄉爲雲蓋鄉礪岡山爲吳仙觀宋復改爲仙遊觀

益州老父

按瀟湘錄唐則天末年益州有一老父攜一藥壺於城中賣藥得錢卽轉濟貧乏自常不食時卽飲

淨水如此經歲餘百姓賴之有疾得藥者無不愈時或自遊江岸凝眸永日又或登高引領不語竟日每遇有識者必告之曰夫人一身便如一國也人之心卽帝王也傍列臟腑卽內輔也外張九竅卽外臣也故心有病則內外不可救之又何異君亂於上臣下不可正之哉但凡欲身之無病必須先正其心不使亂求不使狂思不使嗜慾不使迷惑則心先無病心先無病則內輔之臟腑雖有病不難療也外之九竅亦無由受病矣況藥亦有君臣有佐有使苟或攻其病君先臣次然後用佐用使自然合其宜如以佐之藥用之以使使之藥用之以佐小不當其用必自亂也又何能攻人之病哉此又象國家治人也老夫用藥常以此爲念每遇人一身君不君臣不臣使九竅之邪悉納其病以至於良醫自逃名藥不效猶不知治身之病後時矣悲夫士君子記之忽一日獨詣錦川解衣淨浴探壺中惟選一丸藥自吞之謂衆人曰老夫罪已滿矣今卻歸島上俄化一白鶴飛去衣與藥壺並沒於水永尋不見

花姑

按墉城集仙錄花姑者女道士黃靈微也年八十而有少容貌如嬰孺道行高潔世人號爲花姑蹀

履徐行奔馬不及不知何許人也自唐初來往江浙湖嶺閒名山靈洞無所不造經涉之處或宿於林野即有神靈衛之人或有不正之念欲淩侮者立致顛沛遠近畏而敬之奉事之如神明矣聞南嶽魏夫人平昔渡江修道有壇靖在臨川郡臨汝水西石井山有仙壇遂訪求之歲月且久榛蕪淪翳時人莫得知之以則天長壽二年壬辰冬十月詣洪都西山謁道士胡超而問焉超字拔俗能通神明即爲指南郭六里許有烏龜原古有石龜每犯田禾被人擊其首折則其處也姑訪之見龜之左右壇跡宛然立處當壇中矣於其下得尊像油甕錐刀燈盞之類因葺而興之復夢夫人指九曲池於壇南訪而獲之磚砌尚在景雲中睿宗皇帝使道士葉善信將繡像幡花來修法事仍於壇西建洞靈觀度女道士七人住持洎明皇醮祭祈禱不絕每有風雨或聞簫管之聲凡是禮謁必須嚴潔不爾有地虎驚吼之異時有雲物如烏翠飛垂帶直下壇上倏忽西出如向井山前後非一而已花姑肸蠁靈通密有所告曰井山古跡汝須崇修俄聞異香從西來姑累得嘉兆躬申葺理行宿洞口聞鐘磬之音雖荒梗多時若有人接導寓宿林莽怡然甚安達明入山果遇壇殿餘址遂立屋宇聞步虛仙梵之響環壇數里有樵採不精潔者必有怪異之驚有野象中箭來投花姑姑爲拔之其

後每齋前則銜蓮藕以獻姑開元九年辛酉歲姑欲昇化謂其弟子曰吾仙程所促不可久住吾身化之後勿釘吾棺只以絳紗冪覆棺上而已明日無疾而終肌膚香潔形氣温煖異香滿於庭堂之內弟子依所命不釘棺以絳紗覆之而已忽聞雷震擊紗上有孔大如雞子棺中唯有被覆木簡屋上穿處可通人座中奠瓜數日生蔓結實如桃者二焉每至忌辰卽風雲鬱勃直入室內明皇聞而駭之使覆其事明日使道士蔡偉編入後仙傳開元二十八年庚辰三月乙酉勅道士齋龍璧來醮乃有白鹿自壇東出至姑塚間而滅卽花姑葬空棺木簡之處又有五色仙蛾集於壇上刺史張景佚以爲聖德所感立碑頌述天寶八載己丑以魏夫人上昇之所度女道士二人常修香火大曆三年戊申魯郡開國公顏眞卿爲撫州刺史舊跡荒毀闕人住待召仙臺觀道士譚仙巖道士黃道進二人住洞靈觀又以高行女道士黎瓊仙居仙壇院顏公述仙壇碑而自書之以紀其事跡焉

鑿井工人

按博異志唐神龍元年房州竹山縣百姓陰隱客家富莊後穿井二年巳濬一千餘尺而無水隱客穿鑿之志不輟二年外一月餘工人忽聞地中雞犬鳥雀聲更鑿數尺傍通一石穴工人乃入穴探

之初數十步無所見但捫壁傍行俄轉有如日月之光遂下其穴下連一山峯工人乃下山正立而視則別一天地日月世界其山傍向萬仞千巖萬壑莫非靈景石盡碧琉璃色每巖壑中皆有金銀宮闕有大樹身如竹有節葉如芭蕉又有紫花如盤五色蛺蝶翅大如扇翔舞花間五色鳥大如鶴翱翔樹杪每巖中有清泉一眼色如鏡白泉一眼白如乳工人漸下至宮闕所欲入詢問行至闕前見牌上署曰天桂仙宮以銀字書之門兩閣內各有一人驚出各長五尺餘童顏如玉衣服輕細如白霧綠煙絳脣皓齒鬚髮如青絲首冠金冠而跣足顧謂工人曰汝胡為至此工人具陳本末言未畢門中有數十人出云怪有昏濁氣令責守門者二人惶懼而言曰有外界工人不意而到詢問途次所以來奏須臾有緋衣一人傳勅曰勅門吏禮而遣之工人拜謝未畢門人曰汝已至此何不求遊覽畢而返工人曰向者未敢儻賜從容乞乘便言之門人遂通一玉簡入旋而玉簡却出門人執之引工人行至清泉眼令洗浴及澣衣服又至白泉眼令盥漱之味如乳甘美甚連飲數掬似醉而飽遂為門人引下山每至宮闕只得於門外而不許入如是經行半日至山趾有一國城皆是金銀珉玉為宮室城樓以玉字題云梯仙國工人詢於門人曰此國何如門人曰此皆諸仙初得仙者關

送此國修行七十萬日然後得至諸天或玉京蓬萊崑閬姑射方得仙宮職位主籙主印飛行自在工人曰旣是仙國何在吾國之下界門人曰吾此國是下界之上仙國也汝國之上還有仙國如吾國亦曰梯仙國一無所異言畢謂工人曰卿可歸矣遂却上山尋舊路又令飲白泉數掬臨至山頂求穴門人曰汝來此雖頃刻人間已數十年矣却出舊穴應不可矣待吾奏請通天關鑰匙送卿歸工人拜謝須臾門人擕金印及玉簡又引工人別路而上至一大門勢侔樓閣門有數人俯伏而候門人示金印讀玉簡劃然開門門人引工人上纔入門爲風雲擁而去因無所覩唯聞門人云好去爲吾致意於赤城貞伯須臾雲開已在房州北三十里孤星山頂洞中出後詢陰隱客家時人云已三四世矣開井之由皆不能知工人自尋其路唯見一巨坑乃崩井之所爲也時貞元七年矣工人尋覓家人了不知處自後不樂人間遂不食五穀信足而行數年後有人於劍閣雞冠山側近逢之後莫知所在

## 藺沖虛

按四川總志藺沖虛涪州人居於祖師觀神龍乙巳秋一夕乘雲而昇

何仙姑

按零陵縣志何仙姑零陵人也住雲母溪年十四五夢神人教食雲母粉可得輕身不死又遇異人與桃食之誓不嫁常往來山頂其行如飛每朝去暮則持山果歸遺其母後遂辟穀語言異常則天遣使召赴中路失之後隱於永州潭州士人夏鈞罷官過永謁仙姑問曰世人多言呂先生今安在何笑曰今日在潭州興化寺設齋後鈞到潭州取興化寺齋曆視之其日果有華州回客設供景龍中白日昇仙天寶九年都虛觀會鄉人齋有五色雲起於麻姑壇衆皆見之有仙子縹緲而出道士蔡天一識其為何仙姑大曆中又現身於小石樓峯刺史上其事於朝　按安慶府志何仙姑初桐城投子山大同禪師每溲溺有鹿來飲久之鹿產肉毬裂開一女師見而收育之至十二歲牧童以山花插其髻戲之師乃令下山囑曰遇柴則止遇何則歸至柴巷口何道人家遂棲之以何為姓慎守師戒修持覺悟師使趙州召之女方淅即持笊籬往先至見師坐左州後至坐右三人一時化解今投子山柴巷口有仙姑井山間有趙州橋　按祁陽縣志何仙姑年十三隨女伴入山採茶失伴獨行迷路遇異人出一桃與之曰食此盡當飛昇不然止居地中仙姑僅能食其半自是不饑

洞知人事休咎今祁陽白水之紫羅峽山頂一泉傳仙姑於此沐浴其泉穴土皆白泥一名白泥嶺又茶嶺春有茶野生亦云仙姑所植　按福建通志仙姑姓大郎世居武平南巖貨餅自給呂純陽見其有仙質日過索餅噉輒與呂感贈以一桃云食盡則成仙仙姑遂辟穀南巖按閩書載仙姑為廣州增城人生而頂有六毫唐武后時住雲母溪辟穀語言異常景龍中白日昇天二說未知孰是　按浙江通志宋何仙姑南覽村人三十不字採樵自給見山間桃實如栝啖之自是不饑元祐中昌化令鄭滂賑荒姑混入稠衆就視人爭異爲姑即遁涉雙溪忽雲霧覆之不見令上其事勅祀之　按歙縣志何仙姑歙人昌化舊隸歙故亦云昌化人駐蹕山有何家塢傳言上世出一仙姑或此地爲其俗家云

許宣平

按歙縣志許宣平唐景雲中隱於城陽山南塢絕粒不食顏如四十許人行及奔馬時負薪入城賣之擔上挂花瓢及曲竹杖醉歸獨吟曰負薪朝出賣沽酒日西歸借問家何處穿雲入翠微每拯人艱危救其疾苦訪之多不見唯壁有題詩云隱居三十載築室南山巔靜夜玩明月閑朝飲碧泉樵

夫歌壟上谷鳥戲巖前樂矣不知老都忘甲子年好事者題之於洛陽同華傳舍閒天寶中李白自翰林出覽之曰此仙人詩也乃游新安涉谿登山累訪不獲題其庵云我吟傳舍詩來訪眞人居烟嶺迷高跡雲林隔太虛窺庭但蕭索倚杖空躊躇應化遼天鶴歸當千載餘宣平歸見復吟云池邊荷葉衣無盡庭下松花拾有餘剛被世人知住處更移茆屋入深居是冬野火燎其庵不復知所在後百餘歲至咸通七年邑人許明奴家有嫗入樵南山有人坐石上食桃甚大謂嫗曰我明奴祖也嫗言常聞仙翁已得仙多年宣平言爾歸爲我語明奴我常在此山中乃與嫗一桃食之而美嫗自是增食顏童體輕中和後兵荒相繼徙家避難嫗入山不歸後人時有見之者身衣藤葉行疾如飛逐之升林木而去許文穆仙翁逸事云歙有卒奉檄之宣州仙翁餞於城東旁有池呼與同洗足以所著草履著之曰至則倒懸也卒至宣州忘之順懸廡間竟入投檄刺史曰檄識今辰巳便至爾能飛越乎卒對以故刺史急索履履已化雙鶴去乃遂因卒入歙訪之至城陽山北岸待渡見一叟棹船來船無底時春水漲刺史懼令先渡馬至中流對岸山忽裂開鼓楫而入山復合至今山竇時出石馬土人每得之

楊昭慶

按四川總志唐楊昭慶景雲中自京兆來眉志尙元虛居青神遊仙觀三十餘年感五嶽丈人希眞君授以朱明龍文遂得尸解

萬華眞人

按懷慶府志萬華眞人睿宗第九女隆昌公主修眞玉陽山改封玉眞道號萬華眞人後白日飛昇

司馬承禎

按唐書本傳司馬承禎字子微洛州溫人事潘師正傳辟穀導引術無不通師正異之曰我得陶隱居正一法逮而四世矣因辭去遍遊名山廬天台不出武后嘗召之未幾去睿宗復命其兄承禕就起之既至引入中掖廷問其術對曰爲道日損損之又損以至於無爲夫心目所知見每損之尙不能已況攻異端而增智慮哉帝曰治身則爾治國若何對曰國猶身也故游心於淡合氣於漠與物自然而無私焉而天下治帝嗟味曰廣成之言也錫寶琴霞紋帔還之開元中再被召至都元宗詔於王屋山置壇室以居善篆隸帝命以三體寫老子刊正文句又命玉眞公主及光祿卿韋縚至所

居按金籙設祠厚賜焉卒年八十九贈銀青光祿大夫謚貞一先生親文其碑自師正道合與承禎等語言詼譎似方士剟之不錄直取其隱槩云　按高道傳開元中文靖天師與司馬承禎各就枕忽聞小兒誦經聲泠泠如金玉天師窺之額上有小目如錢光照一席逼而聽之乃承禎腦中聲也　按續仙傳司馬承禎字子微博學能文攻篆迴爲一體號曰金剪刀書隱於天台山玉霄峯自號白雲子有服餌之術則天累徵之不起睿宗雅尚道教屢加尊異承禎方赴召睿宗問陰陽術數之事承禎對曰老子經云損之又損以至於無爲且心目所見知每損之尚未能已豈復攻乎異端而增智慮哉睿宗曰理身無爲則清高矣理國無爲如之何對曰國猶身也老子曰留心於淡合氣於漠順物自然乃無私焉而天下理易曰聖人者與天地合其德是知天不言而信無爲而成無爲之旨理國之要睿宗深賞異留之欲加寵位固辭無何告歸山乃賜寶琴花帔以遣之公卿多賦詩以送常侍徐彥伯撮其美者三十餘篇爲製序名曰白雲記見傳於世時盧藏用早隱終南山後登朝居要官見承禎將還天台藏用指終南謂之曰此中大有佳處何必在天台承禎徐對曰以僕所觀乃仕途之捷徑耳藏用有慚色元宗有天下深好道術累徵承禎到京留於內殿頗加禮敬問

以延年度世之事承禎隱而微言元宗亦傳而祕之故人莫得知也由是元宗理國四十餘年雖祿山犯闕鑾輿幸蜀及爲上皇回又七年方始晏駕誠由天數豈非道力之助延長耶初元宗登封泰嶽回問承禎五嶽何神主之對曰嶽者山之巨能出雲雨潛儲神仙國之望者爲之然山林之神也亦有仙官主之於是詔五嶽於山頂列置仙官廟自承禎始也又蜀女眞謝自然泛海將詣蓬萊求師船爲風飄到一山見道人指言天台司馬承禎名在丹臺身居赤城此眞良師也蓬萊隔弱水三十萬里非舟楫可行非飛仙無以到自然乃回求承禎受度後白日上昇而去承禎居山修行勤苦年一百餘歲童顏輕健若三十許人有弟子七十餘人一旦告弟子曰吾自居玉霄峯東望蓬萊常有眞靈降駕今爲東海青童君東華君所召必須去人間俄頃氣絕若蟬蛻然解化矣弟子葬其衣冠爾　按尚書故實司馬天師名承禎字子微形狀類陶隱居元宗謂人曰承禎弘景後身也天降車上有字曰賜司馬承禎尸解去日白鶴滿庭異香郁烈承禎號白雲先生故人謂車爲白雲車至文宗朝并張騫海槎同取入內　按良常仙系記司馬承禎一名子微字道隱世居温晉彭城王權之後襄滑二州長史仁最之子生而能言嘗有鳥如鳳凰集几上爪痕著几成文曰東華上清

眞人元宗異之勅住黃屋山陽臺觀一日來禮華陽洞撰貞白碑陰記著坐忘論修眞祕旨十二篇後徙居天台玉霄峯　按衡嶽志司馬承禎字子微開元初自海山乘桴鍊眞南嶽結庵於觀北一里許丞相張九齡屢謁之明皇令弟承禕召之較正道德經深加禮待呼爲道兄御札批答表書往來不絕天寶初蜀人薛季昌昔在峨眉山注道德經二卷後隱居衡嶽華蓋峯撰元微論三卷并大道頌一首乃注得司馬弟子王仙嶠竊進上詔住降眞觀賜供器御書元元皇帝聖像一鋪十三事通光座高一丈七尺經六百七十卷仙嶠性好澹泊因看列仙傳有物外操嘗謂五千言外皆土梗耳攜嶽中茶入京師於城門內施茶遇高力士見而異之問所來答是南嶽山九眞觀道士爲殿宇頹毀特將茶來恭化施主力士喜其言因聞明皇召見問曰卿有願否對曰願鬱鬱家國盛濟濟經道興帝喜令拜司馬先生爲師於內殿披戴厚賜回山夜夢感眞人陳少微而得道要再命侍司馬先生來王屋久之奏云尊師以開元二十三年仙化云請收南嶽舊居爲觀蒙聖恩書額詔薛季昌住持其觀實賜聖像供器天寶十二載復令衡州鑄銅鐘一口降賜觀中音韻振遠徹於霄漢重四千斤

薛季昌

按衡嶽志薛季昌河東人遇正一先生司馬承禎於南嶽授以玉洞經籙研眞窮妙唐明皇召入禁掖延問道德談極精微上喜之恩寵優異辭卽還山上賦詩贈之詩曰洞府修眞客衡陽念舊居將成金闕要願奉玉清書雲路三天近松溪萬籟虛猶宜傳祕訣來往候山輿丹成一日忽曰祝融今夕有天眞之會予被召當往遂淩虛而去

李含光

按雲笈七籤弘孝威者晉陵人家本純儒州里號貞隱先生避敬宗皇帝諱改爲李氏其子曰含光年十三辭家奉道端視清霄慈向益類昭容之中如對君親時人見之情色皆斂幼攻篆隸或有稱過其父者一聞此遂終身不書後事貞一先生雲笈寶書傾瀉相付既而目之曰眞玉清之客也抱虛無而行功者於道不窮託幽卑而滅跡者於德亦淺承之自遠宜且救人是引後學升堂稟元訓也先生元氣不散瑤圖虛映達靈久矣晦迹爲常動非用開靜非默閉當吹萬之會若得一之初應跡可名常道不可名也孕育至化虛融物心心一變至於學學一變至於道同淑氣自來得之不見

所以摳衣而進者仰範元和若秋芳之依層巘夏潦之會通川也先生忘情於身而慈於人禎祥屢應覩同衆象士庶諮詢色受其意常令章壇閉院醮火擇薪精微誠敬率皆類此開元末明皇禮請先生而問理化對曰道德君王師也昔漢文行其言仁壽天下次問金鼎對曰道德公也輕舉公中私也時見其私聖人存教若求生徇欲乃似繫風耳帝加元靜之號以尊之無何固以疾辭東還勾曲山勅於其所居造紫陽觀以居焉自後天書繼至資奉相續及公卿祈請往來無虛月卒使元門之中轉見眞操持慈儉之寶歸羲皇之風至矣哉先生之教也所撰仙學傳及論三元異同又著眞經幷本草音義以大曆四年冬十一月顧謂入室弟子韋景昭孟湛然曰吾將順化神氣怡然若坐亡長往時年八十七靈雲降室芝草叢生執簡如常和色不去據眞經斯乃秉化自然仙階深妙者也景昭授皐洞虛洞虛授李方來皆嗣德不墜時柳識又頌先生云古有強名元精希夷黃帝遺之先生得之縱心而往與一相隨眞性所存太元同規日行仙路不語到時人言萬齡我見常姿明皇仰止徵就京師紫極徒貴白雲不知遐方後學來往怡怡空有多門眞精自持順化而去人焉能窺元科祕訣本有冥期

張果

按唐書方技傳張果者晦鄉里世系以自神隱中條山往來汾晉間世傳數百歲人武后時遣使召之卽死後人復見居恆州山中開元二十一年刺史韋濟以聞元宗令通事舍人裴晤往迎見晤輒氣絕仆久乃蘇晤不敢逼馳白狀帝更遣中書舍人徐嶠齎璽書邀禮乃至東都舍集賢院肩輿入宮帝親問治道神仙事語祕不傳果善息氣能累日不食數御美酒常云我生堯丙子歲位侍中其貌實年六七十時有邢和璞者善知人夭壽師夜光者善視鬼帝令和璞推果生死懵然莫知其端帝召果密坐使夜光視之不見果所在帝謂高力士曰吾聞飲堇無苦者奇士也時天寒因取以飲果三進頹然曰非佳酒也乃寢頃視齒燋縮顧左右取鐵如意擊墮之藏帶中更出藥傅其斷良久齒已生粲然駢潔帝益神之欲以玉眞公主降果未言也果忽謂祕書少監王迥質太常少卿蕭華曰諺謂娶婦得公主平地生公府可畏也二人怪語不倫俄有使至傳詔曰玉眞公主欲降先生果笑固不奉詔有詔圖形集賢院懇辭還山詔可擢銀青光祿大夫號通元先生賜帛三百匹給扶侍二人至恆山蒲吾縣未幾卒或言尸解帝爲立棲霞觀　按太平廣記張果者隱於恆州條山常

往來汾晉閒時人傳有長年祕術者老云爲兒童時見之自言數百歲矣唐太宗高宗累徵之不起則天召之出山佯死於妬女廟前時方盛熱須臾臭爛生蟲聞於則天信其死矣後有人於恆州山中復見之果常乘一白驢日行數萬里休則重疊之其厚如紙置於巾箱中乘則以水噀之還成驢矣開元二十三年元宗遣通事舍人裴晤馳驛於恆州迎之果對晤氣絕而死晤乃焚香啟請宣天子求道之意俄頃漸蘇晤不敢逼馳還奏之乃命中書舍人徐嶠齎璽書迎之果隨嶠到東都於集賢院安置肩輿入宮備加禮敬元宗因從容謂曰先生得道者也何齒髮之衰耶果曰衰朽之歲無道術可憑故使之然良足恥也今若盡除不猶愈乎因於御前拔去鬢髮擊落牙齒流血溢口元宗甚驚謂曰先生休舍少選晤語俄頃召之青鬢皓齒愈於壯年一日祕書監王迥質太常少卿蕭華嘗同造焉時元宗欲令尙主果未之知也忽笑謂二人曰娶婦得公主甚可畏也迥質與華相顧未諭其言俄頃有中使至謂果曰上以玉眞公主早歲好道欲降於先生果大笑竟不承詔二人方悟向來之言是時公卿多往候謁或問以方外之事皆詭對之每云余是堯時丙子年人時莫能測也又云堯時爲侍中善於胎息累日不食食時但進美酒及三黃丸元宗留之內殿賜之酒辭以山臣

飲不過二升有一弟子飲可一斗元宗聞之喜令召之俄一小道士自殿簷飛下年可十六七美姿容旨趣雅淡謁見上言詞清爽禮貌臻備元宗命坐果曰弟子當侍立於側未宜賜坐元宗目之愈喜遂賜之酒飲及一斗不辭果辭曰不可更賜過度必有所失致龍顏一笑耳元宗又逼賜之酒忽從頂涌出冠子落地化為一榼元宗及嬪御皆驚笑視之已失道士矣但見一金榼在地覆之榼盛一斗驗之乃集賢院中榼也累試仙術不可窮紀乃下詔曰恆州張果先生遊方之外者也跡先高尚心入窅冥久混光塵應召赴闕莫知甲子之數自謂羲皇上人問以道樞盡會宗極今則將行朝禮爰申寵命可授銀青光祿大夫仍賜號通元先生未幾元宗狩於咸陽獲一大鹿稍異常者庖人方饌果見之曰此仙鹿也已滿千歲昔漢武元狩五年臣曾侍從畋於上林時生獲此鹿既而放之元宗曰鹿多矣時遷代變豈不為獵者所獲乎果曰武帝捨鹿之時以銅牌誌於左角下遂命驗之果獲銅牌二寸許但文字凋暗耳元宗又謂果曰元狩是何甲子至此凡幾年矣果曰是歲癸亥武帝始開昆明池今甲戌歲八百五十二年矣元宗命太史氏校其長曆略無差焉元宗愈奇之時又有道士葉法善亦多術元宗問曰果何人耶答曰臣知之然臣言訖即死故不敢言若陛下免冠跣

足救臣卽得活元宗許之法善曰此混沌初分白蝙蝠精言訖七竅流血僵仆於地元宗遽詣果所免冠跣足自稱其罪果徐曰此兒多口過不謫之恐敗天地間事耳元宗復哀請久之果以水噀其面法善卽時復生其後累陳老病乞歸恆州詔給驛送到恆州天寶初元宗又遣徵召果聞之忽卒弟子葬之後發棺空棺而已

## 管革

按疑仙傳管革者趙人也少好道不事耕鑿多遊趙魏之間性不好謙恭而復辯慧忽因遊偶遇張果先生先生招之曰來管革革謂張果曰爾誰耶張果曰我張果先生也革乃曰張果何呼我也果因謂曰爾非不知人間之禮人間帝王尙敬我也爾奚不敬我也革曰我且非人間帝王又焉能敬爾也果因命之同遊恆山革從之果乃令革瞑目革曰瞑目卽可去遊不瞑目卽不可去遊也果曰奈爾凡體耶革曰爾凡體尙可去我豈獨不能去果擲所策之杖一變青牛令革乘之革既乘之與果同入恆山果引革登絕頂坐而問之曰人間之囂雜塵中之苦惱春秋之榮謝少老之逼促爾盡察之也何久遊趙魏不遠遊四極趙魏戎馬之郊也非道人宜遊若夫滌慮蕩煩欲先潔其形趙魏

之地不可革對曰爾何爲出於趙魏之間也唯道人亦不隨土地而化我遊趙魏之間與遊玉清蓬瀛不殊矣若以他帝王而爲尊以我匹夫而爲賤呼我之名氏談帝王之敬待郎朝在玉清蓬瀛夕屆趙魏亦俗之情生矣我又奚遠遊爾當遠遊以蟬蛻俗事苟不遠遊必死人間必不能同我也果笑而不對革又曰爾命我遊恆山者止欲一示我策杖爲牛耶爾豈不知何物不可變化物之變化何爲奇自人而化仙者倘世世有之遽起不辭果而下絕頂因便結草於山中居之後不知所終人或有見之於稽山

## 唐若山 附李紳

按仙傳拾遺唐若山魯郡人也唐先天中歷官尚書郎連典劇郡開元中出爲潤州頗有惠政遠近稱之若山嘗好長生之道弟若水爲衡嶽道士得胎元谷神之要嘗徵入內殿尋懇求歸山詔許之若山素好方術所至之處必會鑪鼎之客雖術用無取者皆禮而接之家財迨盡俸祿所入未嘗有餘金石所費不知紀極晚歲尤篤志焉潤之府庫官錢亦以市藥賓佐骨肉每加切諫若山俱不聽納一日有老叟形容羸瘠狀貌枯槁詣款謁自言有長生之道見者皆笑其衰邁若山見之盡禮加

敬留止月餘所論皆非丹石之要若山博採方訣謂誦圖記無不研究問叟所長皆茂如也復好肥鮮美酒珍饌品膳雖瘦削老叟而所食敵三四人若山敬奉承事曾無倦色一夕從容謂若山曰君家百口所給常若不足貴爲方伯力尙多闕一旦居閑何以爲贍況帑藏錢帛頗有侵用誠爲君憂之若山驚曰某理此且久將有交代亦常爲憂而計無所出若緣此受譴固所甘心但慮一家有凍餒之苦耳叟曰無多慮也促命酒連舉數杯若山飲酒素少是日亦挹三四爵殊不覺醉心甚異之是夜月甚明朗徐步庭下良久謂若山曰可命一僕運鐺釜鐵器輩數事於藥室閉使僕布席壘鑪曰鼎鐺之屬爲二聚熾炭加之烘然如窰不可向視叟遂於腰間解小瓠出二丹丸各投其一闔扉而出謂若山曰子有道骨法當度世加以篤尙正直性無忿恚仙家尤重此行吾太上眞人也遊觀人間以度有心之士憫子勤志故來相度耳吾所化黃白之物一以留遺子孫旁濟貧乏一以支納帑藏無貽後憂便可命棹遊江爲去世之計翌日相待於中流也言訖失其所在若山凌晨開閤所化之物爛然照屋復扃閉之卽與賓客三五人整棹浮江將遊金山寺旣及中流江霧晦暝咫尺不辨若山獨見老叟棹漁舟直抵舫側揖若山入漁舟中超然而去久之風波稍定昏霧開霽巳失若

山矣郡中几案間得若山訣別之書指揮家事又得遺表因以奏聞其大旨以世祿暫榮浮生難保惟登眞脫屣可以後天爲期昔范丞相泛舟五湖是知其主不堪同樂也張留侯去師四皓是畏其主不可久存也二子之去與臣不同臣運屬休明累叨榮爵早悟昇沈之理深知止足之規棲心元關偶得丹訣黃金可作信淮王之昔言白日可延察眞經之妙用既得之矣餘復何求是用揮手紅塵騰神碧海扶桑在望蓬島非遙遐瞻帝闕不勝犬馬戀主之至唐元宗省表異之遽命優恤其家促召唐若水與內臣齎詔於江表海濱尋訪杳無音塵矣其後二十年有若山舊吏自浙西奉使淮南於魚市中見若山鬻魚於肆混同常人睨其吏而延之入陋巷中縈廻數百步乃及華第止吏與食哀其久貧命市鐵二十鋌明日復與相遇已化金矣盡以遺之吏姓劉今劉氏子孫世居金陵亦有修道者又相國李紳字公垂常習業於華山齋糧盡徒步出谷求糧於遠方迫暮方還忽暴雨至避於巨巖之下雨之所沾若浼焉既及巖下見一道士艤舟於石上一村童擁檝而立與之揖道士笑曰公垂在此耶言語若深交而素未相識因問紳曰頗知唐若山乎對曰常覽國史見若山得道之事每景仰爲道士曰余卽若山也將遊蓬萊偶值江霧維舟於此與公垂曩昔之分得暫相遇

豈忘之耶乃攜紳登舟江霧已霽山峯如晝月光皎然其舟凌空泛泛而行俄頃已達蓬島金樓玉堂森列天表神仙數人皆舊友也將留連之中有一人曰公垂方欲佐國理務數畢乃還耳紳亦務經濟之志未欲棲止衆仙復命若山送歸華山後果入相建秉旌鉞去世之後亦將復登仙品矣

按續記怪錄故淮海節度使李紳少與二友同止華陰西山舍一夕鄰叟賽神來邀適有疾不往夜分雷雨甚紳入止深室忽聞堂前有人聲乃一老叟眉髮皓然在東牀上青童執香爐於後紳知其異人也出拜之老父曰我唐若山也亦聞吾名乎吾處北海久矣今夕北海羣仙會羅浮山將往為遇華山龍鬬散雨滿空吾服藥者不欲令霑濡故憩此耳子非李紳乎曰某不名紳老父曰子合名紳字公垂在籍矣能隨我一遊乎紳曰平生之願也老父喜頃風雨霽袖抽出一簡若笏拽之長丈餘闊數尺緣捲底拘宛若舟形令紳居其中戒勿偷視但覺風濤洶湧似汎江海逡巡舟止已在一山前樓殿參差謌若天外簫管之聲寥亮雲中端雅士十餘人迎指紳曰何人也叟曰李紳耳羣士曰異哉子能隨我乎紳曰恐在黃初平貽髮兄弟未言間羣士已知曰子念歸不當入此居也美名崇官外皆得之紳復遍拜有一物若驢狀近身乘之又覺走於風濤之上頃之墜地仰視星漢近

五更矣似在華山北行數里逢旅舍乃羅浮店也自是改名紳字公垂後果登甲科翰林歷任郡守

劉簡

按疑仙傳劉簡者齊人也家富而好道每聞天下名山有神仙之迹必自策杖以一遊至於山中之藥無不服餌開元初遊八公山觀其異迹忽逢一人自稱虛無子謂簡曰我亦好道之流也偶此相遇當與君遊此後別遊一名山簡得其侶深喜乃曰我遊神仙之山不期逢君迹如是耶虛無子乃謂簡曰自此東不遠一名山甚有神仙之迹去遊乎簡因曰願隨之一遊尋與簡東行數日但見山川杳絕人迹及至一大山息之於山下虛無子謂簡曰已出塵世萬餘里也今與君俱入此山必知與人間之山有殊也乃同前行遽見一大橋甚高峻及登陟之見兩邊欄檻並飾以珠翠俄至一宅四面皆山峯如甍門上有牌題之曰虛無子宅簡愕然謂虛無子曰何題吾子之名也虛無子笑曰但且入此宅及同入其門見樓閣臺榭非世間所有遽又引簡臨一流水閣內共坐須臾有青衣童子數人侍立樽俎間唯珍果香醪而已虛無子指水次一艸謂簡曰只此艸食之已與人間諸山之藥不同矣簡乃切求之虛無子令侍童擷一小莖過其水就水次取此艸子以賜簡簡因收於懷中

起謂虛無子曰吾子必此住我當回虛無子起別謂簡曰君休遊名山訪神仙之迹但以此艸子種之而以其苗食之當得長生不必須待作神仙也虛無子仍曰君其訪來路以歸庶不迷誤簡乃依其言訪舊路得還其鄉乃以此艸子臨水種之自採其苗服餌後百餘歲髮不白一日忽與家人及鄉黨別而去不知所之

成無為

按四川總志成無為開元間丹稜人女道士幼而出家誓死不嫁卜居龍鶴山下調形鍊骨却粒茹芝年踰知命昇仙而去棲隱之處有龍洞遺跡

張氳

按南昌郡乘張氳晉州人號洪崖子隱姑射洞中仙書祕典無所不通唐元宗召問曰聞先生善長嘯可得聞乎氳卽應聲而發聲若鸞鳳聲遶山絕粒服氣洪州大疫有狂道士市藥病者立愈元宗聞之曰必氳也後詢之果然三召不至天寶末忽大霧尸解或云卽張果老

邢和璞

按唐書方技傳邢和璞者善知人夭壽善黃老作頴陽書世傳之　按酉陽雜俎邢和璞偏得黃老之道善心算作頴陽書疏有叩奇旋入空或言有草初未嘗覩成式見山人鄭昉說崔司馬者寄居荊州與邢有舊崔病積年且死心常恃於邢崔一日覺臥室北牆有人劚聲命左右視之都無所見臥室之北家人所居也如此七日劚不已牆忽透明如一粟問左右復不見經一日穴大如盤崔窺之牆外乃野外耳有數人荷鍫钁立於穴前崔問之皆云邢眞人處分開此司馬厄重倍費功力有頃導騶五六悉平幘朱衣辟曰眞人至見邢與中白幍垂綬執五明扇侍衛數十去穴數步而止謂崔曰公筭盡僕爲公再三論得延一紀自此無苦也言畢壁如舊旬日病愈又嘗居終南好道者多卜築依之崔曙年少亦隨焉伐薪汲泉皆是名士邢嘗謂其徒曰三五日有一異客君等可爲予辦一味也數日備諸水陸遂張筵於一亭戒無妄窺衆皆閉戶不敢謦欬邢下山延一客長五尺闊三尺首居其半緋衣寬博橫執象笏其睫疎暉色若削瓜鼓髯大笑吻角侵耳與邢劇談多非人間事故也崔曙不耐因走而過庭客熟視顧邢曰此非泰山老師乎邢應曰是客復曰更一轉則失之千里可惜及暮而去邢命崔曙謂曰向客上帝戲臣也言泰山老師頗記無崔垂泣言某實泰山老

師後身不復憶幼常聽先人言之房琯太尉祈邢言終身之事邢言若來由東南止西北祿命卒矣
降魄之處非館非寺非途非署病起於魚飧休材龜茲板後房自袁州除漢州及罷歸至閬州舍紫
極宮適屆工治木房怪其木理成形問之道士稱數月前有賈客施數段龜茲板今治爲屠蘇也房
始憶邢之言有頃刺史具䱇邀房歎曰邢君神人也乃具白於刺史且以龜茲板爲託其夕病䱇而
終　按太平廣記邢先生名和璞善方術常攜竹算數計算長六寸人有請者到則布算爲卦縱
橫布列動用算數百布之滿牀布數已乃告家之休咎言其人年命長短及官祿如神先生貌清羸
服氣時餌少藥人亦不詳所生唐開元二十年至都朝貴候之其門如市能增人壽算又能活其死
者先生嘗至白馬坂下遇友人友人已死信宿其母哭而求之和璞乃出亡人寘於牀引其衾解衣
同寢令閉戶眠熟頃久起具湯而友人猶死和璞長歎曰大人與我約而妄何也復令閉戶又寢俄
而起曰活矣母入視之其子已蘇矣母問之其子曰被錄在牢禁繫搒訊正苦忽聞外曰王喚苦人
官不肯曰訊未畢不使去少頃又趨走至者曰邢仙人自來喚苦人官吏出迎再拜恐懼遂令從仙
人歸故生又有納少妾妾善歌舞而暴死者請和璞活之和璞墨書一符使置妾臥處俄而言曰墨

符無益又朱書一符復命置於牀俄而又曰此山神取之可令追之又書一大符焚之俄而妾活言曰爲一胡神領從者數百人拘去門宮門作樂酣飲忽有排戶者曰五道大使呼歌者神不應頃又曰羅大王使召歌者方駭仍曰且留少時須臾數百騎馳入宮中大呼曰天帝詔何敢輒取歌人令曳神下杖一百仍放歌人還於是遂生和璞此事至多後不知所適

張三

按廣異記唐開元中有張李二公同志相與於泰山學道久之李以皇枝思仕宦辭而歸張曰人各有志爲官其君志也何怍焉天寶末李仕至大理丞屬安祿山之亂擕其家累自武關出而歸襄陽寓居尋奉使至揚州途覩張子衣服滓弊佯若自失李氏有哀恤之意求與同宿張曰我主人頗有生計邀李同去旣至門庭宏壯儐從璀璨狀若貴人李甚愕之曰焉得如此張戒無言且爲所笑然而極備珍膳食畢命諸雜伎女樂五人悉持本樂中有持箏者酷似李之妻李視之尤切飲中而凝睇者數四張問其故李指箏者是似吾室能不容張笑曰天下有相似人及將散張呼持箏婦以林檎繫裙帶上然後使回去謂李曰君欲幾多錢而遂其願李云得三百千當辦已事張有故席帽謂

李曰可持此詣藥鋪問王老家張三令持此取三百千貫錢彼當與君也遂各散去明日李至其門亭館荒穢扃鑰久閉至復無有人行蹤乃詢傍舍求張三鄰人曰此劉道元宅也十餘年無居者李歎訝良久遂持帽詣王家求錢王老令送帽問家人其女識是張老帽云前所綴綠線猶在李問張是何人王云是五十年前來茯苓主顧今有二十餘貫錢在藥行中李領錢而回重求終不見矣尋還襄陽試索其妻裙帶上果得林檎問其故云昨夕夢見五六人追云是張仙喚擲箏臨別以林檎繫裙帶上方知張已得仙矣按此與裴諶事同而朝代姓名互異

陳高功

按宜黃縣志陳高功名雲希字宣威蜀人唐開元中舉博學宏詞除校書郎以言事切直罷歸廣德二年再入為殿中侍御史性樂希夷輕視軒冕明年托疾退休著羽衣服遊名山因遇至人授以飛符斬祟驅龍致雨之法經行至宜之妙常觀見山川清勝遂棲息焉水旱疾病叩之輒應常誦度人經有碧衣女童俯聽雙鶴飛下放生池有龍遊戲其中高功每令龍致雨唐封為普濟護國妙應大師年一百二十二歲沐浴而逝其子萬匡奉棺以葬至半山有聲隱然開棺寸許惟存簡履時賈人

至蜀邂逅高功附書囘萬匡發緘郎父眞跡驗賈人相遇正葬之日也一門四世俱成仙道觀有南豐先生詩及唐碑碣存焉

王旻

按衡嶽志王旻號太和先生居衡山貌如三十餘其父亦道成有姑亦得道道高於父旻嘗言姑年七百歲矣有人識其姑者嘗在衡嶽或往來天台羅浮貌如童其行比陳夏姬唯以房中術致不死所在俱有異蹟天寶初有薦旻者詔徵之至則於內道場安置學通內外長於佛教帝與貴妃楊氏曉夕禮謁拜於牀下訪以道術旻隨事教之然大約在於修身儉約慈悲爲本以帝不好釋典旻每以釋教引之廣陳報應以開其志帝亦雅信之旻雖長於服餌而喜飲酒不輟其飲必小嚼移時乃盡一杯而與人言談隨機應對其服飾隨四時變改或食鯽魚每飯稻米然不過多至葱韭葷辛醎酸之物非養生者未嘗食也好勸人食蘆菔根葉云久食功多人有傳屢世見之面貌皆如故蓋數百歲矣在京累年天寶六載南嶽道者李遐周恐其留戀京師不出乃宣言曰吾將爲帝師授以符籙帝因令所在求之七年冬而遐周至與旻相見謂曰王生戀世樂不能出耶可以行矣於是勸旻

令出昊乃請於高密牢山合煉元宗許之因改牢山爲輔唐山　按河南府志唐王昊居洛陽靑
羅山鄉里見之已數百歲開元中召至京待以優禮嘗與達溪侍郞交善後昊死猶杖屨詣達溪人
始知其尸解云

申元之

按仙傳拾遺申元之不知何許人也遊歷名山博採方術有修眞度世之志開元中徵至止開元觀
恩渥愈厚時又有邢和璞羅公遠葉法善吳筠尹愔何思達史崇尹崇秘希言佐佑元風翼戴聖主
淸淨無爲之教照灼寰寓雖漢武魏元之崇道未足比方也帝遊溫泉幸東洛元之常扈從焉時譚
譚元處之旨或留連論道動移晷刻惟貴妃與趙雲容宮嬪三五人同侍宸御得聆其事命趙雲容
侍茶藥元之愍其恭恪乘閒乞藥少希延生元之曰我無所惜但爾不久處世耳懇拜乞之不已曰
朝聞道夕死可矣況侍奉大仙不得度世如索手出於寶窟也惟天師哀之元之念其志切與絳雪
丹一粒曰汝服此丹死必不壞可大其棺廣其穴含以眞玉疎而有風魂不蕩散魄不潰壞百年後
還得復生此太陰煉形之道卽爲地仙復百年遷居洞天矣雲容從幸東都病於蘭昌宮貴妃憐之

因以此事白於貴妃及卒後命宦者徐元造如其所請而瘞之元和末百年矣容果再生元之衜來往人間自號田先生識者云元之魏時人已數百歲矣　按錄異記邵州城下大江南面潭中昔開元年天師申元之藏道士之書三石函於潭底元之善三五禁咒之法至今邵州猶多能此術者爲南法焉

## 申泰芝

按衡嶽志申泰芝字廣祥其先洛陽人也卜居邵州仁風鄉之柳塘村數世皆修慈惠泰芝自幼蔓處不與親友交嘗游息南嶽訪神僊之事一夕於祝融頂遇眞人傳金丹火龍之術歸而煉丹雲山之北或棲眞天聖巖中積有歲年遂能乘虛御風隱顯出入人不可測開元二十六年明皇召至長安以楮爲座待之泰芝如坐木几明皇甚異之爲設齋饌泰芝納數物懷袖中問之對曰當以陛下命賜邵州守月餘邵守果有表至其靈異如此後以天寶十四載八月十三日於雲山觀冲舉

按續文獻通考元宗召泰芝至京師言論契合賜號大國師住京師元眞觀歷著顯異白晝沖舉宋封元妙靈修眞人　按寶慶府志申泰芝字廣祥先世維陽人世系周申伯後派流郴州卜居邵

陽縣仁風鄉柳塘村母楊氏夢吞雲芝覺而有娠則天垂拱二年八月與元宗同日誕旣長舍俗修眞深解道術南嶽異人授以金丹大成之旨隱煉於佘湖山元宗開元二十六年中秋夕夢湖南雲山北有異人以像求得之乘傳至京語甚契導帝游月宮見一榜曰廣寒清虛之府嘗以絳雪丹與太眞侍兒雲容蘭翹服之百年再生後於蘭昌宮遇海康尉亦贈藥一丸曰服此當得美姝後獲與雲容遇僊術數著辭還中官二人送還山元宗御書雲霖祠庭賜之白日冲舉至今丹鼎月池席水皆其遺跡也郡東小佘湖山亦有祠祀申僊翁者以山形似得名按以絳雪丹與侍兒服與申元之事同

## 崔李二中使

按寶慶府志崔李二中使元宗遣護申僊翁還邵柳塘村申謂二使曰山門寂寞無以爲贈奉丹藥二丸回京方服以釋塵勞二使受丹謝別至郡北四十里大禹廟前相與語曰僊丹必有神驗何必到家方服遂取水吞之頃久心燥卽脫身入淺水中自覺身輕如羽勢欲騰空乃語從者歸報家人二使遂隱入林中時人初猶見其出入後竟罔知所在

## 徐女

按廣東通志徐女四會人未嫁而夫死歸奉其舅姑三年父母欲奪其志遂潛遁貞山絕巘人所不至藝蔗芋蕉竹自給親黨求之莫知所在人以爲仙去時聞鐘磬聲唐天寶中有梁進者樵於山忽見衆樹大數圍懸巨鐘進撞之聲震山谷亟歸以告又云山絕頂有三池旁有巨石如壇側有竹風至輒掃壇石之上其半有土壇前有池禱雨輒應

卷終

神仙部列傳二十

唐三　羅公遠

按太平廣記羅公遠本鄂州人也刺史春設觀者傾郡有一白衣人長丈餘貌甚異隨羣衆而至門衛者皆怪之俄有小童傍過叱曰汝何故離本處驚怖官司耶不速去其人遂攝衣而走吏乃擒小童至廳所具白於刺史刺史問其姓名云姓羅名公遠自幼好道術適見守江龍上岸看某趣令回刺史不信曰須令我見本形曰請俟後日至期于水濱作一小坑深纔一尺去岸丈餘引水入刺史與郡人並看逡巡有魚白色長五六寸隨流而至騰躍漸大青烟如線起自坎中少頃黑氣滿空咫尺不辨公遠曰可以上律亭矣未至電光注雨如瀉須臾即定見一大白龍於江心頭與雲連食頃方滅時元宗酷好仙術刺史具表其事以進時元宗與張果葉法善碁二人見之大笑曰村童事亦何解乃各握碁子十數枚問曰此有何物曰空手及開果無並在公遠處方大駭異令與張葉等齒坐劍南有果初進名爲日熱子張與葉以術取每過午必至其日暨夜都不到相顧而語曰莫是羅

君否時天寒圍爐公遠笑於火中表樹一節及此除之遂至葉諸使者云欲到京焰火亙天無路可過適火歇方得度從此衆皆敬伏開元中中秋望夜時元宗於宮中翫月公遠奏曰陛下莫要至月中看否乃取拄杖向空擲之化爲大橋其色如銀請元宗同登約行數十里精光奪目寒色侵人遂至大城闕公遠曰此月宮也見仙女數百皆素練寬衣舞於廣庭元宗問曰此何曲也曰霓裳羽衣也元宗密記其聲調遂回却顧其橋隨步而滅且召伶官依其聲調作霓裳羽衣曲時武惠妃尤信金剛三藏元宗幸功德院忽苦背痒公遠折竹枝化七寶如意以進元宗大悅顧謂三藏曰上人能致此乎曰此幻化耳臣爲陛下取眞物乃袖中出七寶如意以進公遠所進者卽時化爲竹枝耳及元宗幸東洛武妃同行在上陽宮麟趾殿方將修殿其庭有大方梁數丈徑六七尺時公遠葉尊師金剛三藏皆侍從爲元宗謂葉尊師曰吾方閑悶可試小法以爲樂也師試爲朕舉此方木葉受詔作法方木一頭揭數尺而一頭不起元宗曰師之神力何其失耶葉曰三藏使金剛善神衆壓一頭故不舉時元宗奉道武妃宗釋武妃頗有悅色三藏亦陰心自歡惟公遠低頭微哂元宗謂三藏曰師神呪有功葉不能及可爲朕呪法善入澡瓶乎三藏受詔置瓶使法善斂座而坐遂呪法大佛頂

眞言未終遏葉身欻欻就瓶不三二遏葉舉身至瓶嘴邊訖拂然而入瓶元宗不悅良久謂三藏曰師之功力當得自在既使其入能為出乎三藏曰是僧之本法也卽咒之誦佛頂眞言數遍葉都不出元宗曰朕之法師今為三藏所咒而沒不得見矣武妃失色三藏大懼元宗謂公遠曰將若之何得法善旋矣公遠笑曰法善不遠良久高力士奏曰葉尊師入元宗大驚曰銅瓶在此自何所來引入問之對曰寧王邀臣喫飯面奏的不放臣適寧王家食訖而來不因一呪何以去也元宗大笑武妃三藏皆賀已而使葉設法籙於是取三藏金襴袈裟摺之以盆覆之葉禹步叩齒繞三匝曰太上老君攝去盆下袈裟之縷隨色皆攝各為一聚三藏曰惜哉金襴至毀如此元宗曰可正乎葉曰可又覆之咒曰太上老君正之啟之袈裟如故葉又取三藏鉢燒之烘赤手捧以合三藏頭失聲而走元宗大笑公遠曰陛下以為樂乃道之末法也葉師何用逞之元宗曰師不能為朕作一術以懽朕耶公遠曰請更問三藏法術何如三藏曰貧道請收固袈裟試令羅公取取不得則羅公輸取得則僧輸於是令就道場院為之三藏結壇焚香自於壇上跏趺作法取袈裟貯之銀合又安數重木函皆有封鎖置於壇上元宗與武妃葉公皆見中有一重菩薩外有一重金甲神人外以一重金剛圍

之賢聖比肩環繞甚嚴三藏觀守目不暫捨公遠坐繩牀言笑自若元宗與葉公皆視之數食頃元宗曰何太遲遲得無勞乎公遠曰臣鬬力安敢自衒其能但在陛下使三藏啟觀耳令開函取袈裟雖封鎖依然中已空矣元宗大笑公遠奏曰請令人於臣院內勅弟子開櫃取來卽令中使取之須臾袈裟至元宗問之公遠曰菩薩力士聖之中者甲兵諸神道之小者皆可功參上界至於太上至眞之妙非術士所知適使玉清神女取之則菩薩金剛不見其形取若坦途何礙之有元宗大悅賞賚無數而葉公三藏然後服焉時元宗欲學隱遁之術對曰陛下玉書金格已簡於九清矣眞人降化保國安人誠宜習唐虞之無爲繼文景之儉約却寶劍而不御棄名馬而不乘豈可以萬乘之尊四海之貴宗廟之重社稷之大而輕徇小術爲戲翫之事乎若盡臣術必懷璽入人家困於魚服矣元宗怒罵之遂走入殿柱中數元宗之過元宗愈怒易柱破之復入玉舃中又易舃破之爲數十片悉有公遠之形元宗謝之乃如故元宗後又堅學隱形之術强之不已因而教焉然託身隱常有不盡或露裾帶或見影跡元宗怒斬之其後數歲中使輔仙玉奉使入蜀見公遠於黑水道中披雲霞衲帔策杖徐行仙玉策馬追之常去十餘步竟莫能及仙玉呼曰天師雲水適意豈不念內殿相識

耶公遠方佇立顧之仙玉下馬拜謁訖從行數里官道側俯臨長溪旁有巨石相與渡溪據石而坐謂仙玉曰吾棲息林泉以修眞爲務自晉咸和年入蜀訪師諸山久晦名跡聞天子好道崇元乃捨煙霞放曠之樂冒塵世腥羶之路混跡雞鶩之羣窺閱蜉蝣之境不以爲倦者蓋欲以至道之貴俯教於人主耳聖上延我於別殿遽以靈藥爲索我告以人間之臟腑葷血充積三田未虛六氣未潔請俟他日以授之以十年爲限不能守此誠約加我以丹頸之戮一何遑遽哉然得道之人與道氣混合豈可以世俗兵刃水火害於我哉但念主上列丹華之籍有玉京交契之舊眇欲度之眷眷之情不能已已因袖中出書一緘謂仙玉曰可以此上聞云我姓維名厶遐靜眞先生弟子也上必悟焉言罷而去仍以蜀當歸爲寄遂失所在仙玉還京師以事及所寄之緘奏焉元宗覽書惆然不懌仙玉出公遠已至因卽引謁元宗曰先生何改名姓耶對曰陛下嘗去臣頭因改之耳羅字去頭維字也公字去頭厶字也遠字去頭遐字也元宗稽首陳過願捨其尤公遠欣然曰蓋戲之耳夫得神仙之道者劫運之災陽九之數天地淪毀尙不能害況兵刃之屬那能爲害也異日元宗復以長生爲請對曰經有之焉我命在我匪由於他當先內求而外得也刳心滅智草衣木食非至尊所能因

以三峯歌八首以進焉其大旨乃元素黃赤之使還嬰泝流之事元宗行之逾年而神逸氣旺春秋彌高而精力不憊歲餘公遠去不知所之天寶末元宗幸蜀又於劍門奉迎鑾輅衛至成都拂衣而去及元宗自蜀還京方悟蜀當歸之寄矣　按雲笈七籤羅眞人卽神仙羅公遠也于蒙陽羅江壩接九隴什邡之界在灂沅化後今相傳號羅仙范仙宅修道于青城之南今號羅家山明皐朝出入帝宮輔導聖德自有內傳至今隱見於堋口什邡楊村濛陽新繁新都緇服之內人多見之不常厥狀或爲老嫗或爲丐食之人每風雨愆期田農曠廢則必見焉疑其仙品之中主司風雨水旱之事也楊村居人衆以旱暵將禱于洛口後城李冰祠廟熱甚憩于路樹陽陰之下忽有老嫗歘而問曰衆人欲何往衆以祈雨之事答之嫗曰要雨須求羅眞人其餘鬼神不可致也言訖不見衆知嫗卽羅眞人也於是見處焚香以告焉俄而風起雲布微雨已至衆乃還家是夕數十里內甘雨告足乃于其所置天宮塑像焉諸鄉未得雨處傳聞此說以音樂香花就新宮祈請迎就本村別設壇場創宮室雨亦立應如是什邡綿竹七八縣界眞人之宮處處皆有請禱祈福無不徵效忽爲乞士于堋口江畔謂人曰此將大水漂損居人信我者遷居以避之不旬日矣有疑其異者卽移上高處以

避水災其不信者安然而處五六日暴水大至漂壞廬舍損溺戶民十有三四焉居人以爲信立殿
塑像以祠之金銀行人楊初在重圍之內配納贍軍錢七百餘千貧𡨚家資未支其半初事母以孝
每爲供軍司追促必托以他出恐母爲憂嘗于山觀得眞人像幀一幅香燈嚴奉已數年矣至是眞
人託爲常人詣其肆中問以所納官錢以何准備具以困窘言之此人令市生鐵炭火明日復來燃
炭壘鐵投之一夕而去臨行謂之曰我羅公遠也在青城山中以爾孝不違親心不忘道以此金相
助支官錢之外可以肥家復引初往山中時令歸覲初亦得丹藥以奉其親髮白還青老能返壯矣

傅仙宗

按四川總志傅仙宗長安人父倫爲資陽令宗性沉嘿好道有神人告以修眞地遂乘青騾赴平岡
山隱焉開元間詔赴闕經利州桔柏江除水害利人祠祀之已而至都對稱旨優賜後上問卿何道
致此對曰守以恬淡行以簡易耳又問金丹曰惠民及物卽長生也上大悅久之還山詔修葺舊觀
賜額爲眞應觀乾道二年沐浴登榻而逝邑人王念還自成都見其乘青騾於簡州道上中丞宋渾
爲撰碑祀

張氏子

按武進縣志張氏子逸其名人不知其年歲鬚髮如銀開元九年策蹇白晝昇天

桓採花

按鎮江府志桓採花曲阿人學仙術于本邑雲陽觀時人稱其道行開元十四年尸解碑在仙臺觀

鄧紫陽

按臨川縣志鄧紫陽者臨川人也名思瓘隱於麻姑山唐開元中詔求方士郡以思瓘應詔帝雅重之嘗使神卒討西戎之犯境者元宗賜詩曰太乙三門訣元君六甲符下傳金板術上刻玉清書有美採眞士囊中得祕珠自茲三醮後翊我滅殘胡至開元二十九年召入大同殿忽見虎鶴龍車二人執節于庭瓘謂其友竹務猷曰此迎我也可為吾奏願歸本山奄然而化元宗命於壇側立廟歸殯本山今相山所祀四仙鄧其一也欒邑嘗為豫章郡行雨至此相傳墓在山下梅福為南昌尉以劾王鳳棄官歸隱後亦成仙葉法善隱松陽卯酉山皆能行雨故並祀之　按衡嶽志紫陽建昌南城人初為道士于麻姑壇之西北後因省親路獲神劍佩之性剛毅自負濟世之材每憩溪壑之

間誦天蓬呪不輟遂感北帝遣神人授以劍法遠訪南嶽朱陵謁青玉光天二壇禮鄧眞人夢有所感明皇召入大同殿建醮封天師修功德二十七年忽見虎駕龍車二人執節于庭中顧謂其友竹務猷曰此迎我也可爲吾奏願欲歸葬本山仍請立廟于壇側明皇從之尸解後人常見遊于衡嶽云

## 負琴生

按疑仙傳負琴生者遊長安數年日在酒肆乞酒飲之常負一琴人不問卽不語人亦以爲狂或臨水或月下卽援琴撫弄必淒切感人李太白聞焉就酒肆擕手同出坰野臨水竹藉草命之對飲因請撫琴生乃作一調弄太白不覺愴然生乃謂太白曰人間絲竹之音盡樂於人心唯琴之音而傷人心我本謂爾不傷心不知爾亦傷心耶足知爾放曠拔俗是身也非心之放曠拔俗也太白本疑是異人復聞此語乃拜而問之曰丈者奚落魄之甚也心落魄也身落魄也生曰我心不落魄身亦不落魄但世人以此爲落魄故我有落魄之迹太白曰丈者知世人惡此落魄何不知而改之生曰我惡之卽當改之世人惡之我奚改邪太白又曰丈者負此琴秖欲自撫之以爲樂也欲人之樂也

生曰我此琴古琴也負之者我自好古之音也又孰欲人之樂也我琴中之音雅而純直而哀知音者聞之卽爲樂不知音者聞之但傷耳亦猶吾子之爲文也輕浮若蝶舞花飄豔冶如處子佳人王孫公子以爲麗詞達士卽不以爲文也太白曰我之文卽輕浮豔冶不足觀我之風骨氣槩豈不眞仙才邪生曰君骨凡肉異非眞仙也止一貴人爾復體穢氣卑亦貴不久但愛惜其身無以虛名爲累言罷與太白同醉而回明日太白復欲引之於酒肆共飲不復見後數日太白於長安南大樹下見之方忻喜欲就問之忽然而滅

桃壇道士

按逸史唐右丞相李林甫年二十尙未讀書在東都好遊獵打毬馳逐鷹狗每於城下桃壇下騎驢擊毬略無休日旣憊捨驢以兩手返據地歇一日有道士甚醜陋見李公踞地徐言曰此有何樂郞君如此愛也李怒顧曰關足下何事道者去明日又復言之李公幼聰悟意其異人乃攝衣起謝道士曰郞君雖善此然忽有顚墜之苦則悔不可及李公請自此修謹不復爲也道士笑曰與郞君後三日五更會於此曰諾及往道士已先至曰爲約何後李乃謝之曰更三日復來李公夜半往良久

道士至甚喜談笑極洽且曰某行世間五百年見郎君一人已列仙籍合白日昇天如不欲則二十年宰相重權在己郎君且歸熟思之後三日五更復會於此李公迴計之曰我是宗室少豪俠二十年宰相重權在己安可以白日昇天易之乎計已決矣及期往白道士嗟嘆咄叱如不自持曰五百年始見一人可惜可惜李公悔欲復之道士曰不可也神明知矣與之叙別曰二十年宰相生殺權在己威振天下然慎勿行陰賊當爲陰德廣救拔人無枉殺人如此則三百年後白日上昇矣官祿已至可便入京李公匍匐泣拜道士握手與別時李公堂叔爲庫部郎中在京遂詣叔父以其縱蕩不甚記錄之頗驚曰汝何得至此曰某知向前之過今故候覲請改節讀書願受鞭箠庫部甚異之亦未令就學每有賓客遣監杯盤之飾無不修潔或謂曰汝爲吾署某事雖雪深沒踝亦不去也庫部益親憐之言於班行知者甚衆自後以蔭敘累官至贊善大夫不十年遂爲相矣權巧深密能伺上意恩顧隆洽獨當衡軸人情所畏非臣下矣數年後自固益切大起大獄誅殺異己寃死相繼都忘道士槐壇之言戒也時李公之門將有趨謁者必望之而步不敢乘馬忽一日方午有人叩門吏驚候之見一道士甚枯瘦曰願報相公閽者呵而逐之外吏欲鞭縛送于府道士微笑而去明日日

中復至門者乘閒而自李公曰吾不記識汝試爲道及道士入李公見之醒然而悟乃槐壇所覩也悲悸之極若無所措却思二十年之事今已至矣所承教戒曾不暫行中心如疚乃拜道士迎笑曰相公安否當時之請並不見從遣相公行陰德今枉殺人上天甚明譴謫可畏如何李公但搕額而已道士留宿李公盡除僕使處於中堂各居一榻道士唯少食茶果餘無所進至夜深李公曰昔奉教言尙有昇天之契今復遂否道士曰緣相公所行不合其道有所竄責又三百年也更六百年乃如約矣李公曰某人間之數將滿旣有罪譴後當如何道士曰莫要知否亦可一行李公降榻拜謝曰相公安神靜慮萬想俱遣兀如枯株卽可俱也良久李公曰某都無念慮矣乃下招曰可同往李公不覺便隨道士去大門及春明門到輒自開李公援道士衣而過漸行十數里李公素貴尤不善行困苦頗甚道士亦自知之曰莫思歇否乃相與坐於路隅逡巡以數節竹授李公曰可乘此至地方止愼不得開眼李公遂跨之騰空而上覺身泛大海但聞風水之聲食頃止見大郭邑介士數百羅列城門道士至皆迎拜兼拜李公約一里到一府署又入門復有甲士升階至大殿帳榻華侈李公困欲就帳臥道士驚牽起曰未可恐不可迴耳此是相公身後之所處也曰審如是某亦不恨道

士笑曰茲鱗介之屬其間苦事亦不少遂却與李公出大門復以竹杖授之一如來時之狀入其宅登堂見身瞑坐於牀上道士乃呼曰相公相公李公遂覺涕泗交流稽首陳謝明日別去李公厚以金帛贈之俱無所受但揮手而已曰勉旃六百年後方復見相公遂出門而逝不知所在

驪山姥

按集仙傳驪山姥不知何許人也李筌好神仙之道常歷名山博採方術至嵩山虎口巖石室中得黃帝陰符經本絹素書緘之甚密題云大魏眞君二年七月七日上清道士寇謙之藏諸名山用傳同好其本糜爛筌抄讀數千遍竟不曉其義理因入秦至驪山下逢一老母髽髻當頂餘髮半垂敝衣扶杖神狀甚異路傍見遺火燒樹因自語曰火生於木禍發必剋筌驚而問之曰此黃帝陰符祕文母何得而言之母曰吾受此符已三元六周甲子矣三元一周計一百八十年六周共計一千八十年少年從何而知筌稽首再拜具告得符之所因請問元義使筌正立向明視之曰受此符者當須名列仙籍骨相應仙而後可以語至道之幽妙啟元關之鎖鑰耳不然者反受其咎也少年顴骨貫于生門命輪齊于日角血脈未減心影不偏性賢而好法神勇而樂智眞吾弟子也然四十五當

有大厄因出丹書符一通貫於杖端令筌跪而吞之曰天地相保於是命坐爲說陰符之義曰陰符者上清所祕元臺所尊理國則太平理身則得道非獨機權制勝之用乃至道之要樞豈人間之常典耶昔黃帝與賢用能誅强伐暴三年百戰而功用未成九靈金母命元女教其兵機賜帝九天六甲兵信之符此書乃行于世凡三百言一百言演道一百言演法一百言演術上有神仙抱一之道中有富國安民之法下有强兵戰勝之術皆出自天機合乎人智觀其精微則黃庭內景不足以爲元察其至要則經傳子史不足以爲文較其智巧則孫吳韓白不足以爲奇非奇人不可妄傳九竅四肢不具慳貪愚痴驕奢淫佚者必不可使聞之凡傳同好當齋而傳之有本者爲師受書者爲弟子不得以富貴爲重貧賤爲輕違之者奪紀二十每年七月七日寫一本藏名山石巖中得加算本命日誦七遍益心機加年壽出三尸下九蟲祕而重之當傳同好耳此書至人學之得其道賢人學之得其法凡人學之得其殃職分不同也經言君子得之固窮小人得之輕命蓋泄天機也泄天機者沉三劫得不戒哉言訖謂筌曰日已晡矣吾有麥飯相與爲食袖中出一瓢令筌於谷中取水水旣滿瓢忽重百餘斤力不能制而沉泉中却至樹下失姥所在惟于石上留麥飯數升悵望至夕不

復見姥埿食麥飯自此不食因絕粒求道注陰符述二十四機著太白陰符經述中台志閫外春秋以行于世仕爲荆南節度副使仙州刺史

管子文

按唐馬總大唐奇事李林甫爲相初年有一布衣詣謁之閽吏謂曰朝廷新命相國大寮尙未敢及門何布衣容易謁之邪布衣執刺待於路傍高聲自稱曰業八體書生管子文欲見相國伸一言林甫見之於賓館至夜靜月下揖之生曰僕實老於書藝亦自少遊圖籍之圃嘗竊見古昔興亡明主賢臣之事故願謁公以伸一言林甫曰僕偶備位於輔弼實非才器已恐不勝大任福過禍隨也君幸辱玉趾敢受教於君君其無惜藥石之言以惠鄙人生曰古人不容易而談者益知談之易聽之難也必能少覽容易之言爲不容易之聽則涓塵皆可以裨海嶽也况聖哲云一言可以興邦一言可以喪邦公若聞一言卽欲奉而行之臨一事卽恣心徇意如此則雖日納獻言之士亦無益也林甫乃容恭意謹而言曰君但一言教僕僕當書紳而永爲箴誡生曰君聞美言必喜聞惡言必怒僕以美言譽君則無裨君之事以惡言諷君必犯君之顏色旣犯君之顏色君復怒我卽不得盡伸惡

言矣美言徇而損惡言直而益君當悉察之容我之言勿復加怒林甫不覺膝席而聽生曰君為相相天子也相天子安宗社保國也宗社安萬國寧則天子無事天子無事則君之無事設或天下有一人失所即罪在天子罪在天子焉用君相夫為相之道不必獨任天下事當舉文治天下之民舉武定天下之亂則仁人撫疲瘵用義士和鬬戰自修節儉以諷上以化下自守忠貞以事主以律人固不暇躬勤庶政也庶政得人即治苟不得人雖才如伊呂亦不治噫相國慎之林甫聽之駭然遽起拜謝之生又曰公知斯運之通塞邪林甫曰君當盡教我我當終身不忘生曰夫治生亂亂生治今古不能易也我國家自革隋亂而治至於今日亂將生矣君其記之林甫又拜謝至曙欲聞於上縻以一爵祿令左右潛守之堅求退曰我本秪欲達一言於公今得竭愚悃而又辱見納又何用阻野人之歸也林甫堅留之不得遂去林甫令人暗跡之生至南山中一石洞其人尋亦入石洞遽不見生唯有故舊大筆一其人攜以白林甫林甫以其筆置於書閣焚香拜祝其夕筆忽化為一五色鶴飛去不知所之

陳雲布

按江西通志陳雲布字宣威開元中舉博學宏辭安祿山兵起避地至郡棲于宜黃綠谷能呼風致雨武宗封通元悟眞先生年百餘歲沐浴而逝子萬匡奉棺以葬至半山棺開寸許惟存劍履今妙常觀有唐碣存焉

## 太白左掩洞老父

按原化記唐開元中長安裴氏子於延平門外莊居兄弟三人未仕以孝義聞雖貧好施惠常有一老父過之求漿衣服顏色稍異裴子待之甚謹問其所事云以賣藥爲業問其族曰不必言也因是往來憩宿於裴舍積數年而無倦色一日謂裴曰觀君兄弟至窶而常能恭己不倦於客君實長者積德如是必有大福吾亦厚君之惠今爲君致少財物以備數年之儲裴敬謝之老父遂命求炭數斤坎地爲爐熾火命取小磚瓦如手指大者數枚燒之少頃皆赤懷中取少藥投之乃生紫煙食頃變爲金矣約重百兩以授裴子謂裴曰此價倍於常者度君家事三年之蓄矣吾自此去候君家罄盡當復來耳裴氏兄弟益敬老父拜之因問其居曰後當相示爲訣別而去裴氏乃貨其金而積糧明年遇水旱獨免其災後三年老父復至又燒金以遺之裴氏兄弟一人願從學老父遂將西去數

里至太白山西巖下一大盤石左有石壁老父以杖叩之須臾開乃一洞天有黃冠及小童迎接老父引裴生入洞初覺暗黑漸卽明朗乃見城郭人物內有宮闕堂殿如世之寺觀焉道士玉童仙女無數相迎入盛歌樂諸道士或琴碁諷誦言論老父引裴氏禮謁謂諸人曰此城中主人也遂留一宿食以胡麻飯麟脯仙酒裴告辭相與訣別老父復送出洞遺以金寶遣之謂裴曰君今未合久住且歸後二十年天下當亂此是太白左掩洞君至此時可還來此吾當迎接裴子拜別比至安史亂裴氏全家而去隱於洞中數年居處仙境咸受道術亂定復出兄弟數人皆至大官一家貴賤得穀壽考焉

秦時婦人

按廣異記唐開元中代州都督以五臺多客僧恐妖僞事起非有住持者悉逐之客僧懼逐多權竄山谷有法朗者深入雁門山幽澗之中有石洞容人出入朗多齎乾糧欲住此山遂尋洞入數百步漸闊至平地涉流水渡一岸日月甚明更行二里至草屋中有一婦人並衣草葉容色端麗見僧懼愕問云汝乃何人僧曰我人也婦人笑云寧有人形骸如此僧曰我事佛佛須摧落形骸故爾因問

佛是何者僧具言之相顧笑曰語甚有理復問宗旨如何僧爲講金剛經稱善數四僧因問此處是何世界婦人云我是秦人隨蒙恬築長城恬多使婦人我等不勝其弊逃竄至此初食草根得以不死此來亦不知年歲不復至人間遂留僧以草根哺之澀不可食僧住此四十餘日暫辭出人間求食及至代州備糧更去則迷不知其所矣

焦鍊師

按河南府志唐焦鍊師嵩山之神仙不知何許時婦人也或云生于齊梁時其年可五六十常胎息絕穀居無室廬遊行若飛倏忽萬里世或傳其入東海登蓬萊竟不能測其往也李太白訪道少室登三十六峯聞鍊師之風縣之灑翰賦詩遙爲寄贈

楊正見

按集仙錄楊正見者眉州通義縣民楊寵女也幼而聰悟仁憫雅尚清虛既笄父母聘同郡王生王亦鉅富好賓客一旦舅姑會親故市魚使正見爲膾賓客博戲於廳中日晏而盤食未備正見憐魚之生盆中戲弄之竟不忍殺既晡矣舅姑促責食遲正見懼竄于鄰里但行野徑中已數十里不覺

疲倦見夾道花木異於人世至一山舍有女冠在焉具以其由白之女冠曰子有愍人好生之心可以教也因留止焉山舍在蒲江縣主簿化側其居無水常使正見汲澗泉女冠素不食爲正見故時出山外求糧以贍之如此數年正見恭慎勤恪執弟子之禮未嘗虧怠忽于汲泉之所有一小兒潔白可愛纔及年餘見人輒喜笑正見抱而撫憐之以爲常矣由此汲水歸遲者數四女冠疑怪而問之正見以事白女冠曰若復見必抱兒徑來吾欲一見耳自是月餘正見汲泉此兒復出因抱之而歸漸近家兒已殭矣視之猶如草樹之根重數斤女冠見而識之乃茯苓也命潔甑以蒸之會山中糧盡女冠出山求糧給正見一日食柴三小束諭之曰甑中之物但盡此三束柴止火可也勿輒視之女冠出山期一夕而回此夕大風雨山水溢道阻十日不歸正見食盡饑甚聞甑中物香因竊食之數日俱盡女冠方歸聞之歎曰神仙固當有定分向不遇雨水壞道汝豈得盡食靈藥乎吾師常云此山有人形茯苓得食之者白日昇天吾伺之二十年矣汝今遇而食之眞得道者也自此正見容狀益異光彩射人常有衆仙降其室與之論眞宮天府之事歲餘白日昇天卽開元二十一年壬中十一月三日也常謂其師曰得食靈藥卽日便合登仙所以遲迴者幼年之時見父母揀稅錢輸

官有明泝圓好者竊藏二錢翫之以此為隱藏官錢過罰居人間更一年耳其昇天處即今邛州蒲江縣主簿化也有汲水之處存焉昔廣漢主簿王興上昇於此

董上仙

按集仙錄董上仙遂州方義女也年十七神姿艷冶寡于飲膳好靜守和不離于世鄉里以其容德皆謂之上仙之人故號曰上仙忽一旦紫雲垂布并天樂下於其庭青衣童子二人引之昇天父母素愚號哭呼之不已去地數十丈復下還家紫雲青童旋不復見居數月又昇天如初父母又號泣良久復下唐開元中天子好尚神仙聞其事詔使徵入長安月餘乞還鄉里許之中使送還家百餘日復昇天父母又哭之因蛻其皮於地乃飛去皮如其形衣結不解若蟬蛻耳遂漆而留之詔置上仙唐興兩觀于其居處今在州北十餘里涪江之湄焉

紫雲觀女道士

按紀聞唐開元二十四年春二月駕在東都以李適之為河南尹其日大風有女冠乘風而至玉真觀集於鐘樓人觀者如堵以聞於尹尹率略人也怒其聚衆袒而笞之至十而乘風者旣不哀祈亦

不傷損顏色不變於是適之大駭方禮請奏聞勅召入內殿訪其故乃蒲州紫雲觀女道士也辟穀久輕身因風遂飛至此元宗大加敬畏錫金帛送還蒲州數年後又因大風遂飛去不返

何二娘

按廣異記廣州何二娘者以織鞋子爲業年二十與母居素修仙術忽謂母曰住此悶意欲行遊後一日便飛去上羅浮山寺山僧問其來由答云願事和尚自爾恆留居止初不飲食每爲寺衆採山果充齋亦不知其所取羅浮山北是循州去南海四百里循州山寺有楊梅樹大數十圍何氏每採其實及齋而返後循州山寺僧至羅浮山說云某月日有仙女來採楊梅驗之果是何氏所採之日也由此遠近知其得仙後乃不復居寺或旬月則一來耳唐開元中勅令黃門使往廣州求何氏得之與使俱入京中途黃門使悅其色意欲挑之而未言忽云中使有如此心不可留矣言畢踊身而去不知所之其後絕跡不至人間矣

韋老師

按驚聽錄嵩山道士韋老師者性沉默少語不知以何術得仙常養一犬多毛黃色每以自隨或獨

坐山林或宿雨雪中或三日五日至嶽寺求齋餘而食人不能知也唐開元末歲牽犬至嶽寺求食僧徒爭競怒問何故復來老師云求食以與犬耳僧發怒謾罵令奴盛殘食與乞食老道士食老師悉以與犬僧之壯勇者又謾罵欲毆之犬視僧色怒老師撫其首久之衆僧稍引去老師乃出於殿前池上洗犬俄有五色雲遍滿溪谷僧駭視之雲悉飛集池上頃刻之間其犬長數丈成一大龍老師亦自洗濯服絹衣騎龍坐定五色雲擁足冉冉昇天而去寺僧作禮懺悔已無及矣

## 成眞人

按仙傳拾遺成眞人者不知其名亦不知所自唐開元末有中使自嶺外迴謁金天廟奠祝既畢戲問巫曰大王在否對曰不在中使訝其所答乃詰之曰大王何往而云不在巫曰關外三十里迎成眞人耳中使遽令人於關候之有一道士敝衣負布囊自關外來問之姓成延於傳舍問以所習皆不對以驛騎載之到京館於私第密以其事奏焉元宗大異之召入內殿館於蓬萊院詔問道術及所修之事皆拱默不能對況眞樸略而已半歲餘懇求歸山既無所訪問亦聽其所適自內殿賚布囊徐行而去見者咸笑焉所司灑掃其居改張幃幕見壁上題曰蜀路南行燕師北至本擬白日昇

天且看黑龍飲渭其字刮洗愈明以事上聞上默然良久頗亦追思之其後祿山起燕聖駕幸蜀皆如其識

邊洞元

按墉城集仙錄邊洞元者范陽人女也幼而高潔敏慧仁慈好善見微物之命有危急者必俯而救之救之未獲聞忘其饑渴每霜雪凝沍鳥雀饑棲必求米穀粒食以散餵之歲月既深鳥雀望而識之或飛鳴前導或翔舞後隨年十五白其父母願得入道修身絕粒養氣父母憐其仁慈且孝未許之也既笄誓以不嫁奉養甘旨數年丁父母憂毀瘠不食幾至滅性服闋詣郡中女觀請為道士終鮮兄弟性巧慧能機杼衆女冠憐而敬之紡織勤勤晝夜不懈每有所得市胡麻茯苓人參香火之外多貯五穀之類人或問之既不食累年而貯米麥何也豈非永夜淩晨有饑渴之念耶笑而不答然每朝於後庭散米穀以餇禽鳥於室內以餇鼠積歲如之曾無怠色一觀之內女冠之家機織為務自洞元居後未嘗有鼠害于物人皆傳之以為陰德及物之應也性亦好服餌或有投以丹藥授以丸散必于天尊堂中焚香供養訖而後服之往往為藥所苦嘔逆吐痢至於疲劇亦無所怨嘆疾

纔已則吞服如常其同道惜之委曲指諭丁寧揮解而至信之心確不移也苟遇歲饑分所貯米麥以濟於人者亦多矣一旦有老叟負布囊入觀賣藥衆因問之所賣者何藥也叟曰大還丹餌服之者長生神仙白日昇天聞之皆以爲笑叟面目黧黑形容枯槁行步傴僂聲纔出口衆笑謂之曰既還丹可致不死長生昇天何憔悴若此而不自恤邪叟曰吾此丹初熟合度人立功度人未滿求仙者難得吾不能自服便飛昇沖天耳衆問曰舉世之人皆願長生不死延年益壽人盡有心何言求仙者難得也叟曰人皆有心好道而不能修行能好道復能修行精神不退勤久其事不被聲色所誘名利所惑奢華所亂是非所牽初心不變如金如石者難也百千萬人無一人矣何謂好道也問曰貴爲天子富有四海有金丹之藥何不獻之令得長生永壽也叟曰天上大聖眞人高眞上仙與北斗七元君輪降人間以爲天子期滿之日歸昇上天何假服丹而得道也又問曰既盡知之今天子是何仙也曰朱陽太一南宮眞人耳問答之事敏異於人發言如流人不可測逡巡暴風雷雨遞相顧視驚悸異常衆人稍稍散去叟問衆曰此有女道士好行陰德絶粒多年者何在因指其院以示之叟入院不扣問徑至洞元之前曰此有還丹大藥遠來相救能服之邪洞元驚喜延坐問藥須

幾錢叟曰所直不多五十萬金耳洞元曰此縮衣多年殊無此錢何以致藥耶叟曰勿憂子自幼及今四十年矣三十年積聚五穀餉飼禽蟲以此計之不啻藥價也卽開囊示之藥丸靑黑色大如梧桐子者二三斗令於藥囊中自採之洞元以意於藥囊中取得三丸叟曰此丹服之易腸換血十五日後方得昇天此乃中品之藥也又於衣裾內解一合子大如錢出少許藥如桃膠狀亦似桃香叟自于井中汲水調此桃膠令吞丸藥叟喜曰汝之至誠感激太上有命使我召汝旣服二藥無復易腸換血之事卽宜處靈閣之上接眞會仙勿復居臭濁之室七日卽可以昇天當有天衣天樂自來迎矣須臾雨霽叟不知所之衆女冠奔詣洞元之房問其得藥否具以告之或嗤其怪誕或嘆其遭遇相顧驚駭由是郡中之人有知者亦先馳往觀之于是洞元告人曰我不欲居此願登于門樓之上顧盼之際樓猶扃鏁洞元告人曰我不於此語猶未終已騰身在樓上矣異香流溢奇雲散漫一郡之內觀者如堵太守僚吏遠近之人皆禮謁焉洞元告衆曰中元日早必昇天可來相別也衆乃致齋大會七月十五日辰時天樂滿空紫雲蓊鬱縈繞觀樓衆人見洞元昇天音樂導從幡旌羅列直南而去午時雲物方散矣太守衆官具以奏聞是日辰巳間大唐明皇居便殿忽聞異香紛郁紫

忽見庭有青童四人導一女道士年可十六七進曰妾是幽州女道士邊洞元也今日得道昇天來以辭陛下言訖冉冉而去乃詔問所部奏函亦驛騎馳至與此符合敕其觀為登仙觀樓曰紫雲樓以旌其事是歲皇妹玉真公主咸請入道進其封邑及實封由是上好神仙之事彌更勤焉仍勅校書郎王端敬之為碑以紀其神仙之盛事者也　按廣異記唐開元末冀州棗強縣女道士邊洞元學道服餌四十年年八十四歲忽有老人持一器湯餅來詣洞元曰吾是三山僊人以汝得道故來相取此湯餅是玉英之粉神仙所貴頃來得道者多服之爾但服無疑後七日必當羽化洞元食畢老人曰吾今先行汝後來也言訖不見後日洞元忽覺身輕齒髮盡換謂弟子曰上清見召不久當往顧念汝等能不悢悢善修吾道無為樂人間事為土棺散魂耳滿七日弟子等晨往問訊動止已見紫雲昏凝徧滿庭戶又聞空中有數人語乃不敢入悉止門外須臾門開洞元乃乘紫雲竦身空中立去地百餘尺與諸弟子及法侶等辭訣時刺史源復與官吏百姓等數萬人皆遙瞻禮有頃日出紫氣化為五色雲洞元冉冉而上久之方滅

王法進

按墉城集仙錄王法進者劍州臨津縣人也孩孺之時自然好道家近古觀雖無道士居之其嬉戲未嘗輕侮於尊像見必斂手致敬若有凜懼焉十餘歲有女冠自劍州歷外邑過其家父母以其慕道託女冠以保護之並授正一延生籙名曰法進而專勤香火護持齋戒亦茹柏絕粒時有感降是歲三川饑歉斛㪷翔貴死者十有五六多採山芋野葛充饑忽有二青童降於其庭宣上帝之命曰以汝宿稟仙骨歸心精誠不忘於道今以青童召汝受事于玉京也法進卽隨青童騰身凌虛徑達太帝之所命以玉盃霞漿賜之飲訖帝謂之曰人稟五行之大體天地之和氣得爲人形復生中土甚不易也而天運四時之氣地稟五行之秀生五穀百果以養于人而人不知天地養育之恩輕棄五穀厭捨絲麻使耕農之夫紡織之婦身勤而不得飽力竭而不免寒徒施其勞曾不愛惜斯固神明所責天地不佑也近者地司嶽瀆日有奏言人厭賤米麥不貴衣食之本我已勅太華之府收五穀之神令所種不成下民饑餓因示責罰以懲其心世愚悠悠曾未覺悟旋奉太上所勅以大道好生不可因彼惡民以害衆善雖天地神明罪之愚民亦不知過之所起因無懺請首原之路慮受其咎耳汝當爲無上侍童入侍天府今且令汝下于世告諭下民使其悔罪寶愛桑蠶貴敬農事惜五

穀百果知天道之養人厚地之育物宗奉正道崇事神明至于水火之用不可厭棄衣食之養儉己約身皆能行此明戒天地容之神明護之風雨順調家國安泰此乃增益汝之陰功也卽命侍女披琅笈珠韞出靈寶清齋告謝天地法一卷付之傳行于世曰世人可相率幽山高靜之處置齋悔謝一年之內春秋兩爲春則祈于年豐秋則謝于道力如此則宿罪可除穀父蠶母之神爲置豐衍也龍虎之年復當召汝矣命青童送還其家已三箇月也所受之書卽今靈寶清齋告謝天地之法是也其法簡易與靈寶自然齋大率相類但人間行之立成徵效苟或几席器物小有輕慢濁汚者嘗奉之人少有不公心者卽飄風驟雨壞其壇筵迅霆吼雷毀其器用自是三川梁漢之人歲皆崇事雖蠢樸之士狂暴之夫罔不戰慄兢戒肅恭儆恐知奉其法焉或螟蝗旱潦害稼傷農之處衆誠有率勉于修奉之處炷香告元旦夕響應必臻其祈與不虔不信之徒立可較其徵驗矣巴南謂之清齋蜀土謂之天功齋蓋一揆矣法進以天寶十一年壬辰歲雲鶴迎之而昇天此亦符龍虎之運神人之言矣

吞藥仙者

按廣異記唐天寶中有劉清眞者與其徒二十人於壽州作茶人致一馱爲貨至陳留遇賊或有人導之令去魏郡清眞等復往又遇一老僧導往五臺清眞等畏其勞苦五臺寺尚遠因邀清眞等還蘭若宿清眞等私議疑老僧是文殊師利菩薩乃隨僧還行數里方至蘭若殿宇嚴淨悉懷敬肅僧爲說法大啟方便清眞等並發心出家隨其住持積二十餘年僧忽謂清眞等曰有大魔起汝輩必罹其患宜先爲之防不爾則當敗人法事因令清眞等長跪僧乃含水遍噀口誦密法清眞等悉變成石心甚了悟而不移動須臾之間代州吏卒數十人詣臺有所收捕至清眞所居但見荒草及石乃各罷去日晚老僧又來以水噀清眞等成人清眞等悟其神靈知遇菩薩悉競精進後一月餘僧云今魔將復起必大索汝其如之何吾欲遠送汝汝俱往否清眞等受教僧悉令閉目戒云第一無竊視敗若大事但覺至地卽當開目若至山中見大樹宜共庇之樹有藥出亦宜哺之遂各與藥一丸云食此便不復饑但當思惟聖道爲出世津梁也言訖作禮禮畢閉目冉冉上昇身在虛空可半日許足遂至地開目見大山林或遇樵者問其地號乃廬山也行十餘里見大藤樹周廻可五六圍翠陰蔽日清眞等喜云大師所言奇樹必是此也各薙草而坐數日後樹出白菌鮮麗光澤恒飄飄

而動衆相謂曰此卽大師所云靈藥採共分食之中有一人給而先食盡徒侶莫不愠怒詬責云違我大師之教然業已如是不能毆擊久之忽失所在仰視在樹杪安坐淸眞等復云君以吞藥故能昇高其人竟不下經七日通身生綠毛忽有鶴翺翔其上因謂十九人云我誠負汝然今已得道將捨汝謁帝於此天之上宜各自勉以成至眞耳淸眞等邀其下樹執別仙者不顧遂乘雲上昇久之方滅淸眞等失藥因各散還人間中山張倫親聞淸眞等說云然耳

王晙

按酉陽雜俎王晙先生善他術于數未嘗言天寶中偶與客夜中露坐指星月曰時將亂矣爲鄰人所傳時上春秋高頗拘忌其語爲人所奏上令密詔殺之刑者鑿其頭數十方死因破其腦視之腦骨厚一寸八分晙先與達奚侍郎往還及安史平晙忽杖履至達奚家方知異人也

翟天師

按酉陽雜俎翟天師名乾祐峽中人長六尺手大尺餘每揖人手過胸前臥常虛枕晚年往往言將來事常入夔州市大言曰今夕當有八人過此可善待之人不之悟其夜火焚數百家八人乃火字

也每入山尋虎隨之嘗于江岸與弟子數十翫月或曰此中竟何有翟笑曰可隨吾指覩弟子中兩人見月規半天樓殿金闕滿焉數息間不復見又雲安井自大江泝別派凡三十里近井十五里澄清如鏡舟檝無虞近江十五里皆灘石險惡難于沿泝天師翟乾祐念商旅之勞於漢城山上結壇考召追命羣龍凡一十四處皆化為老人應召而至乾祐諭以灘波之險害物勞人使皆平之一夕之間風雷震擊一十四里盡為平潭矣惟一灘仍舊龍亦不至乾祐復嚴勅神吏追之又三日有一女子至焉因責其不伏應召之意女子曰某所以不來者欲助天師廣濟物之功耳且富商大賈力皆有餘而傭力運負者力皆不足雲安之貧民自江口負財貨至近井潭以給衣食者衆矣今若輕舟利涉平江無虞即邑之貧民無傭負之所絕衣食之路所困者多矣余寧險灘波以贍傭負不可利舟楫以安富商所以不至者理在此也乾祐善其言因使諸龍皆復其故風雷頃刻而長灘如故天寶中詔赴上京恩遇隆厚歲餘還故山尋得道而去

## 灰袋道人

按酉陽雜俎蜀有道士陽狂俗號為灰袋翟天師晚年弟子也翟每戒其徒勿欺此人吾所不及之

常大雪中衣布褐入青城山暮投蘭若求僧寄宿僧曰貧僧一衲而已天寒如此恐不能相活但言容一牀足矣至半夜雪深風起僧慮道者已死就視之去牀數尺氣蒸如炊流汗袒寢僧知其異人未明不辭而去多住村落每住不逾信宿曾病口瘡不食數月狀若將死人素神之因為設道場齋散忽起就謂眾人曰試窺吾口中有何物也乃張口如箕五臟悉露同類驚異作禮問之唯曰此足惡此足惡後不知所終成式見蜀郡郭采真尊師說也

## 薛昌

按畿輔通志薛昌幽薊人為進士唐天寶間棲止於蜀之青城洞天觀忽得商陸酒飲之耳鼻血流死經三日蹶然而蘇身輕目明勢欲飛舉洞見遠近節度使延置客館欲送至京師忽失所在

## 拓跋大郎

按原化記天寶中有扶風令者家本權貴恃勢輕物賓客寒素者無因趨謁由是謗議盈路時主簿李尉裴者好賓客裴頗好道亦嘗隱於名山又好施與時亦補令之闕令嘗因暇日會宴邑中客皆通賓裴尉疾不赴賓客方集忽有一客廣顙長七尺餘策杖攜帽神色高古謂謁者曰拓跋大郎要

見府君謁者曰長官方食不可通謁請俟罷宴客怒曰是何小子輒爾拒客吾將自入謁者懼走以白令令不得已命邀之升階令意不悅而客亦不平既而宴會李不謙讓及終宴皆不樂客不揖去令亦長揖而已客色怒甚流言而出時李主簿疑爲異人李歸召裴尉而告之云宴不樂爲此客耳觀其狀恐是俠者懼且爲害吾當召而謝之遂與裴共俟命吏邀客客亦不讓而至時已向夜李見甚敬裴尉見之忽趨避他室李揖客坐定復起問裴裴色兢懼甚謂李曰此果異人是峨嵋山人道術至高者曾師事數年中路捨之而逃今懼不可見李子因先爲裴請裴即衣公服趨入鞠躬載拜而謝罪客顧之良久李又爲言方命坐言議皆不相及裴益敬肅而李益加敬焉兼言令之過李爲辭謝再三仍宿於李廳李夙夜省問已失所在而門戶扃閉如故益以奇之比旦吏人奔走報云令忽中惡氣將絕而心微暖諸寮相與省之至食時而蘇令乃召李主簿入見叩頭謝之曰賴君免死耳李問故云昨晚客蓋是神人吾昨被錄去見拓跋據胡牀坐責吾之不接賓客遂命折桑條鞭之杖雖小而痛甚吾無辭謝之約鞭至數百乃云賴主簿言之不然死矣勅左右送歸方得蘇耳舉示杖痕猶在也命駕往縣北尋之行三十里果見大桑林下有人馬跡甚多地有折桑條十餘莖血猶

在地爲令自是知懼而拓跋從此不知所之蓋神仙也

卷終